民航运输类专业“十二五”规划教材

民航法规与实务

杨祖高　主编

国防工業出版社

·北京·

内容简介

全书分为9个学习单元，主要内容包括民航法规概述、空中航行法律制度、民用航空器管理法律制度、航空人员管理法律制度、民用机场管理法律制度、航空运输合同、民用航空保险法律制度、航空器对地面第三人损害的赔偿责任、民用航空安全保卫法律制度。

本书紧扣高职院校的教学特点，在语言表述上，做到通俗易懂。在内容安排上，既注重基本概念的介绍，更强调理论联系实际。在结构上，形式多样、丰富多彩，其中，"学习提示"指出了各学习单元应掌握的主要内容，"背景知识链接"从纵横两方面介绍了各学习单元的背景知识；"案例分析"旨在理论联系实际，提高分析问题和解决问题的能力；"复习思考题"帮助学生检查学习效果、巩固所学知识。

本书既可作为高等院校、职业院校民航运输类专业相关课程的教材，也可作为民航从业人员培训用书。

图书在版编目(CIP)数据

民航法规与实务 / 杨祖高主编. —北京 : 国防工业出版社, 2017.4 重印
民航运输类专业"十二五"规划教材
ISBN 978-7-118-08409-2

Ⅰ. ①民... Ⅱ. ①杨... Ⅲ. ①民用航空－航空法－中国－高等学校－教材 Ⅳ. ①D922.296

中国版本图书馆 CIP 数据核字(2012)第 253774 号

※

国防工业出版社出版发行
(北京市海淀区紫竹院南路 23 号　邮政编码 100048)
三河市众誉天成印务有限公司印刷
新华书店经售

*

开本 787×1092　1/16　印张 13½　字数 305 千字
2017 年 4 月第 1 版第 6 次印刷　印数 30001—35000 册　**定价 32.00 元**

国防书店：(010)88540777　　发行邮购：(010)88540776
发行传真：(010)88540755　　发行业务：(010)88540717

《民航法规与实务》
编 委 会 名 单

前　言

改革开放30年来，市场化改革循序渐进，促使我国民航业在航空运输、通用航空、机队规模、航线布局、法规建设，以及运输保障等方面实现了持续快速发展，取得了举世瞩目的伟大成就。从2005年开始，我国航空运输总周转量排名世界第二位，并连续三年保持这一位置，成为当今世界名副其实的航空运输大国，在中国经济社会发展和世界民航事业发展的进程中，扮演着越来越重要的角色。

“十二五”是我国全面建设小康社会的关键时期，随着我国经济稳步较快发展，居民收入稳步增加，民航市场需求更加旺盛。同时，随着我国国际地位不断提升，国际航空运输市场发展空间广阔，民航发展迎来新的历史机遇。

2011年4月，中国民用航空局公布了《中国民用航空发展第十二个五年规划(2011—2015)》(简称《规划》)，提出了民航“十二五”期间提高持续安全水平、增强机场保障能力、建设现代空管服务系统、提升航空运输服务能力、加快通用航空事业发展五大任务，明确提出要促进民航发展方式转变，继续深化改革开放，优先推动科技进步，深入实施人才战略，积极建设绿色民航。同时，《规划》提出了国家战略保障、法律法规保障、政策资金保障、行业文化保障和组织实施保障五个方面的保障措施。2011年11月，中国民用航空局公布了《民航业人才队伍建设中长期规划(2010—2020)》，提出要培养造就一支规模适度、结构优化、布局合理、素质优良的民航业人才队伍。

为实现民航业人才队伍建设中长期规划的目标，加快民航人才培养，提高民航从业人员的法律素养，我们组织了部分高职院校民航法规课程的教师编写了本书。

本书由武汉职业技术学院杨祖高担任主编，编写学习单元一、学习单元四；武汉职业技术学院严贵香担任副主编，编写学习单元二、学习单元六；成都航空职业技术学院秦永红担任副主编，编写学习单元五、学习单元九；长沙航空职业技术学院刘红梅担任副主编，编写学习单元七；三亚航空旅游职业学院马春婷编写学习单元三；长沙航空职业技术学院袁圣兰编写学习单元八。全书由杨祖高统稿。

本书在编写过程中，参考了近年来出版的民航法规教材和著作，在此表示感谢。由于水平有限，不足之处在所难免，敬请广大专家、教师和读者批评指正，以便我们进一步充实与完善。

编　者

目　录

学习单元一　民航法规概述

学习提示

本学习单元主要介绍民航法的含义及特征，民航法的调整对象、渊源和民航法的发展历史，介绍我国民航业的发展和民航法制建设。

背景知识链接

航空法作为国际法和国内法的有机组成部分，以民用航空活动为主要调整对象，内容兼跨公法和私法。航空法是随着航空技术的进步而发展起来的一个部门法律。航空法的专业性、技术性很强，它形成较晚，但发展较快，具有独立性、综合性、国际性和平时法的特点。

航空活动首先要解决的是公法问题，如飞行管理、空域管理、民用航空安全方面的法律规范。就民用航空活动而言，还会涉及诸如主权、领土、国籍、国家关系等法律问题。为解决国际航行中的有关公法问题的国际公约是 1944 年的芝加哥《国际民用航空公约》。该公约的签署，在国际航空法上具有里程碑的意义，它是现行关于国际民用航空法的基本文件，对空中航行、国际民用航空组织、国际航空运输等都做了具体规定。我国于 1974 年 2 月 15 日承认该公约，同时决定参加国际民用航空组织的活动。

在我国，航空法律、法规以及规章，共同构成了一个比较完善的航空法律制度和规范体系，在航空活动的各个领域和各个方面基本实现了有法可依，为全面实行依法治航，保障航空改革与发展的顺利进行建立了制度保障。

1995 年 10 月 30 日，第八届全国人民代表大会常务委员会第 16 次会议通过了《中华人民共和国民用航空法》，使中国民航法制建设步入了崭新的阶段。我国航空法以《中华人民共和国民用航空法》为核心，组成一个内容齐全、层次分明、和谐协调的法律体系，使之成为一个独立的法律部门，它由下列各部分组成：

(1) 国家关于民用航空颁布的法律；

(2) 国家颁布的其他法律中关于民用航空的法律规范；

(3) 全国人民代表大会常务委员会在需要时就民用航空事项做出的决议和决定；

(4) 国务院发布的有关行政法规及其民用航空主管部门发布的民用航空规章；

(5) 关于航空法的立法、司法和行政解释。

第一节　航空法的概念

航空法，主要是调整民用航空活动所产生的社会关系的法律。所谓“主要”，是因为民用航空与非民用航空在同一个空域中进行飞行活动时,还必须协调两者之间的关系,否则空中航行的安全得不到应有的法律保障。

航空法是20世纪初的产物,它随着人类征服空气空间,凭借飞行工具遨游蓝天而产生,随着航空科学技术的进步,使人类极其广泛地利用航空而发展。当今世界,民用航空的发展状况是一个国家经济发展水平的重要标志,是国家现代化程度的象征。航空越是发展,其活动越是频繁,所涉及的社会关系也越广泛和复杂。与之相适应,也就越需要航空法来规范人们的行为,并协整好这一领域中产生的社会关系。

一、航空法的名称

关于航空法的名称,曾引起了一些航空法学者的关注和讨论。这种讨论并非纯术语之争,而是涉及对航空法的定义及其调整对象的认识。

当今,航空法普遍采取的名称,即是国际民用航空组织使用的术语,英文是 Air Law,中文是航空法,系指关于航空器运行以及民用航空活动的法律规范的总和,不包括无线电传播和外层空间的活动,其法律调整已分别形成了新的法律分支,即电信法和外层空间法。

需注意的是,航空法是广义上的统一名称。至于狭义上的称谓,各国立法的名称不尽相同。大多数国家称航空法,少数国家称民用航空法。有的国家先称民用航空法,后改称为航空法,我国则称之为《中华人民共和国民用航空法》。各国立法的名称虽然不同,在适用范围上也有细微的区别,但并不改变整个法律的性质,所调整的对象依然是一致的。

二、航空法的定义

首先,举例看看一些外国学者对航空法是如何定义的,再从实际出发,抓住事物的主要矛盾,找出其本质特性来概括出航空法的定义。

维斯舍(ch-de Visscher)称,航空法是“管理空域及其利用规则的总和”。

科库兹(R. Coquoz)称,航空法是“调整因利用空气而产生的各种法律关系的规则的总和”。

安伯罗西尼(M. Ambrosini)称,航空法是“研究空中航行所产生的各种关系和确定其实施法律调整的法律分支”。

勒穆瓦纳(M. Lemoine)则认为,航空法是“确定和研究用以调整航空器的运行和使用及其产生的各种关系的法律和规则的法律分支”。

勒果夫(M. Le Goff)表述得更具体,称“航空法是关于航空器、空中航行、商业航空运输以及国内和国际空中航行的全部公法和私法关系的国内规则和国际规则的总和”。

迪德里克斯-维斯舒尔(I. H. ph, Dideriks-Verchoor)则称,“航空法是调整空气空间的利用及其为空中航行、公众和世界各国从中受益的规则的总和”。

上述几种定义反映了从20世纪30年代到80年代不同时期的一些航空法学者的不同观点。他们从不同角度表述了什么是航空法,抓住的重点有异,也各有所长,但这些定义都没有把航空法的本质特性反映出来,容易产生歧义。因此,国际上至今没有一个统一的定义。鉴于下一个简短的定义不易,有的学者只是就航空法的概念及其内容予以阐述,而不做定义似的概括。现在,对航空法的表述,一般称航空法是关于航空器及其运行的法律规则的总和。

所以,研究任何事物都不能从抽象的概念出发,而只能从实际出发,经过综合分析,抓住事物运动中的主要矛盾,找出事物运动的内在规律,上升为理性认识,才能反映出事物的本质特征,做出比较正确的结论。

法是一定社会经济基础的上层建筑的重要组成部分,是社会关系的调整器。研究航空法,自然应从"航空"这个现象入手,看它是怎样调整这个领域中产生的社会关系的。

所谓"航空",是指任何器械凭借空气的支撑力,在空气空间运行的活动。这种活动亦称为"空中航行"。实践证明,要实施空中航行,通常需具备下列四个基本要素:

(1) 空中航行要有赖以活动的场所。这种场所就是空气空间,即日常所说的空域。

(2) 空中航行要有适合于飞行的工具。这就是航空器。

(3) 空中航行要有合格的人员方能施行。这类合格人员称为航空人员。

(4) 空中航行要有地面设施予以保障。地面设施主要是指机场和空中交通管制、导航设施,包括电信、气象等项服务,以保障航空器安全起飞、降落和飞行。

具备了上述四项基本要素,空中航行才能得以进行。此外,人类应用航空,即将航空应用于人类物质生产活动,又分为民用航空活动和非民用航空活动。非民用航空活动主要是军用航空活动。

当今的世界,航空活动要能够正常进行,保证安全、正常、服务、效益的实现,除必须具备一定的物质条件外,还必须调整好由航空活动产生的各种社会关系,以建立起航空活动的正常秩序。把这种秩序制度化和规范化,使之上升为法律,便形成了航空法。在一国之内进行航空活动,受该国的国内法的约束;在国家之间开展航空活动,其所产生国家间的关系则由国际法来调整。研究有关航空的国际条约和各国的国内航空法,不难发现它们具有某些共同的特性:

(1) 领空主权原则是一个根本性的法律制度,是航空法的基础;

(2) 民用航空活动所产生的社会关系是航空法的主要调整对象;

(3) 在和平时期和正常情况下,民用航空和非民用航空在同一空域中活动时,应遵守统一的空中交通规则,实行统一的空中交通管制,以保障空中航行的安全和通畅。

综上所述,对航空法定义如下:

航空法是规定领空主权,管理空中航行和民用航空活动的法律规范的总称。

三、航空法的调整对象

航空法的调整对象主要是民用航空活动所产生的各种社会关系,同时应协调民用航空与非民用航空,特别是与军用航空的关系。

民用航空是指除军用航空和公务航空以外的一切航空活动。

军用航空是指军事部门使用航空器为军事目的进行的航空活动。

公务航空是指国家机关使用航空器执行公务而进行的航空活动,如海关缉私、公安机关巡逻、追捕逃犯等。

民用航空划分为公共航空运输(Public Air Transportation)和通用航空(General Aviation)两大类。

公共航空运输是指向公众开放的,使用民用航空器在区域之间进行位置移动的活动,包括定期航空运输(定期航班)和不定期航空运输(主要形式是包机运输)。

通用航空是指除公共航空运输以外的一切民用航空活动。国际民用航空组织将其定义为“定期航班和为取酬或者出租的不定期航空运输以外的一切民用航空活动”(见《国际民用航空组织用语》第二卷“定义”)。通用航空包括航空作业、急救飞行、航空训练、航空体育、其他通用航空等项。

航空法调整民用航空活动产生的社会关系,其范围是十分广泛的。凡与航空器、航空器的正常状态、航空器的操作、航空器所有权及其正常转移、机场、信标、商业航空运输及其国际通航、可能造成的损害责任、保险等有关的问题,都在航空法的范围之列,并受航空法的约束,内容极其丰富。

航空法不仅要调整好民用航空活动产生的社会关系,而且要调整与民用航空相关的其他活动,协调好它们之间的关系。这是因为:

(1) 航空法关于领空主权的规定,是一切航空活动都必须遵守的规则。

(2) 在同一空域中同时进行各种航空活动,不论是民用航空还是军用航空,为了保障飞行安全的需要,都必须接受统一的空中交通管制,遵守统一的空中交通规则。

(3) 非民用航空部门参与民用航空活动,都必须受航空法有关规定的约束。

这种民用航空与非民用航空的协调关系是非常重要的。尽管1944年芝加哥《国际民用航空公约》明确规定“本公约仅适用于民用航空器,不适用于国家航空器”(第三条第一款),但同时规定“缔约各国承允在发布关于其国家航空器的规章时,对民用航空器的航行安全予以应有的注意”(第三条第四款);设立禁区的“范围和位置应当合理,以免空中航行受到不必要的阻碍”(第九条第一款);对航空器的检查“应避免不合理的延误”(第十六条);等等。这种协调关系的规定,在一些国家的国内航空法中也常见,《中华人民共和国民用航空法》也不例外。

因此,航空法是调整民用航空活动及其相关领域中产生的各种社会关系的法律。

四、航空法的性质

航空法划分为国内航空法和国际航空法两大部分,分属于不同的法律体系。

国内航空法是国家的重要法律,它涉及领空主权的宣告及其空域管理制度,规范民用航空行政管理行为,调整民用航空活动产生的民商法律关系,还涉及采用刑法手段保护民用航空的安全问题。国际航空法是国际法的重要组成部分,它确立了领空主权原则,调整国家之间开展民用航空活动产生的社会关系。

从航空法的调整对象考察,可以清楚地看出:

(1) 航空法在本质上是民用航空法,并不是调整一切航空活动的法律。某些国家的国内航空法对此做了明确的规定。航空法的这一特性,是由航空本身的特性所决定的,是在航空历史发展过程中形成的。

(2) 航空法不是“航空工业法”。航空法仅调整使用航空器与民用活动所产生的社会关系。

(3) 航空法既然有国内法和国际法之分,故称航空法是“国内法和国际法的联合体”;称航空法是“国内规则和国际规则的总和”。把航空法列为国际法的一部分,却又将国内法作为其法律渊源。如此种种混淆国内法和国际法界线的模糊认识,显然是不正确的。

第二节　航空法的特点

航空法是随着航空技术进步而发展起来的一个部门法律。航空法的专业性、技术性很强，它形成较晚，但发展较快，具有明显的独立性、综合性、国际性及平时法的特点。

一、航空法的独立性

航空法的独立性，是指航空法自成一类，形成为一个独立的法律部门。

法律调整的对象不同，是划分法律部门的主要标准。是否划分为独立的法律部门，还应考察在整个法律体系中是否有这种需要。

民用航空是以民用航空器为工具，实施空中航行，从事公共航空运输、航空作业及其他通用航空活动的领域。这种活动在空中作业，风险性高，机动性强，具有资金密集、技术密集、知识密集、信息密集、组织严密、质量严格等特点，而民用航空又是空军的后备力量，平时为国民经济的发展，方便人民的生活，促进各种往来服务，一旦发生战争或国家处于紧急状况，民用航空就将被征用为反抗侵略，处理紧急事项，保卫国家服务。因此，民用航空在整体上是一种特殊的商业活动，要正确调整民用航空及其相关领域中产生的社会关系，就需要专门的法律，即航空法来调整。航空法调整对象是十分明确的，也是专一的，这就使航空法成为一个独立的法律部门具备了基本的条件。在我国，将航空法发展成一个独立的法律部门，也是我国民航事业发展的需要。我国是一个地域辽阔、人口众多的社会主义国家，为了满足国民经济的发展和人民生活需要，为了适应对外开放的形势，促进国际交流和各国人民之间的友好往来，我国民用航空事业蓬勃发展，必将在国民经济和社会发展中占有十分重要的地位。与之相适应，应努力建立和健全我国航空法律体系，使之成为我国社会主义法律体系中的一个独立的法律部门。

航空法是否具有独立性，是否能成为一个独立的法律部门，历来就有两种观点，至今仍存在分歧意见。

有的学者否认航空法的独立性，甚至否认航空法的存在，认为航空法没有丝毫新内容，只是把各种现行法，如国际公法、国际私法、海商法、行政法、刑法、商法等适用于空中航行。

有的学者还认为，航空法应无条件地将海事法适用于航空活动。在他们看来，只要看一个事实就能说明这一点，即海上和空中都是航行，都是离开陆地后，直至到达港口或降落之前，过着独自生活的交通工具。1921 年，美国律师协会曾主张将航空列入海军法中，而海军法是隶属于海事法的。1931 年，还确实提出过海事法适用于空中航行的法律草案。意大利于 1942 年颁布的航行法就包含大量的适用于海上航行和空中航行的共同规则，是唯一将海上航行和空中航行的法律合并在一部法典的国家。

的确，航空法深受海商法和海洋法的影响。人类航海历史悠久，在远古时代就产生了海事法；而航空法是 20 世纪初的产物，甚至在人类尚未完全征服空气空间之前，人们就开始探索航空的法律问题。在这样的历史背景下，人们借用海商法的模式来研究航空法，是完全可以理解的。海商法对航空法影响的痕迹至今可见。例如，空中航行（Air navigation）、驾驶或领航（Pilot）、机场（Airport）等词汇，无不来源于航海用语；有的概念，如“国内载运权”，即是借用海商法中的“沿海航行权”；1929 年《华沙公约》关于推定责任、责任限制、免责缘由等规定,也是模仿了海商法中的1924年“海牙规则”。然而,随着航空技术的迅速进步,航空法早已摆脱了海商法的模式。在航空法中,1919年巴黎《空中航行管理公约》曾采用过“无害通过”制度,但到1944年芝加哥《国际民用航空公约》便抛弃了这种制度,而代之以航空“业务权”(Traffic Rights)(即五种空中自由)的概念;今天,在航空运输中已推行了“无过失责任制”(即客观责任制)。而在海运中,到1978年才通过《汉堡规则》,采用“完全的过失责任制”。如此种种都足以说明,不应将航空法与海商法相提并论。

此外,还应提及航空法与外层空间法的关系。

外层空间法或称空间法是人类探索宇宙、适应空间科学技术迅速发展的产物,是一个崭新的法律部门。外层空间法完全没有以航空法为样本,而实行的是另外一种法律制度。航空法与外层空间法是相互独立的两个法律部门。然而,空气空间与外层空间的划界问题,随着航空航天飞机的出现和空间活动的商业化,以及利用空间技术为航空器导航和定位等等情况的出现,航空法与空间法之间将产生密切的联系。两者之间将会怎样相互影响、相互渗透,人们应予以注视和研究。

二、航空法的综合性

航空法的综合性,是指调整民用航空及其相关领域中产生的社会关系的各种法律手段纵横交错,法律调整的方法多样化,综合在一起构成为航空法。航空法的这一特性,使传统上将法律划分为公法和私法的界线打破了。在航空实践中,公法和私法往往交织在一起。

航空法具有综合性的特点,是将调整“民用航空”这一部门的法律规范综合在一起的必然结果。

民用航空部门是由多工种的人员组成的,开展民用航空活动是一项复杂的系统工程,所产生的社会关系也就呈现出多重性和复杂性。对这样的情况实施法律调整,必将形成多样性质的法律关系,自然需要调整手段的多样性与之相适应。分析航空法的内容,不难发现,关于管理民用航空的法律规范,可以列入行政法;关于宏观调控航空运输市场和航空作业市场的法律,应归纳为经济法;关于航空运输合同的法律规范,应属于民法;关于航空领域中的犯罪和惩罚,自然属于刑法。如果说,行政法、经济法、民法、刑法是一般法,那么航空法中的有关部分则应分别是上述这些法的特别法。然而,人们却不能说,航空法在整体上是行政法,或经济法,或民法,或刑法。所以出现这一现象,正是航空法具有综合性的反映。在整体上,只能说航空法自成一类,是一个独立的法律部门。

把航空法列为行政法,或在理论上将航空法隶属于商法或民法的情况是存在的。但这种划属方法,若不是历史原因或法律传统所致,就反映了理论与实践相脱节。

鉴于航空法具有综合性的特点,在研究航空法的时候,一方面应紧密联系行政法、民法、经济法、刑法等法律的一般原则;另一方面应按“特别法优于一般法”的原则,正确处理好它们之间的关系,即处理航空事务首先应适用航空法。若航空法没有规定的,则适用有关的其他法律。

三、航空法的国际性

航空法的国际性,是民用航空具有国际性所决定的。

人类生活在地球上,居住在不同的国度里,山脉走向和江河湖泊可以形成自然国界,

或者设置界桩标识，人为地划定国界。然而，空气空间不受高山峻岭所阻，不被江湖海洋之隔，航空器的起飞和降落就是一种界限。航空器是一种高速交通工具，飞行的距离越远，就越能发挥它的优势，取得最佳效益。对那些小国而言，航空器一起飞，就往往飞出了国界。航空在国家之间架起了“空中桥梁”，各国人民的友好往来，有赖于它的发展。因此，民用航空的国际性决定了航空法的国际性。

（一）航空法的国际性，要求国际上有统一的航空技术标准和统一的航空法律规范

这种统一性，是所有法律的一般属性，是法律具有规范作用的必备条件。如果没有统一的技术标准，国际空中航行的安全难以得到可靠的保障；如果没有统一的法律规范，国际民用航空活动势必会处处遇到障碍。因此，《国际民用航空公约》规定“缔约各国承允在关于航空器、人员、航路及各种辅助服务的规章、标准、程序及工作组织方面进行合作，凡采取统一办法而能便利、改进空中航行的事项，尽力求得可行的最高程度的一致”（第三十七条）。自 1919 年创立“国际空中航行委员会”、1925 年成立“国际航空法律专家技术委员会”至 1947 年正式成立“国际民用航空组织”，在统一国际航空法律规范方面做了大量的工作，尤其在统一国际航空技术标准方面已经取得了巨大的成就。然而，国际航空法的发展在不少方面并没有达到令人满意的统一程度，尚待人们进一步努力。

（二）航空法的国际性反映在国内法上，决定了国内航空法是一种涉外性很强的法律

国内航空法的涉外性主要表现在：

（1）国内航空法应尽可能地采用国际航空法律规范和国际上的通行作法，否则不利于国际航空交往，也将阻碍本国民用航空事业的发展。

（2）航空运输有国内和国际之分，但在私法上的划分标准，不是依当事人是国内人还是外国人来区分，而是根据当事人所订运输合同的约定：运输的始发地点、目的地点或约定的经停地点有一个处在外国就是国际运输，否则是国内运输。因此，国内航空承运人经营国内航班不仅应依据国内航空法与外国人订立国内航空运输合同，若碰上国际联程旅客或国际联程货物，则在其办理的一段运输的范围内，作为国际航空运输合同的订约一方，亦受国际航空法有关规定的约束。

（3）国内航空法在一定程度上具有域外效力，这种域外效力反映在：①国内法可以延伸适用于在域外飞行中的本国航空器内的犯罪和其他某些行为；②本国法对本国航空器的管理规定，亦可约束到在域外的外国人涉及本国航空器的行为。前者已由 1963 年《东京公约》形成了国际条约法规范，后者可见于一些国家的国内法规定。

（三）航空法的国际性还表现在，国内航空法与国际航空法有着十分密切的关系

前已述及，航空法的国际性，因而要求有统一的航空技术标准和统一的航空法律规范，同时决定了国内航空法是一种涉外法。这就使国内航空法的许多法律规范直接来源于国际航空法。对各国航空法作比较研究，就不难发现：尽管由于各国的法律制度不同，其航空法的形式有所不同，但就其航空业务的内容而言，可以说，各国航空法在某种程度上是“大同小异”。国内航空法直接采用国际航空法规范，固然是由于国家参加了国际条约，需履行承担的国际义务，但追根求源，一是有其历史原因，航空法发展史表明，在航空法中，外交公约先于国内法，因为航空运输一问世就成了国际运输；二是民用航空的国际性，决定了国内法应尽可能地与国际法律规范一致。

尽管国内航空法与国际航空法有如此紧密的联系，但国内法和国际法毕竟是两个不

同的法律体系,不能混淆两者之间的界线。

四、航空法是平时法

航空法是平时法,是指航空法仅调整和平时期民用航空活动及其相关领域所产生的社会关系,如遇战争或国家处于紧急状态,民用航空要受战时法令或紧急状态下的非常法的约束。

《国际民用航空公约》亦明确规定:"如遇战争,本公约的规定不妨碍受战争影响的任一缔约国的行动自由,无论其为交战国或中立国。如遇任何缔约国宣布其处于紧急状态,并将此事通知理事会,上述原则同样适用。"(第八十九条)

明确了航空法就是平时法,就不难理解,航空法的任何规定都应适合和平时期发展民用航空的客观规律。也只有在和平时期,民用航空才能得以正常、迅速地发展。空域是航空活动的场所,是国家宝贵的航空资源,必须充分开发、合理利用。在和平时期,应当最大可能地保障民用航空活动,以保证民用航空的发展。我们必须协调民用航空和军用航空活动,正确处理发展民用航空和加强国防建设的关系。民用航空是国防的后备力量,中外如此,概莫能外。国家大力发展现代化的民用航空,有强大的机群,有布局合理的机场,有先进的导航系统,有足够合格的人员,平时可满足经济建设、人民生活和国际交往的需要;战时,民用航空即可转入战时需要,为反抗侵略,保卫祖国服务。

航空法是平时法。在平时,任何航空都必须遵守统一的空中规则,以维持空中交通的正常秩序,保障飞行安全;但在国防需要的紧急情况下,军用航空器有优先通过权,以保障军用航空保卫国家领空不受侵犯的需要。航空法是平时法,在战时或在国家宣布处于紧急状态时,它并不妨碍受战争影响的交战国和中立国的行动自由,可以不受约束地采取一切必要的行动。

第三节　航空法的渊源

研究航空法的渊源,不是指航空法的起源,也不是航空法的根据,更不是航空法的历史发展。而是要研究航空法的组成和具体的表现形式,即航空法的形式渊源。

航空法有国内法和国际法之分,处在两种不同的法律体系之中。因此,对航空法的渊源也就需要分别进行研究。

一、国内航空法的渊源

国内法是由特定国家制定或认可,实施于该国主权所达范围之内的法律。各国政治、经济制度和文化传统不同,其法律制度及其表现形式也就不同,航空法也不例外。研究国内航空法的渊源,只能进行国别研究,即研究特定国家航空法的渊源。

航空法有狭义和广义之分。

狭义的航空法,是指以《航空法》为名称的那部法律。例如,《美国联邦航空法》、《日本国航空法》。我国称《中华人民共和国民用航空法》。广义的航空法,是指规定领空主权、管理空中航行和民用航空活动的法律规范的总和。对于这些法律规范,有的国家比较集中地制定一部法律,有的国家则比较分散在各种单行法律之中。法国将关于民用航空的法律、行政规章、法令编纂在一起,按立法、规章和法令三部分编排,称之为《法国民用航空法典》。

我国航空法的渊源以《中华人民共和国宪法》为依据，体现了我国的立法传统和法学理论。

宪法是国家的根本大法，国家的总章程，是由国家最高权力机关通过和修改的最高规范性文件。在我国法律体系中，宪法具有最高的法律地位和法律效力，是最高的法律形式。

从层次上说，根据我国现行宪法第六十二条、第六十七条、第八十九条和第九十条以及《中华人民共和国民用航空法》第三条和《立法法》第七十一条的有关规定，航空法分为法律、行政法规和部门规章三个层次。宪法第一百条和第一百一十六条还规定了地方性法规、民族自治地方的自治条例和单行条例。鉴于民用航空的特殊性，需建立中央集中统一的领导体制。因此，除特别行政区某些特殊具体事项外，不宜，也不需要制定地方性航空法律规范。

从构成上说，我国航空法应以颁行的《中华人民共和国民用航空法》为核心，组成一个内容齐全、层次分明、和谐协调的法律体系，使之成为一个独立的法律部门，由下列各部分组成：①国家关于民用航空颁布的法律；②国家颁布的其他法律中关于民用航空的法律规范；③全国人民代表大会常务委员会在需要时就民用航空事项做出的决议和决定；④国务院发布的有关行政法规及其民用航空主管部门发布的民用航空规章；⑤关于航空法的立法、司法和行政解释。

下面对航空法的组成体系分别加以说明。

1. 国家关于民用航空颁布的法律

1995 年 10 月 30 日，第八届全国人民代表大会常务委员会第 16 次会议通过了《中华人民共和国民用航空法》，由国家主席颁布，自 1996 年 3 月 1 日起施行。《中华人民共和国民用航空法》是新中国成立以来第一部关于民用航空的专项法律。该法的颁布施行，标志了我国民用航空法制建设进入了一个崭新的历史时期。

2. 国家颁布的其他法律中关于民用航空的法律规范

鉴于民用航空是社会生活中不可缺少的一个组成部分，并占有一定的重要地位，在我国很多法律规定中，有不少关于民用航空的法律规范，涉及领空主权、空中航行和民用航空活动管理的法律规范，应编纂列入航空法遵照执行。

关于特别行政区的民用航空活动，遵照特别行政区基本法的有关规定执行。

在这里需要说明的是，并不是从事民用航空的单位或个人凡应遵守的法律规范，都应该列入航空法的范围之内。例如，任何单位或者个人都应遵守宪法及其相关法律，开办公司应依据公司法；纳税义务人应遵守税法；办教育应遵照教育法、教师法；科技工作者应遵守科技法等。凡此种种，都不是航空法，即使是民航主管部门所作的规定，也只是根据民航部门的具体情况予以贯彻执行的问题，都不应划属列入民用航空法律体系之中。

3. 全国人民代表大会常务委员会在需要时就民用航空事项做出的决议和决定

1992 年 12 月 28 日，第七届全国人大常委会第 29 次会议通过了《关于惩治劫持航空器犯罪分子的决定》，规定凡以暴力、胁迫或者其他方法劫持航空器的，处 10 年以上有期徒刑或者无期徒刑；致人重伤、死亡或者使航空器遭受严重破坏或者情节特别严重的，处死刑；情节较轻的，处 5 年以上 10 年以下有期徒刑。全国人大常委会的这一决定，是对 1979 年《中华人民共和国刑法》的重要补充规定。这一重要决定经修改后已经并入 1997

年修订的《中华人民共和国刑法》之中。

4. 国务院的有关行政法规和民用航空规章

国务院发布的(包括与中央军事委员会联合发布的)关于民用航空的行政法规,对依法管理我国民用航空活动具有重要意义,是航空法的重要组成部分。

中国民用航空总局(简称民航总局)是国务院直属的主管全国民用航空活动的行政机关。民航总局由局长签署,以"中国民用航空总局令"的形式发布的规范性文件,总称为《中国民用航空规章》,"属于执行法律或者国务院的行政法规、决定、命令的事项",是对在中华人民共和国境内进行各项民用航空活动的具体规定。

5. 关于航空法的立法、司法和行政解释

法律条文,特别是一部好的法律,是在一定时期,根据客观情况和需要制定出来的,是对历史经验的总结,并对社会发展有一定的预见性。但是,客观事物是千变万化、不断发展的,由于主观和客观之间存在差异,静态和动态之间矛盾的绝对性,法律条文必然具有局限性。此外,对法律条文理解不同或不正确,必然影响法律实施的正确性。因此需要解释法律。

法律解释主要分为法定解释和法理解释两大类。法定解释又称为有权解释、正式解释,是指由特定的国家机关依照宪法和法律赋予的职权,对有关法律规定进行的解释。一般分为立法解释、司法解释和行政解释。法定解释具有法律效力,是广义上的法律的组成部分。

我国宪法规定由全国人民代表大会常务委员会行使对宪法和法律的解释权。1981年6月,第五届全国人大常委会第19次会议通过了《关于加强法律解释工作的决议》,规定对法律和法规的解释,要根据不同情况,分别由全国人大常委会、最高人民法院、最高人民检察院、国务院和各主管部门以及各省、自治区、直辖市人大常委会和人民政府主管部门负责进行并作补充。中国民用航空总局由国务院授权对有关的行政法规进行解释,并在其权限内对中国民用航空规章进行解释,都属于行政解释,对我国航空法的实施和依法管理民用航空活动具有重要意义。

二、国际航空法的渊源

国际航空法是国际法的一部分,这一点是毫无疑义的。但是,国际航空法是国际公法和国际私法的结合体,而国际私法是什么性质,是国内法还是国际法,或者是自成一类,这在理论上争论很多,至今没有统一的意见。不过,国际民用航空组织以及航空法著作,都把由政府间订立的调整私法关系的国际公约,如1929年《华沙公约》,总称为国际航空私法公约。因此,我们所说的国际航空法,包括国际航空公法和国际航空私法两个部分。既然国际航空法是国际法的一部分,那么国际法的渊源即是国际航空法的渊源。但是,国际航空法的渊源有其自身的特点。

关于国际法的渊源,一般都援引《国际法院规约》第三十八条的规定为依据。《国际法院规约》第三十八条规定:

"(一)法院对于陈述各项争端,应依国际法裁判之,裁判时应适用:

(子)不论普遍或特别国际协约,确立诉讼当事国明白承认之规条者。

(丑)国际习惯,作为通例之证明而经接受为法律者。

(寅)一般法律原则为文明各国所承认者。

(卯)在第五十九条规定之下,司法判例及各国权威最高之公法学家学说,作为确定法律原则之补助资料者。

(二)前项规定不妨碍法院经当事国同意本‘公允及善良’原则裁判案件之权。”

一般来说,大家都承认,国际法的渊源主要是条约和习惯。但是,除了条约和习惯之外,国际法是否还有其他的渊源,是有争论的。

对于国际航空法的渊源,其情形和上述一样,有各种不同的说法,但大家承认:国际航空法最重要的渊源,通常是国际条约。

条约是国家及其他国际法主体间所缔结而以国际法为准并确定其相互关系中的权利和义务的一种国际书面协议,也是国际法主体间相互交往的一种最普遍的法律形式。《维也那条约法公约》的定义是:“称‘条约’者,谓国家间所缔结而以国际法为准之国际书面协定,不论其载于一项单独文书或两项以上相互有关之文书内,亦不论其特定名称为何。”

国际条约的名称很多,主要有条约、公约、协定、议定书、宪章、盟约、换文、宣言等。

构成国际航空法的条约包括:

(1) 关于国际民用航空的世界性多边条约。这类条约在世界范围内签订的,具有普遍适用的意义,尤其是那些被各国广泛接受的条约,为国际社会共同遵守,是国际航空法的重要渊源。

(2) 关于国际民用航空的地区性多边和双边条约。地区性多边或双边条约,虽然只涉及少数有关国家,不直接表现为一般国际法,但都间接地表现为一般国际法。如果许多地区性多边或双边条约都作同样的规定,这样的规定便形成为国际法的一般规则。航空法有明显的国际性特点,在国际民用航空领域中的地区性条约中,尤其是大量存在的双边航空运输协定,有很多规定都是相同或近似的,因而是国际航空法的渊源。

(3) 其他国际条约中关于国际民用航空的规定。它对国际航空法产生着深刻的影响,亦是国际航空法的渊源。

虽然国际条约是国际航空法最重要的渊源,但并不排除国际习惯作为国际航空法的渊源。当没有条约规定时,惯例就成了适用的规则。条约是国家间的明示协议,根据“条约必须遵守”的原则,条约对各缔约国有约束力。国际习惯有个形成的过程,一旦被国际社会所接受和承认,便成了国际习惯法规则,具有普遍的约束力。

司法判例虽然是“确定法律原则之辅助资料者”,但仍具有一定的重要性。例如,国内法院对《华沙公约》解释性判决,就对国际航空法具有深远的影响。各国权威最高公法学家学说也只是“确定法律原则之辅助资料者”,但对航空法的发展具有不容忽视的作用。至于一般法律原则,鉴于现今不可能形成为各国普遍接受的共同规则,也就不能成为航空法的渊源。

三、国际航空法条约概述

国际航空法的现行条约主要有以下几项。

(一)《国际民用航空公约》

《国际民用航空公约》简称 1944 年《芝加哥公约》。它于 1944 年 12 月 7 日订于美国芝加哥,1947 年 4 月 4 日起生效。中国是该公约的签字国。当时的中国政府于 1946 年 2 月 20 日交存了批准书。中华人民共和国政府于 1974 年 2 月 15 日承认了该公约。

《国际民用航空公约》分“序言”和“空中航行”、“国际民用航空组织”、“国际航空运输”、“最后条款”四个部分,经修订后共二十二章九十九条,是国际航空法最基本的公约。它取代了1919年10月13日在巴黎签订的《空中航行管理公约》(简称1919年《巴黎公约》和1928年3月20日在哈瓦那签订的《商业航空公约》(简称1928年《哈瓦那公约》)。该公约没有关于保留的规定,并明确“缔约各国承认本公约废除了彼此所有与本公约条款相抵触的义务和谅解,并承允不再承担任何此类义务和达成任何此类谅解。一缔约国如在成为本组织的成员以前,曾对某一非缔约国或某一缔约国的国民或非缔约国的国民,承担了与本公约的条款相抵触的任何义务,应立即采取步骤,解除其义务。任何缔约国的空运企业如已经承担了任何此类与本公约相抵触的义务,该空运企业所属国应以最大努力立即终止该项义务,无论如何,应本公约生效后可以合法地采取这种行动时,终止此种义务”(第八十二条)。这说明了,缔约各国应无保留地遵守该公约。

(二)《国际航班过境协定》

《国际航班过境协定》国际上通称(两种自由协定)。它于1944年12月7日订于芝加哥,1945年1月30日起生效,该协定规定,缔约各国之间相互给予对方国际定期航班第一种飞行自由(不降停的过境权)和第二种飞行自由(非商业性的经停权)。

(三)《国际航空运输协定》

《国际航空运输协定》国际上通称《五种自由协定》。它于1944年12月7日订于芝加哥,1945年2月3日起生效。该协定规定,缔约各国之间相互给予对方国际定期航班第一种至第五种自由权利,该协定虽已生效,但由于只有12国参加而无实际意义。其作用在于对五种自由,即国际航空运输的业务权做出了明确的定义。

(四)关于统一国际航空运输规则的条约

关于统一国际航空运输规则的条约共八个文件,总称《华沙体制》。1999年5月28日在蒙特利尔签订了与《华沙公约》同一名称,即1999年《统一国际航空运输某些规则的公约》的新条约,以代替原《华沙体制》的各项公约。

(五)关于国际民用航空安全保卫的条约

至今已签订了下列五个法律文件:

(1)《关于在航空器内犯罪和某些其他行为的公约》,简称1963年《东京公约》,1963年9月14日订于东京,自1969年12月4日起生效。

(2)《制止非法劫持航空器的公约》,简称1970年《海牙公约》, 国际上通称《反劫持公约》,1970年12月16日订于海牙,自1971年10月14日起生效。

1970年《海牙公约》规定:凡在飞行中的航空器内用暴力或用暴力威胁,或者用任何其他胁迫方式非法劫持或控制航空器或此类未遂行为,或者是实施此类行为或此类未遂行为的共犯,即构成刑事犯罪,“各缔约国承允以严厉刑罚惩治犯罪”。

(3)《制止危害民用航空安全的非法行为的公约》,简称1971年《蒙特利尔公约》,国际上通称《反破坏公约》,1971年9月23日订于蒙特利尔,自1973年1月26日起生效。

鉴于1970年《海牙公约》只是适用于在飞行中的航空器内的劫持航空器的犯罪,因此有必要予以补充,以制止其他危害民用航空安全的犯罪。于是,紧接着签订了《蒙特利尔公约》,把适用范围从空中的劫持航空器的犯罪,扩伸到地面破坏航空器和航行设施的犯罪,明确规定了五种行为和此类未遂行为及其共犯都是犯罪,各缔约国都应严厉惩罚。

这五种犯罪行为是，任何人非法地和故意地：

① 对飞行中的航空器内的人实施暴力行为，如该行为足以危及该航空器的安全；或者

② 破坏使用中的航空器，或者对该航空器造成损坏使其不能飞行或足以危及其飞行安全；或者

③ 不论采取何种方法，在使用中的航空器内放置或使他人放置一种装置或物质，该装置或物质具有破坏该航空器，或者对其造成损坏使其不能飞行或足以危及其飞行安全的特性；或者

④ 破坏或损坏航行设施或扰乱其工作，若任何此种行为足以危及飞行中的航空器的安全；或者

⑤ 传送他明知是虚假的情报，由此危及飞行中的航空器的安全。

上述三个公约在形式上相互独立，在内容上相互补充，其要旨是和犯罪行为作斗争，以保障民用航空的安全。除上述内容外，公约还就拘留、初步调查、起诉、引渡、缔约国的义务、司法协助等问题做了一定的规定。我国在加入这三个公约时，对关于执行和适用公约发生的争端交付仲裁或提交国际法院的规定，即对《东京公约》第二十四条第一款、《海牙公约》第十二条第一款、《蒙特利尔公约》第十四条第一款做了保留。

(4)《制止在用于国际民用航空的机场的非法暴力行为以补充一九七一年九月二十三日订于蒙特利尔的制止危害民用航空安全的非法行为的公约的议定书》，简称 1988 年《蒙特利尔补充议定书》，1988 年 2 月 24 日订于蒙特利尔，自 1989 年 8 月 6 日起生效。

该议定书补充规定了任何人用一种装置、物质或武器，在用于国际民用航空的机场内对人实施暴力行为，造成或足以造成重伤或死亡的，或者破坏或严重损坏用于国际民用航空的机场的设备或停在机场未在使用中的航空器，或者中断机场服务以及危及或足以危及该机场的安全，以及上述未遂行为及其共犯，都是犯罪。

(5)《关于注标塑性炸药以便探测的公约》，简称 1991 年《蒙特利尔公约》，1991 年 3 月 1 日订于蒙特利尔，自 1998 年 6 月 21 日起生效。

鉴于塑性炸药难以被探测，故恐怖分子利用塑性炸药进行恐怖活动，危及民用航空以及生命、财产的安全。因此，要求生产塑性炸药时加添一种可跟踪的元素，使之成为“注标塑性炸药”，以便探测。该公约就有关事项做了规定。

(六) 关于航空器对第三人造成损害的条约

(1)《关于外国航空器对地(水)面上第三人造成损害的公约》，简称 1952 年《罗马公约》1952 年 10 月 7 日订于意大利罗马，1958 年 2 月 4 日起生效。

1952 年《罗马公约》分为 6 章共 39 条，就外国航空器对地(水)面上第三人造成损害的责任原则、责任范围、责任的担保、诉讼程序规则做了规定，其目的在于力争在最大可能范围内，将世界各国适用航空器对地(水)面上第三人造成损害的责任规则统一起来。

(2)《修改一九五二年十月七日在罗马签订的关于外国航空器对地(水)面上第三人造成损害的公约的议定书》，简称 1978 年《蒙特利尔议定书》，1978 年 9 月 23 日订于蒙特利尔。该议定书主要是较大幅度地提高了责任限额，以“挽救”1952 年《罗马公约》，达到统一对第三人造成损害赔偿规则的目的。

（七）对航空器权利的公约

国际承认航空器权利的公约，简称 1948 年《日内瓦公约》，1948 年 6 月 19 日订于日内瓦，1953 年 9 月 17 日起生效。该公约涉及：

（1）航空器的所有权；

（2）航空器的占有人通过购买获得航空器所有权的权利；

（3）根据为期至少六个月的租赁合同使用航空器的权利；

（4）为担保债权协议设立的航空器抵押权和其他类似权利。

在航空器销售或租赁合同中常提及这个公约。公约的主要原则是保护债权人的利益。

（八）地区性条约和双边协定

地区性条约可列举如下：

（1）1956 年 4 月 30 日在巴黎签订的《关于欧洲不定期航空运输商业权利的多边协定》；

（2）1959 年 12 月 12 日在塞内加尔圣路易签订的《关于成立非洲和马达加斯加空中航行安全设施管理局的公约》；

（3）1960 年 2 月 26 日在洪都拉斯首都特古西加尔巴签订的《关于成立中美洲空中航行服务公司的公约》；

（4）1960 年 4 月 22 日在巴黎签订的《关于进口航空器适航证的多边协定》；

（5）1960 年 12 月 13 日在布鲁塞尔签订的《关于空中航行合作的公约》；

（6）1970 年 2 月 7 日在布鲁塞尔签订的《关于收取航路费的多边协定》；

（7）1982 年 5 月 2 日在华盛顿达成《欧洲民用航空委员会—美国谅解备忘录》；

（8）1987 年 6 月 16 日在巴黎签订的《关于制订欧洲内部定期航班运价程序的国际协定》；

（9）1987 年 6 月 16 日在巴黎签订的《关于制订欧洲内部定期航班运价力分享国际协定》。

针对国家之间签订的双边航空运输协定已数以千计，是有关国家之间通航的法律依据。

第四节　航空法的历史发展

航空法由于是 20 世纪初的产物，在很大程度上绕过了习惯作为法的渊源的过程。然而，航空法的历史发展表明，它随着人类征服空气空间，出现“航空”现象之后而产生，并随着航空技术的进步和广泛应用而发展。

一、人类的飞行活动和航空法的萌芽

远古以来，人类就梦想飞行。我国民间广为流传的“嫦娥奔月”、“御寇驾风”、“肖史和弄玉乘龙跨凤”等神话故事，国外广为流传的伊卡尔（Icare）插上鸟羽翅膀飞出迷宫的希腊神话故事，无不是这种美好理想的反映。

人类并没有停留在空想上，而是随着生产力的发展勇敢地探索，坚持不懈地为征服空气空间而斗争。

在我国，春秋时期（公元前770年—486年），公输般和墨翟“削竹为鹊，成而飞之”。王莽时期（公元9年—23年），曾经有人用鸟羽试验过飞行，飞了几百步才落下。东汉时期（公元25年—220年），张衡也曾制造木鸟。晋朝时期（公元265年—316年），葛洪发现了鸟的滑翔原理。唐朝时期（公元618年—907年），张思邈发明了火药。五代时期（公元907年—979年）出现了热气球。宋朝时期（公元960年—1279年），利用火药制成了火箭和其他火器，“走马灯”也很流行。元朝时期（公元1279年—1368年），元军作战曾使用不同颜色的灯球作为联络信号。明朝时期（公元1368年—1644年），民间发明的“竹蜻蜓”，被后人认为是直升机的鼻祖。现代飞机使用的磁罗盘，源于我国四大发明之一的指南针，已为世界公认。降落伞、陀螺等，也曾首先在我国出现。这些事实充分说明，伟大的中华民族的智慧光芒夺目，在飞行知识方面也曾遥遥领先。

在欧洲，探索飞行也是从试制有活动翅膀的木鸟开始。公元60年，在罗马，人们试图用人造翅膀飞行而丧生。在一次又一次的惨败面前，人们并未生畏止步。时至1783年，在法国，蒙哥尔菲埃兄弟（Mngolfier Brothers）于6月5日放飞了第一个热气球；物理学家查尔斯第一次应用阿基米德原理，于8月27日放飞了一个用氢气填充的自由气球，飘浮至25公里外坠落，使当地农民惊恐万分，以为天外怪物临空而降，聚众毁了气球。当天，法国政府即发表公告，要求放飞气球不得引起恐慌。

1783年11月21日，人们使用蒙哥尔菲埃气球首次载人飞行获得成功，象征着人类开始征服空气空间从而载入了航空发展史册。次年，即1784年，在巴黎发布了治安法令，规定：未经警察当局批准，禁止气球升空，被誉为是第一部《航空法》。

此后，英国、意大利、西班牙、美国、比利时、德国、荷兰等都进行了自由气球飞行。1785年1月7日，由人操纵气球第一次飞越英吉利海峡。1793年，在费勒鲁斯战役中使用气球侦察敌情，在欧洲被认为是历史上第一次将航空用于战争。1852年，用蒸汽机为动力的飞艇出现了。1855年，人们根据信天翁翅膀原理制成滑翔机进行了飞行。被认为是第一次重于空气的航空器飞行。1865年，使用带动力的飞艇，在纽约成立了第一家空中航行公司（Air Navigation Company）。1870年，巴黎城被普鲁士军队围困，法国政治家甘必大乘气球飞离巴黎去外省求援，以组织抵抗运动。同年11月19日，俾斯麦首相便致函法国政府，声称将越境气球和越境士兵一样对待，即作为间谍处置。

在上述背景下，航空立法、司法及理论研究活动开始出现了。

1819年，法国塞纳省第一次制定了空中航行安全规章，规定气球载人要配备降落伞；在农民收割农作物之前禁止气球飞行。

1822年，美国根据普通法判决了一个航空侵权案（盖尔诉斯旺案）。

1863年，朗岱尔发表了题为《航空或空中航行》的文章，被认为首次使用“航空”（Aviation）这一词汇。

1880年，国际法学会在英国牛津集会，将航空问题列入了议程。

1889年，法国利用在巴黎举办国际博览会的机会，邀集巴西、美国、英国、俄罗斯、墨西哥等28国代表集会讨论航空问题。会议议题列入了四个航空法律问题。

1889年，英国也有了一个航空损害案判例（斯科特的受托管理人诉摩斯案）。

1891年，发表了第一批航空法论著。例如，芒都卡著《在空域中犯罪的刑事责任和司法侦辑》；威尔赫姆著《论在国际法中气球驾驶员的法律地位》。

二、航空法的形成和统一法活动

在航空活动中,人们在继续探索着航空技术,同时深入研究着航空的法律问题。

1900 年 7 月 2 日,德国人格拉夫·冯·齐柏林(Graf von ZepDelin)推出了他的第一个巨大的硬壳飞艇,为人类在商业上应用航空开辟了道路。

也是在 1900 年,法国法学家保罗·福希叶(Paul Fauchille)向"国际法学会"提出,需要制定一部国际空中航行法典;1901 年,福希叶发表了具有划时代意义的法学著作:《空域和气球的法律制度》;1902 年,他应"国际法学会"的要求,提出了第一部国际航空法典草案。

1903 年 12 月 17 日,美国人莱特兄弟(Wrighter Brothers)将真正有人驾驶、由动力驱动、重于空气的航空器试飞成功,翻开了航空发展史崭新的一页。

1906 年,欧洲已开始有飞机飞行。1909 年 4 月 25 日,人们驾驶飞机飞越了英吉利海峡。与此同时,气球和飞艇飞行也相继增多,常常越出边界。

在此种情况下,航空法问题更是提上议事日程。1908 年 11 月,法国参议院对航空问题展开广泛的辩论,一致认为,应对飞越边界影响国防安全和国际贸易关系予以研究。此后不久,法国驻柏林大使提请德国政府注意德国气球飞越边界在法国降落的局势;德国政府保证不再发生此类事件。1908 年 12 月,法国邀请欧洲 21 个国家于 1910 年在巴黎举行外交会议,讨论欧洲的空中航行管理问题,并于 1909 年 8 月,向应邀出席会议的 18 个国家发出了问题询问单,为会议作准备。德国为会议提交了一个共 55 条和两个附件的公约草案。

1910 年 5 月 18 日至 6 月 29 日,在巴黎召开了第一次国际空中航行会议。会议围绕德国提出的公约草案进行了激烈的讨论。根本问题是:飞行空域的法律地位以及空域所属国对飞越其领陆和领水上空进行管理和限制的权限。

这次会议尽管因政治上的分歧最终未能达成协议,但公约草案所提出的很多关键性词汇、概念乃至条文,被后来的国际公约所采纳,至今未变,同时促使各国颁布了首批空中航行管理法令,因而这次会议在航空法发展史上仍具有重大意义。

1914 年—1918 年爆发了第一次世界大战。航空被广泛用于战争,民用航空因而停顿。但战争刺激航空技术和航空制造业的发展,为战后和平时期大力发展民用航空准备了物质条件。

1918 年 2 月,柏林—汉诺威/科伦之间有了航空邮运业务;1918 年 3 月 22 日,在巴黎—布鲁塞尔之间首次开辟了国际定期航空邮运航班;1919 年 8 月 25 日,首次在伦敦—巴黎间开办了国际航空旅客运输服务。同时,1919 年 6 月 14 日和 15 日首次不降停飞越大西洋获得成功,更使人们看到了发展航空运输的潜力。

1919 年 10 月 13 日,在巴黎签订了《空中航行管理公约》,简称 1919《巴黎公约》,共 9 章 43 条,有 8 个附件,并根据公约的规定,建立了常设管理机构——"国际空中航行委员会"。

《巴黎公约》在航空法发展史上具有极其重要的意义。其意义在于,它是国际航空法的第一个多边国际公约,确立了领空主权原则,为国际空中航行的法律制度奠定了坚实的基础。它被誉为"航空法的出身证",标志着航空法的正式形成,表明了航空法是 20 世纪的产物。

随着国际航空运输的发展，私法方面的法律冲突问题经常发生，因而开展了统一私法的国际活动。1925 年 10 月 27 日，在法国政府的倡导下，在巴黎召开了第一届国际航空私法会议，为统一国际航空运输的责任制度提出了一个公约草案，并成立“国际航空法律专家技术委员会”（CITEJA）。此后，经“国际航空法律专家技术委员会”的努力，先后制定了 1929 年《华沙公约》、1933 年《罗马公约》及 1938 年《布鲁塞尔保险议定书》、1933 年《航空器预防性扣留公约》等法律文件。这些文件的全称，一般都冠以“统一某些规则”的字样，可见这些文件的制作者们的用意。通过这些努力，的确在统一国际航空私法上做出了一定的贡献。

在这一时期，随着国际航空法的形成和发展，一些国家的国内航空法也在逐步完善。

三、现代航空法的发展

1939 年—1945 年爆发了第二次世界大战，再一次使人类遭受了巨大的灾难。除美洲外，民用航空几乎停顿。即使是远离战场的美国，也专门成立了“航空运输指挥部”，征用了 50% 的民用航空力量，为盟国运送人员、物资、邮件到各国战场。然而，战争亦刺激了航空技术的飞跃进步和航空制造业的膨胀发展。

战后和平时期如何去组织和发展民用航空，自然要在各国实力不平衡的情势下设计，而人们的思考又是在当时的政治气候中进行的。人们不得不总结“国际联盟”失败的教训，同时思考着“国际联盟”紧密相关的 1919 年《巴黎公约》，为何未能形成普遍性公约的原因。国家之间，特别是大国之间外交活动频繁。这些政治行为可从 1941 年 8 月 14 日美国罗斯福总统和英国丘吉尔首相发表《大西洋宪章》（又称《波托马克宣言》）算起，直至 1945 年联合国成立。

在上述历史背景下，1944 年 11 月 1 日至 12 月 7 日在芝加哥召开了国际民用航空会议，这次会议由美国邀请 52 个国家出席了会议。

芝加哥会议签订了《国际民用航空临时协定》、《国际民用航空公约》、《国际航班过境协定》、《国际航空运输协定》和《国际民用航空会议最后决议书》五个文件，为现代航空法奠定了基础。

芝加哥会议之后，1945 年第二次世界大战结束，经过较短的经济恢复时期，迎来了航空技术的飞速进步和航空运输的蓬勃发展。1946 年，欧洲的航空制造业开始复苏，欧洲的航空公司也进入复兴时期。1950 年，英国设计了涡轮发动机，在技术上是一大飞跃。1953 年，英国“子爵号”（Vickers Viscount）涡轮螺旋桨飞机投入商业运行。紧接着生产出 DC－6 和 DC－7 型飞机。1952 年，英国生产出第一代喷气式飞机“慧星号”，时速达 800 公里，在技术上又是一次飞跃，只是连续发生三起重大事故后，于 1954 年 4 月退出运营。1955 年春天，超星座型飞机投产，时速只有 500 公里。到 1958 年 10 月，B707 型飞机投产，时速则达到 900 公里。紧接着，法国的“快帆”型飞机（1959 年 5 月）、DC－8（1959 年 9 月）投产。第二代喷气机采用“双通道”发动机，始于 1960 年。这一时期出现三发机，主要有 B727（1964 年 2 月投产）、DC－9（1965 年 11 月投产）。到了 20 世纪 70 年代，出现了宽体喷气机（俗称 Jumbo－Jet）。1970 年 1 月 B747、1971 年 8 月 DC－10、1974 年空中客车 A300、1975 年“协和”号超声速飞机相继问世，是航空运输发展史上又一次革命。现在运行的都是新一代运输机，如 B737－800、B747－400、B757、B767、B777 以及 MD－II、A310、A340 等。与此同时，导航系统也不断现代化，从 20 世纪 60 年代开始安装仪表着陆系统(ILS),现已使用全球卫星导航系统(GNSS)。在航空运输运作方面,采用电子计算机订座系统使销售联网,采用电子商务网上售票,销售代理采用开账与结算系统(BSP)结算,航线采用中枢辐射组合等,也就需要采用现代管理理论,加强生产组织和运营活动。

科学技术的进步,不仅提高了飞行速度,也使航空运力猛增,航空运输更为安全,促使航空运输蓬勃发展。

航空技术的进步,带来了航空运输的发展,也使经济更加繁荣。当今世界,经济全球化是大势所趋,航空运输必将进一步发展。与此同时,劫持航空器、破坏航空器等非法干扰民用航空行为时有发生,也严重阻碍航空运输的正常经营。因此必须有一定的法律框架相适应。1944年《芝加哥公约》为现代航空法奠定了基础,形成了一整套现代航空法律制度。这套法律制度随着民用航空领域中的情势的变迁仍在发展变化之中。

第五节　中国民航事业及其法制建设

航空运输作为现代交通工具,属于国家基础性产业,是先导性行业。民用航空的发展,是国家经济发展和现代化程度的象征。中国民航事业从无到有,发展到现在已初具规模,并正向世界航空大国迈进。中国民航法制建设的任务,就是要建立健全民航法律体系,充分发挥法律的作用,引导、推进和保障中国民航事业持续、快速、健康地发展,以适应国家经济发展和社会进步的需要。

一、中国民航事业发展简史

中国的民航事业发展史,以1949年10月1日中华人民共和国宣告成立之日为分界点。

(一) 中华人民共和国成立前的民航事业

清政府时期开始兴办航空事业,购买外国飞机,建飞机场所,训练飞行人员,被视为中国近代航空史的起点。

北洋政府时期,专门成立航空署,管理航空业,并陆续向国外购进一些飞机,招聘了外籍驾驶员,开辟了几条航线,但后来都陆续停办了。

南京国民政府时期,先后成立了“中国航空公司”和“中央航空公司”(以下称“两航”)开展运营活动。“两航”在当时特殊的历史条件下,经历的是一条艰难曲折和畸形发展的道路。

(二) 中华人民共和国成立后的民航事业

1949年,中国人民政治协商会议第一届会议制定了《中国人民政治协商会议共同纲领》,提出了要“有计划、有步骤地建造各种交通工具和创办民用航空”。

1949年11月2日成立中国人民革命军事委员会民用航空局。1949年11月9日,中国航空公司和中央航空公司在香港起义,组织了12架飞机北飞至北京和天津。加上以后两年中组织“两航”机务人员修复的国民党遗留在大陆的17架飞机,构成了中华人民共和国民航事业初创时期飞行工具的主体。

改革开放前,中国民航实行的是政企合一的管理体制,集政府部门、航空公司和机场于一身,既是主管民用航空事业的政府职能部门,又是直接经营民用航空业务的全国性企

业，民航事业规模不大、生产力水平不高，发展缓慢，不能适应国民经济发展和社会进步的需要。

改革开放后，为适应新形势的要求，中国民航管理体制进行了根本性的改革，中国的民航事业进入了飞速发展的时期。

1980 年 3 月，中国民航脱离军队建制，实行政企分开，走企业化道路。中国民用航空总局及其派出机构是国务院直属的行政机关，执行政府职能，主管全国民用航空事业。

1999 年 11 月 2 日，中华人民共和国的民用航空事业迎来了它的 50 周年纪念日。50 年来，中国民航取得了辉煌的业绩。中国航空运输在世界排列的名次，按总周转量计由 1978 年的第 37 位上升为第 10 位，按旅客运输周转量计由第 33 位上升为第 6 位。中国正从一个航空大国向航空强国迈进。

二、中国民航法制建设历史沿革

中华人民共和国成立前，由于帝国主义的侵略，中国民航业发展缓慢，民航法制建设也乏善可陈。

中华人民共和国成立后，中国民航业发展迅速，开创了全新的民航法律制度。

1950 年 11 月 1 日，中央人民政府人民革命军事委员会颁布《中华人民共和国飞行基本规则》，民用航空局公布《外国民用航空器飞行管理规则》；1951 年 4 月 24 日，中央财政经济委员会颁布《旅客意外伤害强制保险条例》；1951 年 5 月 24 日，政务院公布《进出口飞机、机员、旅客、行李检查暂行通则》。这是中华人民共和国成立后早期颁行的航空法规。此后，民航局根据航行、维修、商务等业务工作的需要，制定了有关的条例、规定、规则、细则、条令、办法、规程、手册等规范性文件，加强了中国民航的规章制度建设，为中国民航的发展起到了积极的作用。但鉴于当时的历史条件，中国民航并未走上法制道路。

改革开放后，中国的法制建设取得应有地位。1979 年 4 月 4 日，决定制定中国航空法。从此，中国民用航空总局成立了航空法领导小组和起草小组，设置了法制机构，中国民航步入了法制轨道。

1979 年—1995 年 16 年间，除研究起草和反复修改航空法草案之外，还起草或修订发布了关于民用航空的行政法规 11 部，民用航空规章近 100 个以及大量的规范性文件。中国民航法制建设成绩显著。

1995 年 10 月 30 日，第八届全国人民代表大会常务委员会第 16 次会议通过了《中华人民共和国民用航空法》（简称《民用航空法》），使中国民航法制建设步入了崭新的阶段。

三、中华人民共和国民用航空法

《中华人民共和国民用航空法》分为“总则”、“民用航空器国籍”、“民用航空器权利”、“民用航空器适航管理”、“航空人员”、“民用机场”、“空中航行”、“公共航空运输企业”、“公共航空运输”、“通用航空”、“搜寻救援和事故调查”、“对地面第三人损害的赔偿责任”、“外国民用航空器的特别规定”、“涉外关系的法律适用”、“法律责任”等 16 章，共 214 条，是宣告国家领空主权，规范民用航空的行政管理和民商关系，并规定了行政处罚和刑事处罚的重要法律，涉及面相当广泛，内容极其丰富。

（一）立法宗旨

为了维护国家的领空主权和民用航空权利，保障民用航空活动安全地和有秩序地进

行，保护民用航空活动当事人各方的合法权益，促进民用航空事业的发展，制定本法。

（二）立法原则

民用航空活动是现代社会中不可缺少的组成部分，涉及的法律关系十分复杂，又具有国际性强的特点，应尽可能采用国际通行做法，因而起草《中华人民共和国民用航空法》遵循了下列原则：

（1）适应社会主义市场经济体制需要的原则。为此，借鉴国际航空立法的经验，坚持纵向的行政管理法律规范与横向的民商法律规范并重，对民商法律关系做了较多规定，以便有效地保护参与民用航空活动有关各方当事人的合法权益。

（2）适应改革开放需要的原则。坚持改革、开放、搞活是中国共产党的"一个中心，两个基本点"的基本路线的重要组成部分。根据民用航空活动国际性强的特点，从中国的实际出发，尽可能地采用了国际航空法律规范，以便中国的民用航空法律制度与国际通行的规则接轨。

（3）确保民用航空活动安全地和有秩序地进行的原则。航空运输工具速度快、风险大、技术要求高，因而《中华人民共和国民用航空法》强化了安全管理规范，将安全管理置于民用航空行政管理的首位。

（4）与国家其他法律相互衔接、协调、配套的原则。《中华人民共和国民用航空法》是一部规范民用航空活动的重要法律，也原则上协调了民用航空与军用航空的关系，是中国航空法律体系（子系统）的核心部分，又是整个国家社会主义法律体系（母系统）的组成部分，因而在国家其他法律中有明确规定的，《中华人民共和国民用航空法》不再重复规定，而应援引这些法律规定；《中华人民共和国民用航空法》对有些事项只做了原则规定，而明确授权国务院和中央军事委员会做出具体规定，并授权国务院民用航空主管部门根据法律和国务院的决定，在本部门的权限内，发布有关民用航空活动的规定、决定，从而使我国航空法律体系形成法律、行政法规和规章三个层次，组成相互衔接、协调配套的有机统一整体。

（三）立法意义

《中华人民共和国民用航空法》是新中国第一部全面规范民用航空活动的法律，是我国民航发展历史的重要里程碑。实施《中华人民共和国民用航空法》，推行"依法治理民航"战略，大力加强民航法制建设，促进我国民航事业在新时期持续、快速、健康地发展。

四、航空法的地位和作用

航空法是调整民用航空活动及其相关领域中产生的社会关系的法律，在我国社会主义法律体系中，以《中华人民共和国民用航空法》为核心，构成了一个独立的法律部门，占有一定的重要地位。

法是一定经济基础的上层建筑的重要组成部分。法取决于经济基础，又对经济基础具有反作用；法通过经济基础这个中介对生产力具有反作用。因此，经济的发展，社会的进步，都离不开法制的健全。经济和社会的发展，呼唤着法制的完善；反之，法制的完善，又会进一步促进经济繁荣和社会进步。建设符合本国国情的完备的法制，是一个国家繁荣昌盛的重要保证。因此，必须"一手抓建设，一手抓法制"。没有民主和法制就没有社会主义，就没有社会主义的现代化。社会主义建设离不开社会主义法制，社会主义法制保

障社会主义建设。两者是相辅相成,互为促进,互为影响,缺一不可。

我们应充分地认识航空法的重要作用,切实抓好民航法制建设,通过航空法的制定和实施,以达到下列目的:

(1) 维护国家领空主权和航空权益;

(2) 加强政府职能,强化行业管理,协调各方关系,保证合理有效地使用空域,充分发挥市场机制的作用,加强宏观调控,促进民用航空持续、快速和健康地发展;

(3) 管理空中航行,维持空中交通秩序,严格技术标准和操作规程,保障飞行安全;

(4) 加强安全保卫,严厉打击刑事犯罪活动,坚决制止一切非法干扰民用航空活动的行为的发生,切实保障人民的生命和财产安全;

(5) 正确调整民用航空民商法律关系,保护民用航空活动当事人各方的合法权益,保护公众利益;

(6) 正确处理发展民用航空和加强国防建设的关系,协调好军航民航关系,平战结合、统筹规划,既促进民用航空的发展,又有利于国防建设。

要确定航空法的地位,发挥航空法的作用,必须深入研究航空法学,加强民航法制建设,广泛宣传航空法,不断提高法律意识,真正做到有法可依、有法必依、执法必严、违法必究,保障和促进我国民用航空事业进一步蓬勃发展,使我国成为一个社会主义航空大国和世界航空强国。

复习思考题

1. 试述航空法的概念及特点。
2. 什么是法的渊源?试述航空法的渊源。
3. 简述航空法的地位和作用。
4. 试述《中华人民共和国民用航空法》的立法原则、主要内容及意义。

学习单元二　空中航行法律制度

学习提示

本学习单元主要介绍与空中航行有关的法律制度，主要包括空气空间的法律地位，特别是领空的法律地位；航空自由的概念；领空主权原则的确定与限制以及空域管理的一般法律制度。

背景知识链接

领空主权原则是航空法的基础。在航空活动的初期，人们对空气空间的法律地位存在争议。但1919年签订的《巴黎公约》，第一次明确规定了每一国家“对其领土上空享有完全的和排他的主权”。《巴黎公约》是航空法第一个多边国际条约。从此以后，领空主权原则即成了航空法的基础。

1944年《国际民用航空公约》，是国际社会广泛接受的、现行的航空法国际条约。该公约第一条明确规定：“缔约各国承认每一国家对其领土之上的空气空间享有完全的和排他的主权。”

《中华人民共和国民用航空法》规定：“中华人民共和国的领陆和领水之上的空域为中华人民共和国领空。中华人民共和国对领空享有完全的、排他的主权。”（第二条）

第一节　空气空间的法律地位

空气空间，通常称“空域”，是航空器运行的活动场所。航空器在空气空间的运行活动，即我们所说的空中航行。空气空间的法律地位如何，决定了空中航行实行怎样的法律制度。

现代航空法规定，在空气空间实行领空制度，每一个国家对其领空享有完全的和排他的主权。领空主权原则不仅为各国国内法所肯定，而且为国际条约所承认，是国际法的一个基本原则。

《国际民用航空公约》规定：

“缔约各国承认每一国家对其领土之上的空气空间享有完全的和排他的主权。”（第一条）

《中华人民共和国民用航空法》规定：

“中华人民共和国的领陆和领水之上的空域为中华人民共和国领空。中华人民共和国对领空享有完全的、排他的主权。”（第二条）

一、领空的概念

领空，是指处在一个国家主权支配之下，在国家疆界之内的陆地和水域之上的空气空间。在国际法上，一国疆界之内的陆地称为领陆；疆界之内的水域称为领水（又分为内水和领海）、领陆、领水和领空，以及领陆和领水的底土，组成为一个国家的领土，都是国家行使主权的空间。

领空概念是随着航空活动的出现，受海洋法关于颁海制度的影响逐渐形成的。1609年，荷兰法学家格老秀斯发表了著名的《海洋自由论》，1618年英国学者塞尔登写成《海洋封闭论》，围绕着海洋是自由的，还是为各国占有和控制展开了激烈的争论，人们称之为第一次大论战。航空活动出现后，继而发生一国航空器飞越另一国领土，甚至在另一国领土降落的情形。这就使人们不得不考虑领土上空与领土之间的关系。因而，对于空气空间是一种怎样的法律地位，实行何种法律制度，从一开始就展开了激烈的争论。争论的焦点在于，是空中自由还是国家主权，对此，人们称之为第二次大论战。这种争论直至1919年签订《巴黎空中航行管理公约》才告一段落，确立了每一国家对其领土之上的空气空间享有完全的和排他的主权，形成了领空制度，但却渗入了"无害通过"的概念，使领空主权仍受"无害通过"的限制。1944年，《芝加哥公约》取代了《巴黎公约》，摒弃了"无害通过"概念，最终彻底确立了完全的和排他的领空主权原则，形成了公认的国际法基本准则。

至于领空的范围，确认领空是以地球中心为顶点，由与国家在地球表面的领陆和领水的边界线相垂直的直线所包围的圆锥形立体空间，这已为世人所公认。但领空范围是否有上限，这个上限高度又是多少，却颇有争论，至今尚未解决。

1913年，克卢内称："每个国家对其领空的主权权利应自由地行使至穹苍。"这在当时，直至20世纪40年代，这种高度无限论是不存在任何问题的。1957年第一颗人造卫星上天后，出现了"外层空间"的新概念，逐渐形成了"空间法"。空气空间根据航空法实行领空主权制度；外层空间根据空间法实行自由探索，不受任一国家主权管辖，不得为任何国家占有的制度。于是，划界问题突出了。关于划定领空上限高度的理论曾出现过多种学说。

当今，关于空气空间与外层空间划界的理论主要是两类，即空间论和功能论。

（一）空间论

空间论又称主权定界论，以空间的某种高度为界线，划分为空气空间和外层空间的界限，即划定行使国家主权的空间和自由探测的空间。至于如何划界，因根据不一，主张也就各异。可列举若干如下。

1. 空气存在说

空气存在说认为，"空气空间"，即有空气存在的空间：凡存在有空气的地方都应认为是"空气空间"。但是，根据地球物理学家的研究，地球表面的大气层分为五层，即对流层（海平面至约10公里）、平流层（同温层，10公里～40公里）、中间层（外平流层，40公里～80公里）、热成层（电离层，80公里～370公里）、外大气层（电离层，约370公里以上）。地球上的空气约有3/4在对流层内，而随着高度的增加，空气密度逐渐稀薄。从热成层开始，温度急剧上升，空气密度仅为地球表面的1%，氧气子开始分裂。在16亿公里的高度仍发现有空气粒子。由此可见，以是否有空气存在来划界是不现实的。

2. 航空器升空限度说

航空器是从空气的反作用而在大气中取得支撑力的任何机器。因此,这种主张认为,凡航空器能上升的最高高度,应是空气空间的上限。目前,飞机上升的最高高度为30公里~40公里。很显然,愿意将领空主权限制在这样低的高度的国家是为数不多的。

3. 有效控制高度说

根据这一主张,一国对其空气空间的主权范围应以其能行使有效控制的高度为界。由于各国国力和空间技术相差悬殊,同时随着科学技术的进步,可控制的高度也在不断变化,若依此主张,不仅不可能有统一的客观划界标准,而且会纵容"强权政治"的泛滥,理所当然地不会被大多数国家接受。

4. 引力平衡说

引力平衡说主张以地球的引力和邻近天体的引力之间的平衡点为界限。根据科学计算,地球和月亮之间的平衡点离地球约327000公里;对太阳而言,为上述数字的6倍。以这样遥远的距离划界没有实际意义。

5. 卡曼管辖线

根据物理学家冯·卡曼计算,以飞行得以进行的条件作为考虑的基础,离心力取代空气成为飞行动力的高度离地面约为83公里。这一界线称为卡曼管辖线。因此,主张以此划分空气空间和外层空间的界线。但各地大气层条件有较大差异,因而影响卡曼线的稳定性,也就难以此标准划界。

6. 人造地球卫星轨道最低点说

根据这一主张,外层空间的最低界限应以人造地球卫星轨道离地面最低高度为界。国际法协会通过决议称:"在海拔约100公里及以上的空间,已日益被各国和从事外空工作的专家们接受为外层空间。"

7. 中介空间

有的主张在空气空间与外层空间之间设立一个"中介空间"。按此种理论,以人造地球卫星轨道最低点划界,该界线以下是"空气空间";往上设置一个"中介空间",宽度为50公里,毗连的国家行使部分管辖权;从"中介空间"再往上则是"外层空间"。

(二)功能论

功能论认为,围绕地球的只有一个天空,它逐渐消融在宇宙之中,既不需要,也难于划定两个空间。若以人造卫星绕地球运行的最低轨道划界,掌握的技术不同,人造卫星运行轨道的高度亦有不同。因此,功能论主张,不必人为地划定界线,而只要区分航空活动和航天活动。与此相适应,划分为自由功能和主权功能,即航空活动受主权支配,航天活动则自由飞行。

众所周知,发射航天器进入外层空间之前是要通过领空部分的,若按功能论定性,那将来还有什么"领空"可言?况且,航空航天飞机出现后,既包括航空活动,又包括航天活动,又如何定性?航空航天飞机的活动及其有关问题将适用什么样的法律制度?如此种种,都会出现很多新问题要研究。因此,有人主张放弃空气空间和外层空间划界问题的讨论,而应该创立新的航空航天法来解决。

二、关于空气空间法律地位的理论和实践

在1919年签订《巴黎空中航行管理公约》之前,关于空气空间的法律地位,大体上可

归纳为下列五种理论。

（一）完全的空中自由论

完全的空间自由论以比利时法学家尼斯为代表，认为空气和海洋一样是人类的共同财富，因而主张空中自由论。法国法学家福希叶开始时亦持这种主张，但这种理论并未为多数所接受。

（二）空中有限自由论

空中有限自由论以法国法学家福希叶为代表，上面曾提到，福希叶开始时是主张空中自由论的。他认为人们不能占有空气，亦不能改变又不能改造空气，因此不主张国家对领土上空享有主权。他说"大炮视为主权的发生器"，亦是否认人类权利的另外的规则，即"国家相互自由与平等的规则"。因此，在300米（艾菲尔铁塔的高度）以上的空间应是航行自由的，鉴于空中自由论不被人们所接受，因而福希叶重新考虑了这个问题，企图在自由论和主权论之间找到一个调和的折中方案，于是产生了空中有限自由论。福希叶主张，既要考虑空中航行自由，但国家根据自保权，可以禁止在1500米以下的空间中飞行，即在和平时间建立一个1500米高度的"保护区"，以防范间谍和走私活动；又鉴于，"空域"悬在一国之上，为了其国民的安全和国家的经济利益，国家甚至可以对在1500米以上的空间飞行活动施行干预。福希叶的这种空中有限自由论，曾于1906年为"国际私法学会"所肯定，其表述是："空气空间是自由的，国家无论在平时还是战时，对空气空间只有为了自保的必要权利。"

（三）领土区域论

领土区域论最早由里维埃于1896年提出，其原则是建立完全在毗连国家主权支配下的领空区域，以限制在空气空间的完全自由，这个区域以大炮射程为限。可以说，这种理论是领空主权论的前身。

（四）国家警察权论

国家警察权论承认国家的自保权，也要求尊重国际社会的权利，但反对主权学说。认为空中和海洋一样是人类共同财富，应当自由航行。国家为了安全、公共秩序、税收等项，则可以行使警察权。这种理论与领土区域论相同，区别在于不承认国家有完全的主权。

（五）国际共管论

国际共管论主张由国际共管，方便空中航行。

以上列举了几种学说，只是想说明当时关于空气空间法律地位的激烈争论情况，的确为人关注，众说纷纭。最后，人们还是通过实践解决了这个问题。

据1908年4月至11月间统计，至少有10个德国气球飞越边界降落在法国，这些气球共载有25名飞行员，其中至少有1/2是穿军装的。此外，德国齐柏林飞艇不经允许飞越瑞士；法国飞行员飞越英吉利海峡，也从未想到要取得许可方可进入英国。这种种情形，自然引起各国政府关注。1910年第一次国际空中航行会议，虽然未能就制定一个公约达成协议，但会议通过的决议已明确："俯临领土和领海的大气应当被视为是领土，受国家主权的支配。"然而，领空主权问题尚未得到解决。1911年3月，德国的飞艇飞越比利时领土，比利时议员向其外交部提出了主权问题；6月，荷兰国防部就德国气球在荷兰降落事件也向其内务部提出了类似问题。可是，1911年4月在马德里举行的国际法学会上，法国（以福希叶为代表）和德国（以冯·巴尔为代表）提出的案文仍旧是："除毗连国拥有为其国家、人员、居民的安全可考虑采取一定措施的权利外,国际空中航行是自由的。”与此同时,英国则坚决主张领空主权原则,称“各国对其领土和领水之上的空间拥有绝对的主权权利。每个国家有权自行制定有关空中航行的警察、税务及其他事项的规章”。就在1911年,英国颁布了空中航行法令,授权国务秘书禁止在规定的区域上空飞行。英国的主张和实践广为传播,其他国家纷纷效仿。法国1913年10月24日法令亦明确规定“可以在整个领土上禁止航空器运行”(第七条第(四)项)。“在全面或部分动员的情况下,在整个领土上禁止空中航行。这种禁止自动员令发布起生效”。

1914年—1918年第一次世界大战中,领空主权更成了一个大问题,涉及交战国航空器飞越中立国去轰炸敌国是否破坏中立地位的问题。当时的中立国荷兰舆论哗然,主张禁止德国齐柏林飞艇飞越荷兰去轰炸伦敦;瑞士则抗议法国飞机飞越其领土去轰炸德国;英国因其航空器飞越瑞士领土去轰炸德国后,曾向瑞士公开道歉。

在上述情势下,领空主权论最终取得了胜利。1919年签订了《巴黎空中航行管理公约》,在第一条明确规定了每一国家“对其领土上空享有完全的和排他的主权”。《巴黎公约》是航空法第一个多边国际条约。此后,领空主权原则即成为了航空法的基础。

三、领空主权的法律性质

1944年《国际民用航空公约》,是国际社会广泛接受的、现行的航空法国际条约。该公约第一条明确规定:“缔约各国承认每一国家对其领土之上的空气空间享有完全的和排他的主权。”

公约的这一规定具有如下极其重要的意义:

(1) 它明确宣告了领空主权原则。

(2) 领空主权是每一国家都享有的,无论是缔约国还是非缔约国。因此,领空主权原则不仅是国际条约法规则,而且是国际习惯法规则,具有普遍的法律约束力。

(3) 每一国家享有的领空主权是“完全的” 和“排他的”。因此,每一国家对其领空享有充分的主权权利。这种权利主要体现在下列四个方面:

① 自保权。一国领空不受侵犯。未经一国允许,任何外国的航空器不得进入该国领空。任何国家都有保卫其领空安全不受外来侵犯的充分权利。

② 管辖权。每一国家对其领空都享有管辖权。管辖权是国家主权最直接的体现。在国际法上,领空是一国领土不可分割的组成部分。国家行使领空管辖权,属于属地最高权性质。当然,国家行使管辖权时,也应当履行所承担的国际义务,受所缔结或者加入的国际条约规定的限制。

③ 管理权。每一个国家都有权自行决定制定必要的法律和规章,以维护空中航行的正常秩序,保障空中交通安全,保护公众的合法权益不受任何外国干涉。任何外国航空器在一国领土上空飞行或在该国领土内运转,都必须遵守当地关于航空器飞行和运转的现行法律和规章;航空器所载乘客、机组或货物进入或离开一国领土,都必须遵守该国关于入境、放行、移民、护照、海关及检疫等项法律和规章。鉴于航空法具有国际性的特点,各国在制定本国法律和规章时,应当尽可能地与国际技术标准和国际法律规范取得一致,在执行这些法律和规章时,也应履行所承担的国际义务,不得实行歧视性的差别待遇。

④ 支配权。空气空间是航空活动赖以存在的场所。罗马法中早有格言:“谁有土地,谁就有土地的上空。”根据国家领空主权原则,国家对其主权属下的空气空间拥有支配

权。国家可以通过国内立法对领空实施支配权。国家可以规定公民有自由通行的权利,而对于外国通航则需要签订航空协定或通过批准,给予运营权。

四、在航空法中没有“无害通过权”

根据领空主权原则,外国航空器在一国领空中是没有“无害通过权”的。但是,1919年《巴黎公约》曾对“无害通过”做了规定;1944年《芝加哥公约》第五条的规定又似乎含有“无害通过权”的意义。因此而引起的问题需要予以澄清。

首先,应该明了什么是“无害通过权”,然后进一步认识清楚在国际空中航行中为何不能实行“无害通过”制度。

(一)“无害通过”

“无害通过”是海洋法中的概念,指“所有国家,不论为沿海国或内陆国,其船舶均享有无害通过领海的权利”。(1982年《联合国海洋法公约》第十七条)

(1)“通过”,是指为了下列目的,通过领海的航行:①穿过领海但不进入内水或停靠内水以外的泊船处或港口设施;或者②驶往或驶出内水或停靠这种泊船处或港口设施。通过应继续不停和迅速进行,通过包括停船和下锚在内,但以通常航行所附带发生的或由于不可抗力或遇难所必要的或为救助遇险或遭难的人员、船舶或航空器的目的为限。(第十八条)

(2)“无害”,是指“通过”只要不损害沿海国的和平、良好秩序或安全,就是无害的。如果外国船舶在领海内进行下列任何一种活动,其通过即应视为损害沿海国的和平、良好秩序或安全(第十九条):

① 对沿海国的主权、领土完整或政治独立进行任何武力威胁或使用武力,或者以任何其他违反《联合国宪章》所体现的国际法原则的方式进行武力威胁或使用武力;

② 以任何种类的武器进行任何操练或演习;

③ 任何目的在于搜集情报使沿海国的防务或安全受到损害的行为;

④ 任何目的在于影响沿海国防务或安全的宣传行为;

⑤ 在船上起落或接载任何航空器:

⑥ 在船上发射、降落或接载任何军事装置;

⑦ 违反沿海国海关、财政、移民或卫生的法律和规章,上下任何商品、货币或人员;

⑧ 违反《联合国海洋法公约》规定的任何故意和严重的污染行为:

⑨ 任何捕鱼活动:

⑩ 进行研究或测量活动;

⑪ 任何目的在于干扰沿海国任何通信系统或任何其他设施或设备的行为;

⑫ 与通过没有直接关系的任何其他活动。

“无害通过”制度的意义在于,任何外国船舶无需事先经沿海国批准,即有权无害通过该国领海。“无害通过”通常只适用外国商船和从事商业目的的政府船舶,而对外国军舰是否适用并不明确。我国多次声明,关于领海内无害通过的规定,不妨碍沿海国有权按照本国法律和规章,要求外国军舰通过领海事先经该国批准或通知该国。1992年2月25日通过颁行的《中华人民共和国领海及毗连区法》亦做了明确规定。

(二) 1919年《巴黎空中航行管理公约》关于“无害通过”的条文

1919年《巴黎空中航行管理公约》关于“无害通过”的条文是:在公约第一条明确规

定每一国家“对其领土之上的空气空间享有完全的和排他的主权”之后，紧接着又规定“每一缔约国承允，只要本公约规定的条件得以遵守，在和平时期给予其他缔约国的航空器无害通过其领土上空的自由”。(第二条第一款)

公约对“无害通过”规定的条件是：

(1) 每一缔约国有权按照其立法规定的处罚，为军事需要和公共安全的利益，禁止其他缔约国的航空器飞越其领土的某些区域。但此等规定在其私用航空器和其他缔约国的航空器之间不得有任何差别。(第三条第一款)

(2) 每一缔约国保留在和平时期的特别情况下，临时地并立即生效地限制或禁止飞越其全部或某一部分领土的权利，但这种限制或禁止应不分国籍地对所有其他缔约国的航空器适用。(第三条第四款)

(3) 一缔约国的任何航空器有权不降停地飞越另一缔约国的空气空间，但须沿飞越国指定的航路飞行；因通常管理的需要，该航空器当接到按公约附件规定的信号指令时，得以降落(第十五条第一款)；以及遵守飞越国制定的航行规章和载运限制规定。(第五章和第六章)

(4) 一缔约国凡可无人驾驶的任何航空器，非经特别许可，不得无人驾驶飞越另一缔约国的领土。(第十五条第二款)

(5) 从一国飞往另一国的任何航空器，如果另一国的规章有所要求，必须在另一国指定的机场降落。(第十五条第三款)

(6) 军用航空器以及警察和海关航空器不适用“无害通过”的规定，其飞越、降停或飞越边界必须经有关国家特许或有关国家之做出特殊安排。(第三十二条和第三十三条)

从上述规定中不难看出：

(1) “无害通过”与“完全的和排他的主权”之间本身就是不相容的，在理论上是相互矛盾的。

(2) 从实践看，领空与领海是不同的。领海对一个国家来说，可以作为国防安全的缓冲地带，而领空则没有这种作用。航空的机动性决定了保卫领空不受侵犯对国防安全至关重要。因此，《巴黎公约》虽仿效海洋法规定了缔约国之间相互给予“无害通过”的自由，但不得不同时规定了很多限制条件。

(3)《巴黎公约》既没有给“无害通过”下定义，又给飞经国规定限制条件以很大的任意性，因此，在实际中这种“无害通过”自由只是一句空话。

有鉴于此，1944 年《芝加哥公约》取代 1919 年《巴黎公约》，完全抛弃了“无害通过”的概念，而采用“五种空中自由”的概念。这“五种空中自由”，是航空运输运营权利的概念，与“无害通过”是两码事，不能相提并论。

(三) 1944 年《芝加哥公约》第五条的规定

有的学者认为，1944 年《芝加哥公约》第五条的规定实质上是“无害通过”权利，这是一种曲解，应予以澄清。

1944 年《芝加哥公约》第五条第一款的条文是：

“缔约各国同意其他缔约国的一切不从事定期国际航班飞行的航空器，在遵守本公约规定的条件下，不需事先获准，有权飞入或飞经其领土而不降停，或作非商业性降停，但

飞经国有权令其降落。为了飞行安全,当航空器所欲飞经的地区不得进入或缺乏适当航行设施时,缔约各国保留令其遵循规定航路或获得特准后方许飞行的权利。"

1969 年《维也纳条约法公约》虽然规定"条约应就其用语按照上下文并参照其目的和宗旨所具有的通常意义,善意地予以解释"(第三十一条),但仍有不完善之处,而应该使用补充的解释资料,包括条约的准备资料和条约的缔约情况。因此,解释公约条文不仅要从字面上,更重要的是应从实质内容、历史背景、实践情况和发展趋势各个方面综合分析,才能得出正确的结论。不能只看"不需事先获准"几个字,就武断地说即是"无害通过权"。

(1) 首先,公约的第五条和第六条都是针对航空运输运营权利而言的,因而将航空运输划分为定期航班(即"定期航空运输")和不定期飞行(即"不从事定期航班的飞行",又即"不定期航空运输")。在国际上,国家之间交换航空运输运营权利,是在相互尊重主权的前提下进行的。在 1944 年芝加哥国际民用航空会议上,提出"天空开放"、"空中自由",并没有否定领空主权原则,是指"开放市场",为了得到充分的航空运输商业权利。

(2) 公约第五条的产生,是芝加哥会议激烈争议后的妥协结果。美国企图通过制定公约一揽子解决通航各国的权利问题,早在 1928 年《哈瓦那公约》中就有反映。虽然《哈瓦那公约》第二十一条做出了有充分商业运输运营权利的规定,但拉美各国采取了保护本国利益的措施,美国并未能达到其预想的意图。在 1944 年芝加哥会议上,美国又提出"天空开放"的主张,再次遭到了以英国为首的各国的强烈反对和抵制。因而,《芝加哥公约》未能解决航空运输运营权利问题。但是,会议作为对美国的一种妥协,一是在《芝加哥公约》之外,另签订了两种自由协定和五种自由协定;二是通过了《芝加哥公约》第五条的规定。该第五条之所以能得到通过,是因为当时的不定期运输飞行微不足道,还未预见到会对航空小国带来威胁。

(3) 对公约第五条如何进行解释,历来存在着分歧。1949 年,国际民用航空组织秘书处曾明确解释,称各缔约国无权对不定期飞行要求事先获得批准。但这种解释不代表大多数国家以及国际民用航空组织大会的意见。1952 年 5 月 10 日理事会正式否决了上述秘书处的解释,只是说:"根据第五条第二款要事先允许的任何要求,不应致使这种航空运输方式(指不定期飞行)变得不可能或者无效。"在实际上,为了保护定期航班的正常经营,大多数国家都对不定期飞行规定了限制条件。

(4) 随着不定期飞行业务的发展,到 20 世纪 60 年代末 70 年代初,不定期飞行与定期航班展开了激烈的竞争,并使不定期飞行与定期航班的界线越来越模糊不清,国际上已出现了将定期航班和不定期飞行同时纳入双边航空协定轨道的趋势。因此,人们认为公约第五条的规定已经过时。国际民用航空组织于 1977 年曾通过决议,要求研究修改《芝加哥公约》第五条、第六条和第九十六条第一项的可能性。经专家小组讨论后认为,目前情势下宜维持现状,因而将修改公约的这一议题搁置下来。

综上所述,航空法中没有"无害通过"制度是无疑的,这在航空法与海洋法之间是一个显著的不同点。

1974 年 2 月 15 日,中华人民共和国政府通知国际民用航空组织,决定承认《芝加哥公约》。在通知书中指出:根据公约第二章第五条(不定期飞行的权利)和第九条(禁区)的规定,为了飞行安全和公共安全的利益,外国民用航空器从事非定期航班飞入中国国境，需要事先向中国政府申请，在得到答复接受后方能进入，并应遵守关于遵循指定的航线和在指定的机场降落的规定。由此可见，我国政府对《芝加哥公约》的第五条的立场，是十分清楚的。1958 年 9 月 4 日，在《中华人民共和国关于领海的声明》中亦宣布："一切外国飞机和军用船舶，未经中华人民共和国政府的许可，不得进入中国的领海和领海上空。"1992 年《中华人民共和国领海和毗连区法》规定，"外国航空器只有根据该国政府与中华人民共和国政府签订的协定、协议，或者经中华人民共和国政府或者其授权的机关批准或者接受，方可进入中华人民共和国领海上空"（第十二条）。1995 年《中华人民共和国民用航空法》规定："外国民用航空器根据其国籍登记国政府与中华人民共和国签订的协定、协议的规定，或者经中华人民共和国国务院民用航空主管部门批准或者接受，方可飞入、飞出中华人民共相国领空和在中华人民共和国境内飞行、降落。"（第一百七十四条第一款）

第二节　领空管理制度

航空器在一国领空内飞行，完全置于该国主权支配之下。国家为了保卫国防安全，维护空中交通的正常秩序，保障空中航行安全，保护国家和人民的利益，必须制定法律，形成完整而严密的管理制度。

领空管理，俗称空域管理，包括空域划分、飞行管理以及入境和放行的法律制度。

《中华人民共和国民用航空法》规定：

"国家对空域实行统一管理。"（第七十条）

"划分空域，应当兼顾民用航空和国防安全的需要以及公众的利益，使空域得到合理、充分、有效的利用。"（第七十一条）

"空域管理的具体办法，由国务院、中央军事委员会制定。"（第七十二条）

一、禁区、限制区和危险区

《国际民用航空公约》规定，"缔约各国由于军事需要或公共安全的理由，可以一律限制或禁止其他国家的航空器在其领土内的某些地区上空飞行"，"在非常情况下，或在紧急时期内，或为了公共安全，缔约各国也保留暂时限制或禁止航空器在其全部或部分领土上空飞行的权利并立即生效"（第九条）。因此，各国普遍实行了设置禁区、限制区和危险区的制度。

（一）禁区

禁区是指在一个国家的陆地或领水上空，禁止航空器飞行的划定空域。

任何航空器未经特许，都不得进入禁区。任何航空器非法进入禁区，都将承担严重的法律后果。

（二）限制区

限制区是指在一国陆地或领水上空，根据某些规定的条件，限制航空器飞行的划定区域。

限制区与禁区一样，非经许可，任何航空器不得进入。但是，符合限制区规定的特定条件的航空器可以例外。一般来说，限制区是一个立体空间，同时还有时限要求，即在规定时限以外，符合条件的航空器是可以飞越的。

我国《民用航空法》规定:“(民用航空器)除遵守规定的限制条件外,不得飞入限制区。”(第七十八条)

(三) 危险区

危险区是指在规定时间内存在对飞行有危险活动的划定空域。

需指出的是,一国划定禁区和限制区只能在其领空之内,而划定危险区则可以扩伸到临近的公海上空,危险区必须有时限要求。

国家设置禁区、限制区和危险区,应该遵循国际航空法规定的要求:

(1) 此种禁区的范围和位置应当合理,以免空中航行受到不必要的阻碍。

(2) 此种禁区的说明及其随后的任何变更,应当予以公布,尽速通知其他各缔约国及国际民用航空组织。

(3) 关于禁区的规定,对本国和外国从事同样性质的飞行的民用航空器不得有区别对待;在非常情况下或在紧急时期内,一国关于暂时限制或禁止航空器在其全部或部分领土上空飞行的禁令,应不分国籍适用于所有其他国家的航空器。

二、空中交通规则

空中交通规则,国际民用航空组织的用语是“空中规则”,是组织实施航空器飞行,维护空中交通秩序,保障飞行安全的依据,通常又称之为“飞行规则”。

(一) 必须实行统一的空中交通规则

《中华人民共和国民用航空法》明确规定:

“在中华人民共和国境内飞行的航空器,必须遵守统一的规则。”

进行目视飞行的民用航空器,应当遵守目视飞行规则,并与其他航空器、地面障碍物体保持安全距离。

进行仪表飞行的民用航空器,应当遵守仪表飞行规则。

飞行规则由国务院、中央军事委员会制定。(第七十六条)

空中交通如同陆上交通、水上交通一样,如果不实行统一的规则,其后果将不堪设想,是人所共知的。

(二) 国内规则应尽可能地与国际规则相一致

根据领空主权原则,一国在其领空范围内,完全有权根据本国的具体情况,制定自己认为适合的规则。但是,国内规则如不尽可能地与国际规则一致,势必给国际飞行带来不必要障碍,而且会给飞行安全造成潜在的危险。犹如大多数国家的陆上交通规则规定车辆和行人靠右行驶,而个别国家规定靠左行驶一样,自然会造成很大的麻烦。航空器飞行机动、快速,要求驾驶员反应灵敏地习惯两种以上的不同规则,如果不能说是不可能的话,至少也是难办到的。因此,《国际民用航空公约》一方面规定“缔约各国承允采取措施以保证在其领土上空飞行或在其领土内运转的每一航空器及每一具有其国籍标志的航空器,不论在何地,应遵守当地关于航空器飞行和运转的现行规则和规章”,同时,“缔约各国承允对违反适用规章的一切人员起诉”;另一方面又规定“缔约各国承允使这方面的本国规章,在最大可能范围内,与根据本公约随时制定的规章相一致”。(第十二条)

当今,世界各国关于空中交通规则的规定,已基本上取得了一致,这是值得庆幸的。少数国家还存在某些不一致的地方,应努力创造条件,尽快消除或尽可能地减少本国规章与国际标准之间存在的差异,以保障国际飞行的安全,促进本国民用航空事业的发展,方便本国和世界各国进行国际飞行。

(三) 公海上空实行统一的国际规则

《国际民用航空公约》已明确,“在公海上空,有效的规则应为根据本公约制定的规则”(第十二条)。在这里,需进一步明确的是:

(1) 在公海上空,除适用《国际民用航空公约》附件二《空中规则》以外,是否还适用公约其他附件的规定。在此应理解为,在公海上空,凡国际民用航空组织根据公约制定的有关规则,都应是有效的规则。

(2)《国际民用航空公约》只明确了在公海上空的有效规则,并未明确在不属于任何国家领土的陆地和水域的上空适用何种规则。根据领空范围和领空主权原则,可以推论,这些不属于任何国家领土的地区上空,应该与公海上空处于同样的法律地位。在这些地区上空的有效规则,除非另有特殊规定,同样应为根据《国际民用航空公约》制定的规则。

(四) 国家发布关于其国家航空器的规章,应注意保障民用航空器的飞行安全

在平时,任何航空器都必须遵守统一的空中交通规则,这对保障飞行安全是必要的。在特殊情况下,为了作战和国防上的紧急需要,军用航空器除有优先通行权外,还应有不受平时空中交通规则约束的权利。这对保卫国家的领空不受侵犯,保卫国家安全同样是必要的。这就要求在制定空中交通规则时,应正确处理好一般和特殊的关系,既要切实保障空中安全,有利于民用航空的发展,又要充分保障国防的需要。

三、入境和放行的法律和规章

国家制定入境和放行的法律和规章,从航空法的角度说,是国家行使主权,管理领空的重要措施和法律保障,这包括航空器出入境的放行规定和航空器所载旅客、机组、货物和其他物件出入境的放行规定。

《国际民用航空公约》明确规定,“在遵守本公约规定的条件下,一缔约国关于从事国际航行的航空器进入或离开其领土或关于此种航空器在其领土内操作或航行的法律和规章,应不分国籍适用于所有缔约国的航空器,此种航空器在进入或离开该国领土或在其领土时,都应该遵守此项法律和规章”(第十一条)。“一缔约国关于航空器的旅客、机组或货物进入或离开其领土的法律和规章,如关于入境、放行、移民、护照、海关及检疫的规章,应由此种旅客、机组或货物在进入、离开或在该国领土内时遵照执行或其代表遵照执行”(第十三条)。“缔约各国同意采取有效措施防止经由空中航行传播霍乱、斑疹伤寒(流行性)、天花、黄热病、鼠疫以及缔约各国随时确定的其他传染病”(第十四条)。《国际民用航空公约》还规定:“缔约各国的有关当局有权对其他缔约国的航空器在降停或飞离时进行检查,并查验本公约规定的证件和其他文件,但应避免不合理的延误。”(第十六条)

(一) 航空器出入境放行规定

《中华人民共和国民用航空法》规定:

“民用航空器未经批准不得飞出中华人民共和国领空。”“对未经批准正在飞离中华人民共和国领空的民用航空器,有关部门有权根据具体情况采取必要措施,予以制止。”(第八十一条)

“外国民用航空器根据其国籍登记国政府与中华人民共和国政府签订的协定、协议的规定，或者经中华人民共和国国务院民用航空主管部门批准或接受，方可飞入、飞出中华人民共和国领空和在中华人民共和国境内飞行、降落”。“对不符合前款规定，擅自飞入、飞出中华人民共和国领空的外国民用航空器，中华人民共和国有关机关有权采取必要措施，令其在指定的机场降落；对虽然符合前款规定，但是有合理的根据认为需要对其进行检查的，有关机关有权令其在指定的机场降落”。（第一百七十四条）

“在中华人民共和国境内飞行的航空器，必须遵守统一的飞行规则”（第七十六条第一款）；民用航空器还应遵守其他有关规定。主要包括下列各方面的法律、行政法规和民用航空规章：①空域管理规定；②空中交通规则；③空中交通管制规则；④航空器安全飞行管理规则，包括航空器适航性、航空人员、机场、通信、导航、气象、航行资料服务等项管理规则；⑤航空安全保卫规定；⑥航空运输经济管理规定；⑦航空器搜寻救援和事故调查规则；⑧其他与航空器出入境和飞行有关的法律和规章。

（二）旅客、机组、货物及其物件出入境放行规定

《中华人民共和国民用航空法》规定：

“公共航空运输企业从事国际航空运输的民用航空器及其所载人员、行李、货物应当接受边防、海关、检疫等主管部门的检查；但是，检查应当避免不必要的延误。”（第一百零三条）

“外国民用航空器应当在中华人民共和国国务院民用航空主管部门指定的设关机场起飞或者降落。”（第一百七十九条）

“中华人民共和国国务院民用航空主管部门和其他主管机关，有权在外国民用航空器降落或者起飞时查验本法第九十条规定的文件。”“外国民用航空器及其所载人员、行李、货物，应当接受中华人民共和国有关主管机关依法实施的入出境、海关、检疫等检查。”“实施前两款规定的查验、检查应当避免不必要的延误。”（第一百八十条）

四、防空识别区

“防空识别区”，是指从地球陆地或水域的表面向上延伸的划定空域。在该空域内，为了国家安全，要求对航空器能立即识别、定位和管制。它是有关国家为了国防安全的需要而设置的。凡进入“防空识别区”的航空器，必须报告身份，以便地面国识别、定位和管制。1950 年和 1951 年，美国和加拿大先后建立“防空识别区”，向大西洋和太平洋延伸几百海里。有 20 多个国家和地区建立了这类区域。

由于“防空识别区”延伸至领空水平范围之外的公海上空，而且是单方面的行为，因而建立这种空域是否合法，在国际上是有争论的：一方面认为，这种没有任何根据将领空主权向外延伸的单方面行为，是对国际法的破坏；另一方面则认为，这如同海洋法中关于毗连区学说一样，建立“防空识别区”，是地面国固有的自卫和自保的权利，因而称这种空域为“毗连空域”。

在实践中，对于和平时期建立的永久性防空识别区，并未引起异议。建立“防空识别区”并不认为是地面国领空范围的扩大，也不意味着其领空主权向外延伸，而建立这种空域，能有效地将来犯敌机在进入领空之前予以识别，对于加强国防监控，保卫国家领空安全，是有重大意义的。因此，尽管对建立“防空识别区”是否合法在理论上是有争论的，但只要不违反国际法关于在领空之外空中航行自由的原则，建立“防空识别区”应认为与航空国际法是相容的。

第三节 国际空中航行

国际空中航行，是指航空器经过一个以上国家领土之上空气空间进行的飞行活动。国际空中航行遵循的原则基本是：

（1）领空主权原则，外国航空器进入一国领空须经该国允许并应遵守该国的法律和规章。

（2）在不属于任何国家领空的空气空间航行自由，遵守国际民用航空组织统一制定的空中航行规则。

一、国际空中航行的一般规则

根据《国际民用航空公约》的规定，航空器进行国际航行应当遵守下列规则。

（一）展示识别标志

“从事国际航行的每一航空器应载有适当的国籍标志和登记标志”。（第二十条）

（二）遵守飞入国的法律和规章

这在本学习单元第二节中已做了阐述。（《国际民用航空公约》第八条、第九条、第十条、第十二条、第十三条、第十四条的规定）

（三）在设关机场降停接受降停国的检查

“除按照本公约的条款或经特许，航空器可以飞经一缔约国领土而不降停外，每一航空器进入一缔约国领土，如该国规章有规定时，应在该国指定的机场降停，以便进行海关和其他检查。当离开一缔约国领土时，此种航空器应从同样指定的设关机场离去”（第十条）。“缔约各国的有关当局有权对其他缔约国的航空器在降停或飞离时进行检查，并查验本公约规定的证件和其他文件，但应避免不合理的延误”。（第十六条）

（四）应携带必备的文件

“缔约国的每一航空器在从事国际航行时，应当按照本公约规定的条件携带下列文件：

1. 航空器登记证；
2. 航空器适航证；
3. 每一机组成员的适当执照；
4. 航空器航行记录簿；
5. 航空器无线电台许可证，如该航空器装有无线电设备；
6. 列有旅客姓名及其登机地与目的地的清单，如该航空器载有旅客；
7. 货物仓单和详细的申报单，如该航空器载有货物”。（第二十九条）

（五）遵守飞入国关于货物限制的规定

（1）“从事国际航行的航空器，非经一国许可，在该国领土上空不得载运军火或作战物资。至于本条所指军火或作战物资的含意，各国应以规章自行确定，但为求得统一起见，应适当考虑国际民用航空组织随时所作的建议”。

（2）“缔约各国为了公共秩序和安全，除（上述）第一款所列物品外，保留管制或禁止在其领土内或领土上空载运其他物品的权利。但在这方面，对从事国际航行的本国航空器和从事同样航行的其他国家的航空器，不得有所区别，也不得对在航空器上为航空器操

作或航行所必要的或为机组成员或乘客的安全而必要携带和使用的器械加任何限制”。(第三十五条)

(六) 不滥用民用航空

“缔约各国同意不将民用航空用于和本公约的宗旨不相符的任何目的”。(第四条)“本公约的宗旨”在于,使国际民用航空按照安全和有秩序的方式发展,并使国际航空运输业务建立在机会均等的基础上,健康地和经济地经营,以利于建立和保持世界各国之间和人民之间的友谊与了解,避免各国之间和人民之间的摩擦并促进其合作,保障世界和平。而滥用民用航空,则足以威胁普遍安全。(《国际民用航空公约》“序言”)

对于上述国际航行的一般规则,《中华人民共和国民用航空法》在很大程度上都有相应的规定,使国内法尽可能地与国际法规范相一致。

二、公海和专属经济区上空飞行自由

在传统的国际法上,“公海”,“是指不包括在一国领海或内水内的全部海域”(1958年《公海公约》第一条)。1982年《联合国海洋法公约》确立了专属经济区和群岛水域的概念,因而“公海”的范围缩小到“适用于不包括在国家的专属经济区、领海或内水或群岛国的群岛水域内的全部海域”。(《海洋法公约》第八十六条)

“专属经济区”,是指沿海国在其领海以外邻接其领海的海域所设立的一种专属管辖区,其宽度从测算领海宽度的基线量起,不应超过200海里;它既不是公海,也不是领海,而是自成一类,具有特定的法律地位。

《海洋法公约》规定,“任何国家不得有效地声称将公海的任何部分置于其主权之下”(第八十九条)。“公海对所有国家开放,不论其为沿海国或内陆国”,其中包括“航空器飞跃自由”(第八十七条)。公海自由是公海制度的法律基础,并早已形成为国际习惯法规则。对此,无需加以阐述。

《海洋法公约》还规定,“在专属经济区内,所有国家,不论为沿海国或内陆国,在本公约有关规定的限制下,享有第八十七条所指的航行和飞越的自由,铺设海底电缆和管道的自由,以及与这些自由有关的海洋其他国际合法用途,诸如同船舶和航空器的操作及海底电缆和管道的使用有关的并符合本公约其他规定的那些用途”。(第五十八条第一款)

因此,航空器在专属经济区上空飞越自由,这是十分清楚的。然而,如何理解这种“飞越自由”,在认识上却是存在分歧的。

一种意见认为,在专属经济区上空的飞越自由,完全与公海上空的飞越自由一样。因为《海洋法公约》第五十八条写得十分明白,是“享有第八十七条(公海自由)所指的航行和飞越自由……”;另一种意见则认为,在专属经济区上空的飞越自由,不能与在公海上空的飞越自由相提并论,而是受更多条件限制的飞越自由。其理由:

(1)《海洋法公约》明确规定,在专属经济区上空,是在公约有关规定的限制下,享有飞越自由的。

(2) 专属经济区是自成一类的特定法律制度,它既不是领海,也不是公海,沿海国在此区域内为勘探、开发、养护和管理海床与底土及其上覆水域的自然资源的目的,拥有主权权利;对在区域内的人工岛屿、设施和结构的建造和使用,对海洋科学研究和海洋环境保护等方面享有专属管辖权。

鉴于此,有的著作者认为,“专属经济区是国家管辖范围内的水域。所谓的‘自由’,根本不可能是公海上的那种自由”。“在专属经济区的所谓自由,实际上是在区域特定法律地位上的一种自由,是其他国家在该区域所享有一种权利。而任何认为该区域的设立保留了公海地位上的自由的意见都是不切实际的”。这种意见无疑是正确的。

沿海国为了在本国的专属经济区内行使《海洋法公约》规定的主权权利和专属管辖权,就有必要,也完全有权制定有关的法律和规章,以限制他国航空器在专属经济区上空的飞越自由。当然,沿海国滥用在专属经济区的权利,不恰当地妨碍甚至在实际上取消了别国航空器的飞越自由,违反了《海洋法公约》的规定,亦是不正确的。

三、航空器的“过境通行权”和“群岛海道通过权”

(一)“过境通行权”

“过境通行权”是《联合国海洋法公约》所设立的一种新的法律制度。这是因为新的海洋法规定,领海宽度不得超过12海里,因而领海宽度原只有3海里或6海里的国家可以扩展为12海里,使这些国家的海峡原本有一部分属于公海海域都成了领海之列,为了船舶的航行自由和航空器的飞越自由,故创设了“境肯通行权”的概念,是一种介于“无害通过”和“自由过境”之间的新概念,即“过境通行”既不像“无害通过”那样严格控制,又不像“自由通过”那样自由。过境通行亦要受到一定条件的控制。

“过境通行权”适用于国际航行的海峡。这种海峡,首先是处于一国领海水域;其次必须是用于国际航行的。

“用于国际航行的海峡”,是指“在公海或专属经济区部分和公海或经济专属区的另一部分之间的用于国际航行的海峡”(《海洋法公约》第三十七条)。“但如果海峡是由海峡沿岸国的一个岛屿和该国大陆形成,而且该岛向海一面有航行和水文特征方面同样方便的一条穿过公海,或穿过专属经济区的航道,过境通行则不应适用”(第三十八条第一款);“如果通过某一用于国际航行的海峡有在航行和水文特征方面同样方便的一条穿过公海或穿过专属经济区的航道”,也不使用“过境通行”(第三十六条)。因为公海和专属经济区实行航行自由和飞越自由,也就不需要“过境通行权”是显而易见的。

所有航空器在用于国际航行的海峡上空均享有“过境通行权”。“过境通行”,是指在上述海峡上空,为“继续不停和迅速过境的目的”,行使飞越自由(第三十八条第二款)。这种“过境通行” 不应受到阻碍(第三十七条第一款前项)。行使过境通行权的航空器应履行下列义务:

(1) 毫不迟延地飞越海峡;

(2) 不对海峡沿岸国的主权、领土完整或政治独立进行任何武力威胁或使用武力,或者以任何其他违反联合国宪章体现的国际法原则的方式进行武力威胁或使用武力;

(3) 除因不可抗力或遇难而有必要外,不从事其继续不停和迅速过境的通常方式所附带发生的活动以外的任何活动;

(4) 遵守国际民用航空组织制定的适用民用航空器的《空中规则》,国家航空器通常应遵守这种安全措施,并在操作时随时对航行安全予以应有的注意;

(5)“随时监听国际指定的主管空中交通管制机构所分配的频率或有关的国际呼救无线电频率。”(第三十九条)

此外,上述关于继续不停和迅速过境的要求,并不排除为进入、离去或返回沿岸国而

通过海峡时,受该沿岸国入境条件的约束。

(二)"群岛海道通过权"

"群岛海道通过权"是指:"按照《联合国海洋法公约》的规定,专为在公海或专属经济区的一部分和公海或专属经济区的另一部分之间继续不停、迅速和无障碍地过境的目的,行使正常方式的航行和飞越的权利。"(第五十三条第三款)

(1)"群岛国可指定适当的海道和其上的空中航路,以便外国船舶和航空器继续不停和迅速通过或飞越其群岛水域和邻接的领海。"(第五十三条第一款)

(2)"所有船舶和航空器均享有这种海道和空中航路内的群岛海道通过权。"(第五十三条第二款)

(3)"这种海道和空中航路应以通道进出点之间的一系列连续不断的中心线划定,通过群岛海道的船舶和航空器在通过时不应偏离这种中心线25海里以上,但这种船舶和航空器在航行时与海岸的距离不应小于海道边缘各岛最近各点之间距离的百分之一。"(第五十三条第五款)

(4)"如果群岛国没有指定海道或空中航路,可通过正常用于国际航行的航道,行使群岛海道通过权。"(第五十三条第十二款)

(5)"航空器行使群岛海道通过权应尽的义务比照行使用于国际航行的海峡过境通行权应尽的义务执行。"(第五十四条)

第四节　领空主权的保护

领空是一个国家领土的一部分。每一国家对其领空享有完全的和排他的主权。完整性和排他性是主权最基本的属性;国家在其领空范围内行使自保权、管辖权、管理权和支配权是领空主权的具体体现。主权的完整性,决定了一国领空主权不容侵犯,当一个国家的领空主权受到侵犯时,主权的排他性,是采取一切必要措施保护主权最基本的法律根据。

《中华人民共和国民用航空法)庄严宣布,"中华人民共和国对领空享有完全的、排他的主权"(第二条),"同时明确授权有关部门对未经批准正在飞离中华人民共和国的民用航空器,根据具体情况采取必要措施予以制止"(第八十一条);"明确授权有关机关对擅自飞入、飞出中华人民共和国领空的外国民用航空器采取必要措施,令其在指定的机场降落";并规定"此等飞入、飞出的外国民用航空器虽是根据协定、协议或者经批准或接受而进行的,但有关机关有合理的根据认为需要对其进行检查的,亦有权令其在指定的机场降落"。(第一百七十四条)

一、外国航空器的入侵

外国航空器的入侵,是指任何外国航空器未经一国准许,非法进入该国领空的行为。国家领空不受侵犯,是国际法的一项基本准则。因此,任何外国航空器未经一国准许而进入该国领空,均应视为是对该国领空的侵犯。根据领空主权原则,被侵犯的国家对入侵的外国航空器采取一切必要措施,完全是一个国家捍卫自己的主权,保卫国防安全的正当权利。

然而,外国航空器侵入一国领空,往往呈现复杂的情形,有战时与平时之分,有民用航

空器与国家航空器，特别是军用航空器之别。综观世界上发生的各种外国航空器入侵事件，外国航空器飞入一国领空，有的是有意行为。例如，外国军用航空器施行间谍飞行或者进行其他军事目的的活动，同时不排除滥用民用航空器进行非法活动；但外国航空器，特别是民用航空器，飞入一国领空并非一切都是有意行为，如因天气原因或机械故障所造成，或者非法劫持不由自主地改变航线，或者由于其他原因而迷航；等等。因此，对于外国航空器入侵，应该具体问题具体分析，予以正确处置。国家对入侵航空器行使主权，采取一切必要措施，应当符合国际法的规定。所采取的措施应当既是必要的，又是适当的。

二、拦截

拦截，是指一国的军用航空器受命对入侵本国领空的外国航空器，或者进入一国防空识别区而不报明身份的航空器，或者其他违法航空器采取强制手段，或者将此等航空器驱逐出境，或者迫令其在各国境内的指定机场降落，予以检查处置的行动。拦截，是国家保卫国防安全的合法行为，但拦截措施不得滥用。

拦截航空器对飞行安全具有潜在的危险。因此，国际民用航空组织理事会于 1966 年 6 月 22 日同意，并于 1973 年 6 月 5 日敦请各缔约国，希望避免拦截民用航空器；如要拦截，仅作为最后手段而采取，以识别航空器为限，按照规定的拦截程序进行，并应提供为安全飞行所需要的任何航行上的引导。被拦截的航空器必须听从拦截航空器的指令，并尽可能地通知有关空中交通服务单位。

《国际民用航空公约》规定，“缔约各国承允在发布关于其国家航空器的规章时，对民用航空器的航行安全予以应有的注意”（第三条第四款）。国际民用航空组织理事会为敦促各国遵循公约规定的义务，关于民用航空器的拦截问题做出了下列具体建议：

（1）为了避免或减少拦截民用航空器的必要，拦截控制单位应尽一切可能获得任一航空器（它可能是一架民用航空器）的识别信号，并且通过有关空中交通服务单位对该航空器发出任何必要的指示或建议。至关重要的是：在拦截控制单位与空中交通服务单位之间，要建立迅速可靠的通信手段，并且在这些单位之间应按照《国际民用航空公约》附件十一“空中交通服务”的规定，订有交换民用航空器动态的协议。

（2）消除或减少作为最后手段采用的拦截所固有的危害性，要尽一切可能保证驾驶员和地面有关单位间的协作，至关重要的是缔约各国应采取下列步骤使之得到保障：

① 一切民用航空器驾驶员对他们所采取的行动以及对《国际民用航空公约》附件二“空中规则”所规定使用的目视信号有充分的了解。

② 保证航空器经营人或民用航空器机长执行《国际民用航空公约》附件六“航空器的运行”关于航空器能力的规定；能用 121.5 兆赫频率通信，并在航空器上备有拦截程序和目视信号。

③ 要使所有的空中交通服务人员充分了解按航行服务程序空中规则和空中交通服务规定他们所应采取的行动。

④ 保证所有拦截航空器机长了解航空器一般性能范围，并且认识到被拦截民用航空器由于技术困难或非法干扰所引起的紧急状况的可能性。

⑤ 保证把清楚而不含糊的指示发到拦截控制单位以及可能的拦截航空器的机长，这

些指示至少应包括：

a. 关于拦截动作应注意的事项。

b. 关于空对空目视信号的规定。

c. 关于与被拦截航空器的无线电通信的规定。

d. 关于引导被拦截航空器降落应注意的事项。

e. 拦截航空器在拦截民用航空器时，在任何情况下应避免使用武器。

f. 拦截控制单位与有关空中交通服务单位之间应保持密切的协作。

g. 拦截控制单位，并且拦截航空器在有机会时，应装有设备，以便与被拦截航空器在紧急频率1215兆赫上通信。

h. 拦截控制单位应装设二次雷达并配备设备，能够立即识别出模式A的编码7500、7600和7700。

i. 关于禁止一切民用航空飞行的禁区和民用航空非经国家特别批准不得飞行的区域，应清楚地在航行资料汇编（AIP）予以公布；当靠近已公布的空中交通服务航路或其他常用的航线划设这类区域时，各国应考虑到可供民用航空器使用的以电台为基准的助航设备以及这些设备的总准确度和民用航空器避开这些划设区域的能力。在航行资料汇编中，应清楚地说明，进入这些区域时有被拦截的危险。

三、应避免对民用航空器使用武器

在拦截中，若对民用航空器使用武器，必将殃及广大无辜旅客的生命和财产，将造成极其严重的后果。第二次世界大战之后，国际上发生了多起民用航空客机被击落的严重事件。因此，对非法进入一国领空的外国民用航空器应否使用武器的问题，引起了国际社会的关注。人们认为，从人道主义考虑，从外国人在一国领域内应受到保护的精神出发，联系到国际关系中不使用武力解决争端的原则，禁止对民用航空器使用武器应早已是一项国际习惯法，但在国际条约中并未有明文规定。1973年，国际民用航空组织大会在罗马举行第20届（特别）大会，曾审议过修改《国际民用航空公约》，增加禁止对民用航空器使用武力的问题，但有关提案未被大会通过。

1983年9月1日，大韩航空公司KE007号航班波音747－200B型客机，执行纽约—汉城定期航班任务，偏航飞入苏联领空，在萨哈林岛（库页岛）附近被苏联歼击机击毁，造成旅客240名和29名机组成员，共269人全部丧生的惨案，引起了国际社会的强烈反响。9月2日，一些国家向联合国安理会提交了一个决议案，重申“国际法规则禁止威胁国际民用航空的暴力行为”；指出“必须进行公正的调查”；承认“受害者应得到赔偿的权利”。决议案在谴责击毁韩国飞机之后，在主文中声明：“如此对国际民用航空使用武力，是与支配国际行为的规范和人道主义的基本考虑不相容的。”这个决议案尽管得到了多数票赞成，但由于苏联反对及使用否决权而没有通过。

由于上述决议案未被通过，一些国家便采取了单方面的行动。在韩国客机被击毁的第二天，美国就建议中断与苏联的航空联系以作惩罚，至少要在一段时间内中断这种联系。美国的这个建议十分广泛地被一些专业性组织，特别是国际驾驶员协会联合会采用了。国际驾驶员协会联合会要求其会员组织抵制苏联60天～90天，大体的情况是，一些国家以不同期限（从几天到几个星期），以不同方式（客运、货运、过境或飞越）中断了与苏联的航空关系。某些欧洲国家决定抵制苏联15天，而加拿大决定抵制60天。

9月15日至16日,国际民用航空组织理事会召开特别会议审议韩国客机被击落事件。会议通过了两项决议,第一项决议责成国际民用航空组织秘书长进行调查,"以查清与飞行和航空器被摧毁有关的事实和技术问题",并就这次调查向理事会提出报告。第二项决议是责成航行委员会研究改进有关的技术规则,以便一方面把一定数量的任意性规则改成强制性规则;另一方面采取新的规则,更好地保障军事当局和民用航空管制中心的联系。此外,理事会还决定把修改《芝加哥公约》以承允避免对民用航空器使用武力的问题最优先地列入工作计划,并决定在1984年第一季度结束前召开特别大会审议和通过《芝加哥公约》的修正案。

1983年9月20日至10月7日,国际民用航空组织大会举行第24届会议,认可了上述理事会决议。1983年10月14日,理事会第110届会议决定于1984年4月24日至5月10日召开国际民用航空组织大会第25届特别会议,会议通过激烈的争论,最后达成妥协,未付表决地一致通过了A25-I号决议,决定修改《国际民用航空公约》,增加第三条分条。其内容如下:

(1) 缔约各国承认,每一国家必须避免对飞行中的民用航空器使用武器,如拦截,必须不危及航空器内人员的生命和航空器的安全,此一规定不应解释为在任何方面修改了联合国宪章所规定的各国的权利和义务。

(2) 缔约各国承认,每一国家在行使其主权时,对未经允许而飞跃其领土的民用航空器,或者有合理的根据认为该航空器被用于与本公约不相符的目的,有权要求该航空器在指定的机场降落;该国也可以给该航空器任何其他指令,以终止此类侵犯。为此目的,缔约各国可采取符合国际法的有关规则,包括本公约的有关规定,特别是本条第一款的规定的任何适当手段。每一缔约国同意公布其关于拦截民用航空器的现行规章。

(3) 任何民用航空器必须遵守根据本条第二款发出的命令。为此目的,每一缔约国应在本国法律或规范中做出一切必要的规定,以使在该国登记的,或者在该国有主营业所或永久居所的经营人所使用的任何航空器必须遵守上述命令。每一缔约国应使任何违反此类现行法律或规章的行为受到严厉惩罚,并根据本国法律将这一案件提交其主管当局。

(4) 缔约各国应采取适当措施,禁止将在该国登记的,或者在该国有主营业所或永久居所的经营人所使用的任何民用航空器肆意用于与本公约宗旨不相符的目的。这一规定不应影响本条第1款或者损抑本条第二款和第三款的规定。

《国际民用航空公约》这个修正案的通过和生效,在法律上具有重要意义。该第三条分条一方面明确规定了每一国家不得对飞行中的民用航空器使用武器,如采取拦截这样的强制手段,也必须不危及航空器内人员生命和航空器安全;另一方面重申了每一国家的主权和自卫的权利。第三条分条第一款所说的"此一规定不应解释为在任何方面修改了联合国宪章所规定的各国的权利和义务",主要是指《联合国宪章》第五十一条规定:"联合国任何会员国受武力攻击时,在安全理事会采取必要办法,以维持国际和平及安全以前,本宪章不得认为禁止行使单独或集体自卫之自然权利"。但适用这一条规定时应作广义上的解释。上述规定的权利和义务指的是"每一国家",也就决定了这不仅是国际条约法规则,而是习惯法规则,对民用航空器的飞行安全是重要的法律保障。

复习思考题

1. 简述领空制度和领空主权原则。
2. 领空管理制度的主要内容是什么？
3. 国际空中航行应遵守哪些规则？
4. 简述针对领空主权的保护。

学习单元三　民用航空器管理法律制度

学习提示

本学习单元通过介绍民用航空器的概念和法律地位，使学生掌握民用航空器国籍登记的意义和相关法律制度；运用法律知识理解民用航空器的权利；掌握什么是民用航空器的适航管理及其分类和内容。

背景知识链接

民用航空器管理法律制度主要包括民用航空器的性质、国籍、权利以及适航管理等方面的制度。民用航空器的分类及法律地位，在各国国内法和司法实践中采用标准不一，从国际条约的规定来看主要采用的是特定用途说；民用航空器的国籍表明民用航空器与登记国之间在法律上的隶属关系，民用航空器因此获得国籍国在航空运输方面提供的各种优惠；民用航空器权利作为以民用航空器为客体而发生的相关民事权利，是航空法律制度的重要内容，形成了一系列民用航空器所有权、使用权、抵押权、优先权以及权利登记制度；民用航空器的适航管理作为保障航空器的安全为目标的技术管理，是对航空器的设计、制造、使用和维修等环节进行科学的、统一的审查、鉴定、监督和管理，它是飞行安全管理的基础。各国对航空器的适航性均进行严格管理。《中华人民共和国民用航空法》第二百零一条到二百零五条以及《民用航空器适航管理条例》第十九条到二十六条对违反适航管理规定的法律责任进行了阐述。

第一节　民用航空器的概念及分类

一、民用航空器的概念

航空器是航空活动的重要工具，没有航空器就不能进行航空活动，也就不会有航空法。在《国际民用航空公约》附件二“空中规则”中给航空器下了定义，“航空器是大气层中靠空气的反作用力，而不是靠空气对地（水）面的反作用力作支撑的任何器械。”由定义中可以看出，航空器仅指能够凭借空气的反作用力在大气层中获得支撑的器械，不包括凭借气态发射物产生冲力的火箭，也不包括靠空气对地面的反作用力在大气层中获得支撑的气垫船（器）等。《中华人民共和国民用航空法》并未对航空器的定义做出规定，但在民用航空法规、规章中对航空器进行了定义，其规定和 1967 年国际民用航空组织的定义基本相同。

二、民用航空器的分类

根据航空器的性质可以将其分为国家航空器和民用航空器。国家航空器是指用于执

行军事、海关和警察部门飞行任务的航空器。民用航空器是指用于执行军事、海关和警察部门飞行任务以外的从事航空活动的航空器。

三、民用航空器的法律地位

（一）民用航空器是合成物

民用航空器是由航空器构架、发动机、螺旋桨、无线电设备和其他一切为了在民用航空器上使用的，无论安装于其上或者暂时拆离的物品组成的合成物，每一部分都是民用航空器不可或缺的，在法律上均不能脱离民用航空器而单独存在。它们与民用航空器之间被视为从物与主物的关系，民用航空器所有权的转移、抵押权的设立及优先权的存在等均涉及整个民用航空器。

（二）民用航空器具有不动产的属性

根据民法理论，动产与不动产的主要区别标志在于，该财产发生位移后其价值是否受到损害。发生位移而不损害其价值的财产是动产，民用航空器理应属于动产范畴。但是，民用航空器作为运输工具，其投入资金大、使用年限长，法律上一般将其视为不动产进行处理。《中华人民共和国民用航空法》按照不动产物权变动进行权利登记的模式，在第三节“民用航空器的权利”中，规定民用航空器所有权的取得、转让和消灭，抵押权的设立和变更都应当进行登记，未经登记的，不得对抗第三人。

第二节　民用航空器的国籍及登记

最早提出对航空器国籍的设想是法国法学家福希叶，他认为应当制定国籍规则来指导航空活动。后来许多国际航空条约都对航空器的国籍做出了具体规定。

一、民用航空器国籍的概念和意义

（一）民用航空器国籍的概念

国籍是表示个人具有某个国家的公民或国民资格或身份。严格地说，只有个人才是各国国籍法的主体，但是自19世纪后半叶起，随着国家之间交往的发展，国籍的概念被扩大到船舶和航空器上。

（二）民用航空器国籍的法律意义

（1）民用航空器只有取得一国国籍，才能投入飞行，而给予民用航空器国籍的国家以此为依据对民用航空器享有权利，承担义务，实施管理和保护。另外，国家还要保证具有该国国籍的民用航空器不论飞到什么地方，都遵守当地关于民用航空器正常飞行和地面转移的有关规则和规章，承诺承担该民用航空器的有关责任。

（2）民用航空器的国籍国还要保护航空器的所有人、经营人和民用航空器的合法权利，并加强对民用航空器的管理，对标有本国国籍标志的民用航空器行使有效的行政、技术及社会事项的管辖和控制，以保证取得该国国籍的民用航空器与国家之间有真正的联系。取得中华人民共和国国籍的民用航空器不仅在航空运输政策、税收优惠等方面享有照顾，必要时还可享受我国使领馆的保护与帮助，而且在公海上或外国领空发生刑事、民事案件时，我国也享有管辖权。

二、民用航空器国籍的登记

（一）民用航空器国籍登记的法律规定

(1) 民用航空器国籍的登记是一项重要的法律制度。《中华人民共和国民用航空法》规定“一个航空器只能有一个国籍,不得具有双重国籍。民用航空器在一个以上国家登记不得认为有效,但是其登记可以由一国转移至另一国。”

民用航空器国籍和登记的法律基础是《芝加哥公约》和缔约国本国的法律和规章。《芝加哥公约》第十七条规定“航空器具有登记国的国籍”,即航空器在何国登记就具有何国国籍。第十九条规定“航空器在任何缔约国登记或转移登记应当按该国的法律或规则办理,”即民用航空器能否在一国登记,完全取决于登记国的法律规定。各国都设有航空器的登记机构,按照本国的规定进行航空器的登记。我国的民用航空器国籍登记机构是国务院民用航空主管部门,在现阶段是中国民航总局(简称民航总局)。它代表国家负责航空器的登记管理,颁发民用航空器的国籍登记证书。

(2)《中华人民共和国民用航空法》第七条规定了下列民用航空器应当进行中华人民共和国国籍登记:①中华人民共和国国家机构的民用航空器;②依照中华人民共和国法律设立的企业法人的民用航空器(企业法人的注册资本中有外商出资的,其机构设置、人员组成和中方投资人的出资比例,应当符合行政法规的规定);③国务院民用航空主管部门准予登记的其他民用航空器。上述的“其他民用航空器”主要包括两类:一类是在中华人民共和国境内有住所或者主要营业所的中国公民的民用航空器;另一类是指国家机构或者企业法人自境外分期付款购买的民用航空器或融资租赁的民用航空器。凡符合上述条件的民用航空器,在中国民航总局登记后,即取得中华人民共和国国籍,受中华人民共和国法律管辖和保护。

(二) 我国民用航空器国籍登记的程序

民用航空器国籍登记是指符合法律规定的申请人,依照法律、行政法规和规章所规定的条件和程序向法定机构办理民用航空器国籍登记的活动。

取得民用航空器国籍登记证书,必须符合法律、行政法规规定的程序。

(1) 申请。民用航空器国籍登记证书的申请人,必须向国务院民用航空主管部门提交一份按规定格式填写的、完整属实的《民用航空器国籍登记申请书》,出示有关证明原件并提供副本。

(2) 审查和颁证。国务院民用航空器主管部门应当自收到民用航空器国籍登记申请之日起7个工作日内,对申请书及有关证明文件进行审查;经审查符合规定的,即在我国民用航空器国籍登记簿上登记该民用航空器,并向申请人颁发我国民用航空器国籍登记证书。民用航空器依法登记后,取得我国国籍,受我国法律管辖和保护。

(3) 民用航空器国籍登记证书。民用航空器国籍登记证书应当放置于民用航空器内显著位置,以备查验。民用航空器国籍登记证书的有效期自颁发之日起至变更登记或注销登记之日止。民用航空器国籍登记证书遗失或者污损的,应当按照规定向民航总局申请补发或者更换民用航空器国籍登记证书,并提交有关说明资料。

(4) 变更登记或注销登记。取得我国国籍的民用航空器遇有下列情形之一的,应当向民航总局申请办理变更或注销民用航空器登记的手续:

① 持证人书面申请取消登记;

② 航空器使用权或所有权已转移;

③ 所有人或使用人变更地址;

④ 航空器出口；

⑤ 航空器退出使用或者报废；

⑥ 航空器失踪并停止寻找。

（三）民用航空器国籍标志和登记标志

民用航空器的国籍标志是指识别民用航空器国籍的字母符号。航空器国籍标志由缔约国根据国际电信联盟分配给该国的无线电呼叫信号中的国籍代号确定。民用航空器的登记标志是指民用航空器登记国在民用航空器登记之后给定的数字、字母或它们的组合。我国民用航空器的国籍标志置于登记标志之前，国籍标志和登记标志之间加一条短横线。我国民用航空器的国籍标志为罗马体大写字母B，登记标志为阿拉伯数字、罗马体大写字母或者二者的组合。国籍标志和登记标志在民用航空器上的位置、尺寸和字体由国务院民用航空主管部门规定。取得我国国籍的民用航空器，应当将规定的国籍标志和登记标志用漆喷涂在该航空器上或者用其他能够保持同等耐久性的方法附着在该航空器上，并保持清晰可见。

按我国规定，未申请取得国籍登记证的民用航空器在以下情况时，其所有人或使用人应向民航总局申请临时登记标志：

（1）用于试验和表演飞行；

（2）为交付或出口的调机飞行；

（3）民航总局认为必要的其他情况。

具有临时标志的民用航空器不得运输人员、货物以及从事其他经营活动。

第三节　民用航空器的权利

民用航空器的权利实质上并不是指民用航空器本身具有的权利，而是指航空法所随从的民用航空器的所有人或经营人、债权人等对于民用航空器的权利。这里的民用航空器包括民用航空器的构架、发动机、螺旋桨、无线电设备和其他一切为了在民用航空器上使用的，无论安装于其上或者暂时拆离的物品。民用航空器的权利包括对民用航空器的所有权、优先权和抵押权等。

一、民用航空器的所有权

（一）所有权概述

所有权是指所有人对自己的不动产或者动产，依照法律规定享有占有、使用、收益和处分的权利。占有权是指权利人对财产实际控制的权利；使用权是指权利主体对物进行利用，以满足某种生活或生产需要的权利；收益权是指权利人获取基于财产而生的物质利益的权利；处分权是指权利人依法对财产进行处置的权利。财产所有权的取得有两种方式：原始取得和继受取得。原始取得是指根据法律规定，最初取得财产的所有权或不依赖于原所有人的意思而取得财产的所有权，包括劳动生产、收益、添附、没收及无主财产收归国有等。继受取得又称传来取得，是指通过某种法律行为从原所有人那里取得对财产的所有权，包括买卖、继承、赠与、遗赠和互易等。继受取得财产所有权以原所有人行使处分权为前提。为了有效地培植社会资源，就要允许财产所有权发生转移，即财产所有权在不同民事主体之间的转让。由于财产所有权的转移在微观上引起当事人财产利益的变更，

在宏观上引起社会经济秩序的变化,因此财产权利转移的情况必须予以公示。在公示方法上,动产所有权的转移采用交付方式,即按照合同或者其他合法方式取得动产的,该动产所有权从交付时起转移;不动产所有权的转移则采用登记制度,即不动产所有权的转移非经登记,不能发生法律效力。财产所有权的转移只是权利相对消灭的原因之一,还包括财产所有权主体的消灭、财产所有权被抛弃和国家的强制消灭。如果财产所有权的客体即物灭失,则是财产所有权的绝对消灭。

(二)民用航空器所有权的含义

民用航空器所有权是指民用航空器的所有人在法律规定的范围内自由支配民用航空器并排斥他人干涉的权利。所有人依法对其民用航空器享有占有、使用、收益和处分的权利。

占有权是指民用航空器所有人对其财产的实际控制和支配的权利。通常情况下,民用航空器占有权由所有人享有,但也可以由非所有人享有,如《中华人民共和国民用航空法》第十五条规定,国家所有的航空器,由国家授予法人经营管理或者使用的,该法人当然享有对民用航空器的占有权;包机中,民用航空器的占有权归包机人享有,民用航空器租赁中,承租人依法享有对该民用航空器的占有等。

使用权是指按照民用航空器的性能和用途加以利用的权利。民用航空器使用权是所有权的派生权利,它是民用航空器所有人将民用航空器所有权的部分权能分离出去,由使用人享有,从而实现所有权人和使用权人的各自利益。民用航空器使用权虽然是民用航空器所有权派生的权利,但这并不影响民用航空器使用权作为一种独立权利的存在。民用航空器使用权一旦产生,其使用权人就在设定的范围内不仅可以排除一般人对于其权利行使的干涉,而且在其权利范围内可直接对抗所有人的非法妨害。民用航空器使用权以对民用航空器的使用、收益为主要内容,并以对民用航空器的占有为前提,即必须将民用航空器的占有转移给使用权人,由其在实体上支配航空器,否则,民用航空器使用权设立的目的就无法实现。如在民用航空器租赁中,《中华人民共和国民用航空法》第二十九条规定,“租赁期间,出租人不得干扰承租人依法占有、使用民用航空器”。

收益权是所有人通过民用航空器的占有、使用、经营、转让而取得的经济效益。民用航空器所有人无论采取何种方式,其根本目的是获得收益。使用不是目的,只是手段,使用民用航空器的最终目的是获得收益。民用航空器收益权既可以归民用航空器的所有权人享有,也可以归合法的非所有权人享有。

处分权是指民用航空器所有人依法对民用航空器进行处置的权利。处分权通常情况下由航空器所有人行使,但在法律规定或合同约定的情况下,非所有人对他人的财产也可以行使处分权,如抵押人依法对抵押财产的处分权等。

(三)民用航空器所有权的取得、转让和消灭

(1)民用航空器所有权的取得和一般财产所有权的取得方式相同,即原始取得和继受取得。前者如航空器制造商对自己制造的航空器拥有的所有权,后者如航空公司对直接购买的航空器所享有的所有权。

(2)由于民用航空器价值较大,法律中对其所有权的取得、转让和消灭都做出了严格的规定。《中华人民共和国民用航空法》第十四条规定,民用航空器所有权的取得、转让和消灭,应当向国务院民用航空主管部门登记,未经登记的,不得对抗第三人。由此可见,

我国法律对民用航空器的转移采取的是不动产所有权的转移制度——登记制度。

(3)《中华人民共和国民用航空法》第十四条规定“民用航空器所有权的转让,应当签订书面合同”。

(4) 民用航空器所有权的消灭是指因为出现了某种法律事实,使民用航空器所有人的所有权丧失的一种法律现象。引起民用航空器所有权消灭的原因主要有:

① 因民用航空器灭失和失踪而消灭。

② 因民用航空器转让而消灭。

③ 因民用航空器报废而消灭。

④ 因债权人依法行使权利而消灭。这主要发生在民用航空器作为担保物权和民用航空器优先权中,权利人可以请求法院强制拍卖该民用航空器而获得赔偿,从而通过拍卖而使民用航空器所有权丧失。

二、民用航空器的抵押权

(一) 民用航空器抵押权的概念

抵押权是债权人对于债务人或第三人不转移占有而提供担保的财产,在债务人不履行债务时,债权人享有就抵押的财产变价并优先受偿的权利。根据我国《担保法》第三十四条第四项规定,抵押人依法有权处分的国有机器、交通运输工具和其他财产可以用于抵押。同时根据该法的规定,以航空器抵押的,应当办理抵押物登记,抵押合同自登记之日起生效。

民用航空器抵押权是指债权人对于债务人或第三人不转移占有而提供担保的民用航空器,在债务人不履行债务时,依法享有就担保的民用航空器享有变价并优先受偿的权利。民用航空器抵押权既是航空业融资的传统途径,又为债权人利益提供了可靠担保,它有利于民用航空业和金融业的发展。

(二) 民用航空器抵押权的法律特征

(1) 附从性。民用航空器抵押权的附从性首先表现在航空器抵押权设定是以担保债权的存在为前提的,债权不存在,抵押权不成立;其次表现在民用航空器抵押权变化的附从性,即民用航空器的抵押权将随着被担保债权的变化而变化;再次表现在消灭的附从性,即民用航空器抵押权随着被担保债权的消灭而消灭。

(2) 特定性。民用航空器抵押权的特定性包括两个方面的含义:一是指抵押物——民用航空器特定;二是指所担保的债权特定,一般情况下,以航空器抵押人的特定债权来进行担保。

(3) 优先受偿性。抵押权人就民用航空器受偿时,有优先于对民用航空器享有的其他请求权的受偿权。

(4) 不转移对民用航空器的占有。抵押人对民用航空器可继续进行使用、收益和处分,以满足其生产和生活的需要,不影响航空器使用价值的发挥。

(三) 民用航空器抵押权的登记

《中华人民共和国民用航空法》第十六条规定:“设定民用航空器抵押权,由抵押权人和抵押人共同向国务院民用航空主管部门办理抵押权登记;未经登记的,不得对抗第三人。”第十七条规定:“民用航空器抵押权设定后,未经抵押权人同意,抵押人不得将被抵押民用航空器转让他人。”

三、民用航空器的优先权

（一）民用航空器优先权的概念

民用航空器优先权是指债权人依照有关法律规定，向民用航空器所有人、承租人提出赔偿请求，对产生该赔偿请求的民用航空器享有优先受偿的权利。民用航空器优先权是以民用航空器为标的，以担保特定债权的实现为目的，通过司法程序对民用航空器扣押以至出卖民用航空器，使债权人从民用航空器变卖所得价款中依法定顺序优先受偿的一种法定担保物权。

民用航空器优先权作为一项权利，它是民用航空法赋予某些法定的特殊债权人，对产生该债权的民用航空器所享有的一种以该民用航空器为标的的法定优先受偿。“法定”权利，是民用航空器优先权的显著特性，只有《中华人民共和国民用航空法》第十九条规定的两项债权，即援救该民用航空器的报酬和保管维护该民用航空器的必需费用，才具有民用航空器优先权。这种法定权利，不能通过有关双方当事人合同约定产生，也不因民用航空器所有权的私下转让而消灭。

（二）民用航空器优先权的法律特征

（1）法定性。民用航空器优先权的法定性主要表现在两个方面：一是指产生的法定性，并非一切债权都能产生民用航空器优先权，在航空法中对民用航空器优先权做出了严格限制，只有法律规定范围内的债权才能得到航空器优先权的担保；二是指消灭上的法定性，非经法定原因，不会消灭。

（2）从属性。民用航空器优先权的从属性是指航空器优先权是伴随着法定债权的产生而产生，并随之而变更和消灭。民用航空器优先权是担保物权，以债权为主权利，优先权为从权利，没有债权，民用航空器优先权就不能独立存在。债权转移消灭，民用航空器优先权亦转移消灭。民用航空器优先权不得与债权分离而让与，也不得从债权分离而为其他债权担保。

（3）依附性。民用航空器优先权的依附性是指航空器的优先权不因所有权的转移而消灭，只要债务人不履行债务，民用航空器的优先权就依附于民用航空器上，直至民用航空器灭失或被法院拍卖而消失。

（4）时间性。《中华人民共和国民用航空法》规定民用航空器优先权的债权人应当自援助或者保管维护工作终了之日起三个月内，就其债权向国务院民用航空主管部门登记。为了督促权利人对权利的行使，并为保护第三人利益，法律中规定了民用航空器优先权的期限，在此期限届满时，民用航空器优先权将随之消灭。《中华人民共和国民用航空法》第二十五条规定：“民用航空器优先权自援救或者保管维护工作终了之日起满三个月时终止。”

（三）民用航空器优先权的受偿顺序

《中华人民共和国民用航空法》第十九条规定了后发生的债权先受偿，民用航空器优先权债权的受偿顺序采用“时间倒序”原则，或者“时间在先，权利在后”的原则排列债权的受偿顺序。因为，这类债权虽然是发生在后，但它为发生在先的、已经存在的债权的受偿起到了保全作用。没有发生在后的债权，发生在前的债权可能也得不到清偿。例如，某民用航空器在海上遇难，某海运公司对其成功施救之后，航空维修公司又对其进行必要的保管和维护，使其恢复适航状态。按照“时间倒序”的原则，保管维护该民用航空器的费用应当优先于救助费用得到清偿。因为维修公司对航空器的保管、维护使航空器恢复了

原有的适航状态和功能,救助效果和价值才得以体现,否则,该航空器可能一文不值,甚至可能因保管不善而废弃。航空器废弃,会导致以航空器为标的、担保发生在前的债权,即救助报酬请求权的民用航空器优先权随之灭失,故在法律中对民用航空器优先权债权的受偿顺序采用"时间倒序"原则。

另外,《中华人民共和国民用航空法》第二十一条和第二十二条规定了判决和拍卖航空器所产生的费用,以及民用航空器抵押权与民用航空器优先权的受偿顺序,即判决和拍卖过程中所产生的费用现行拨付,其次是民用航空器优先权,再次是民用航空器抵押权。

四、民用航空器的租赁

(一) 民用航空器租赁的概念

航空器的租赁为世界航空事业的发展发挥了巨大的作用。它是指民用航空器出租人与承租人通过签订租赁合同,将民用航空器租给承租人,由承租人支付租金。

(二) 民用航空器租赁的特点

(1) 租赁的标的是民用航空器。

(2) 在租赁时,转移民用航空器占有权、使用权和收益权。民用航空器租赁不转移民用航空器的所有权,而是转移其占有权、使用权和收益权。但承租人无权处分民用航空器。无论租赁期多长,出租人都对民用航空器享有所有权。在租赁期限届满时,承租人要将民用航空器返还给出租人。

(3) 民用航空器租赁是有偿行为。有偿使用他人财产是租赁法律关系的本质特征之一,承租人使用民用航空器时,应当支付租金。租金是承租人获得民用航空器使用权的代价,也是民用航空器租赁合同的必要条款。

(三) 民用航空器的融资租赁

采用租赁方式是进行国际性飞机融资的一种手段,也是现代航空公司"融物"的一种方式。这种租赁表面上是"融物",实质上是"融资"。民用航空器承租方在发展业务时需要航空器而资金不足,由出租人利用其资金或从银行贷款购买或租来承租方所需要的民用航空器,然后租给承租方使用。这一点可以从民用航空器租赁的三方当事人来理解,即承租方、出租方和供货方。承租方一般是航空公司;出租方通常是金融机构;供货方通常是航空器制造公司。在这三方之间至少涉及两个合同关系;出租人和承租人之间的租赁民用航空器的合同关系;出租人和供货人之间买卖民用航空器的合同关系。在一般情况下,承租人对供货方和民用航空器有选择的权利,而出租人对供货方以及购买的航空器种类、型号和规格等没有自主选择的权利。租赁的民用航空器的所有权和使用权分离,出租人购得民用航空器,自然享有民用航空器的所有权;承租人享有民用航空器的使用权,并负有定期交纳租金的义务。这种租赁方式给承租方提供了一种信贷方式,同时出租人也起着一种融通资金的作用。

第四节　民用航空器的适航管理

一、民用航空器适航管理的概述

(一) 民用航空器适航管理的概念

民用航空器适航管理是以保障航空器的安全为目标的技术管理,是对航空器的设计、制造、使用和维修等环节进行科学的、统一的审查、鉴定、监督和管理。

（二）民用航空器适航管理的特点

在国际上，对民用航空器适航管理基本上有五个普遍承认的特点，即权威性、国际性、完整性、动态发展性和独立性。

(1) 适航管理具有权威性。适航管理所依据的适航标准和审定监督规则具有国家法律效力，所有的适航规章和标准都是强制性的，即必须执行的。作为适航管理部门，也必须具有高度的权威性。

(2) 适航管理具有国际性。民用航空器既是国际间民用航空运输的重要工具，又是国际上的重要商品。航空产品的进出口，特别是航空器的生产日趋国际化，决定了各国的适航管理必然具有国际化。

(3) 适航管理具有完整性。任何一个国家的适航管理部门，对航空器的设计、制造、使用、维修，直至退役的全过程，都要实施以安全为目的，统一的闭环式的审查、鉴定、监督和管理，这就决定了适航管理具有完整性。

(4) 适航管理具有动态发展性。航空科技进步和民用航空业的不断发展，要求各国适航管理部门不断改进和增加新的适航标准，适航管理也必然随之变化发展。

(5) 适航管理具有独立性。为了保证适航管理部门在立法和执法工作上的公正性和合理性，各国适航部门几乎都是政府审查监督机构，在经济上和管理体制上独立于民用航空器设计、制造、使用和维修等环节之外。

（三）民用航空器适航管理的分类

民用航空器是否适航，应以该航空器是否满足以下两个条件为标准：①民用航空器是否始终满足符合其型号设计的要求；②民用航空器是否始终处于安全运行状态。与之相适应，民用航空器的适航管理也分为两类，即初始适航管理和持续适航管理。所谓初始适航管理，是指在民用航空器交付使用之前，适航管理部门依据各类适航标准和规范，对民用航空器的设计和制造所进行的型号合格审定和生产许可审定，以确保航空器和航空器部件的设计、制造是按照适航部门的规定进行的。也就是说，初始适航管理是对设计、制造的控制，这种管理主要通过颁发和控制证件的办法来实现。所谓持续适航管理，是指航空器满足初始适航管理标准和规范，满足型号设计要求，符合型号合格审定基础，获得适航证并投入运行后，为保证它在设计制造时的基本安全标准或适航水平，为保证航空器能始终处于安全状态而进行的管理。持续适航实际上是对使用、维修的控制。

二、民用航空器适航管理的内容

由于民用航空器适航管理的特点具有国际性，各个国家也都需要国际上有统一的适航标准以保障和促进相关民用航空活动能够正常进行，国际上对民用航空器适航管理标准的制定工作也早就开始了，突出表现在《国际民用航空公约》附件中，同时各国国内的适航管理标准不得低于国际上的标准；在各国国内，适航管理的标准由其国内法加以规定。我国目前对民用航空器的适航管理已经形成了以《中华人民共和国民用航空法》为核心的一整套完备的法律体系。

我国适航管理法规主要围绕着民用航空器的设计、生产、进出口、使用及维修等内容制定。《民用航空器适航管理条例》第二条规定："民用航空器适航管理的范围为，在中华人民共和国境内从事民用航空器的设计、生产、使用和维修的单位和个人，向中华人民共

和国出口民用航空器的单位或者个人，以及在中华人民共和国境外维修在中华人民共和国注册登记的民用航空器的单位或者个人，都必须遵守我国关于适航管理的规定。”

三、民用航空器适航管理的机关

根据我国《民用航空器适航管理条例》的规定，中国民航总局对中国民用航空器的设计、生产、使用和维修实施全面的适航管理。中国民航总局授权航空器适航司具体负责民用航空器适航管理工作。航空器适航司下设适航联络处、适航审定处、适航检查处、适航双边处和维修协调处五个业务处。在北京还设有航空器适航中心，受适航司领导。中国民航总局下属的东北、华北、华东、西北、西南、中南六个地区管理局分别设有适航处，业务上受航空器适航司领导，主要负责本地区内航空器的持续适航控制与监督，包括维修单位的审查与颁证、监督，维修人员执照颁发、管理，航空器单机适航审查、控制等。另外，分别在上海、西安、沈阳、成都还设立了航空器审定中心，主要负责民用航空器产品型号、生产许可、航空材料、零部件和机载设备的审定和对持证人的监督。

四、违反适航管理的法律责任

《中华人民共和国民用航空法》第二百零一条～二百零五条以及《民用航空器适航管理条例》第十九条至二十六条对违反适航管理规定的法律责任进行了阐述。具体而言，对于违反适航管理的行为，民用航空器适航管理部门可对责任单位或个人进行罚款，吊销有关证件或给予行政处分，违法情节严重、构成犯罪的，还应追究责任人的刑事责任。

案例分析：国家航空器都享有豁免权吗？

——中美南海撞机案

1. 案情简介

2001年4月1日上午，美国一架EP－3型军用侦察机在中国海南岛东南海域上空活动，中国两架歼－8战斗机对其进行跟踪监视。9时07分，当中方飞机在海南岛东南104公里处正常飞行时，美机突然违规飞行，向中方飞机转向，其机头和左翼与中方一架飞机相碰，致使中方飞行员王伟驾驶的飞机坠毁，王伟跳伞后失踪。美机未经中方允许，进入中国领空，并于9时33分降落在海南岛的机场。事发后，我国外交部发言人朱邦造发表讲话说，这一事件的责任完全在美方，中国方面已经就此问题向美方提出严正交涉和抗议，并且保留进一步交涉的权利。当晚，外交部部长助理周文重紧急召见美驻华大使普理赫，就此事向美方提出严正交涉和抗议。撞机事件在中美两国之间引起了一场外交争端，在中国国内乃至国际社会引起巨大反响。（新华社北京2001年4月2日电）

2. 案件结果

美国国务卿鲍威尔在接受哥伦比亚广播公司的电视采访时说，美方承认其军用侦察机在4月1日撞机事件中“侵犯了”中国领空，并对此表示抱歉。“我们确实承认我们侵犯了他们（中国的）的领空”，美国对此表示“遗憾”和“抱歉”。美国就中美撞机事件的有关费用做出决定，向中国方面支付34567美元。

3. 法理评析

此案例的焦点主要集中在国家航空器是否享有管辖豁免权，以及是不是所有国家航空器从事任何活动都享有豁免权。

（1）外国国家航空器飞入他国专属经济区上空，应当遵守他国的法律法规。

根据《联合国海洋法公约》规定，外国飞机在专属经济区享有飞越的自由，但公约第

58 条明确规定:“各国在专属经济区内根据本公约行使其权利和履行其义务时应适当顾及沿海国的权利和义务,并应遵守沿海国按照本公约的规定和其他国际法规则所制定的与本部分不相抵触的法律和规章。”早在 1998 年,全国人大常委会第三次会议就通过了《中华人民共和国专属经济区和大陆架法》,并向世界进行了宣布。该法第 11 条明确规定:“任何国家在遵守国际法和中华人民共和国的法律、法规的前提下,在中华人民共和国的专属经济区享有航行、飞越的自由……”这一条对外国飞机在我国专属经济区的飞越提出了明确规定,中国对专属经济区享有监测、监视和控制的权力。

本案中,美军用侦察机屡屡出没在中国近海上空进行侦察活动,并不顾中国政府一再严正交涉,显然是对中国国家主权的挑衅。中国为维护国家主权和安全,对美军用侦察机进行跟踪监视,是完全正当的,也是符合国际法的。美国军用侦察飞机在没有征得我国允许的情况下,擅自进入我国领空并且着陆,严重侵犯了我国的领土主权,美国政府必须对此事件承担国家责任。我国出于人道主义对美方飞行员给予安置,并不意味着对他们的豁免。

(2) 外国飞机在没有经过允许的情况下,飞入、飞经、飞离他国领空,是对他国领空主权的侵犯。

就空间空气的法律地位问题,国际航空法上早期一直有航空自由和领空主权的争议,同时也有一些相关的相对化理论。1919 年巴黎和会上签订的《关于管理空中航行的公约》确定了领空主权原则。1944 年芝加哥会议签订的《国际民用航空公约》重申了这一原则:“每个国家对其领土之上空气空间具有完全的和排他性的主权。”随着国际法的实践,这一原则已经成为了国际习惯法,对所有国家都有拘束力。应当说,根据国际习惯法,任何航空器,未经他国允许(允许可以是多种形式的)一般不得进入其领空。即使是芝加哥《国际民用航空公约》第五条规定了对不定期航空运输类似“无害通过”的权利,在实践中实际上也为各国所抛弃。对国家航空器而言,公约第三条第三款规定,国家航空器“未经特别协定或其他方式的许可并遵照其规定,不得在另一缔约国领土上空飞行或在此领土上降落”。

本案中,美机显然不是通过正常途径经允许进入中国领空的,它在入境之前一直在对中方进行军事侦察,入境后正常飞行长达 20 多分钟,这期间继续进行军事侦察活动完全是可能的。如果说原来在领空以外即专属经济区上空的侦察行为还不能说是违反国际法的,那么入境后的情况就不同了,完全可能存在借紧急避险的机会进行军事侦察(当然,也不能认为其紧急避险是假的)。而且,美机最后降落地是中国军用机场,即使是在和平时期,这种情势对中国的国防安全也可能造成极大的危害。中方进行必要的检查和采取其他应对措施是无可非议的,美方并没有国际法上足够的理由进行反驳。1984 年,国际民用航空组织大会第 25 届特别会议上修改了《国际民用航空公约》,通过修正案明确了不得对飞机中的民用航空器使用武器的规则,如果采用拦截这样的手段,也必须不危及航空器内人员的生命和航空器的安全。

4. 法条点击

《中华人民共和国民用航空法》(1995 年 10 月 30 日)

第二条 中华人民共和国的领陆和领水之上的空域为中华人民共和国领空,中华人民共和国对领空享有完全的、排他的主权。

《国际民用航空公约》(1944年12月7日)

第三条……三、一缔约国的国家航空器,未经特别协定或其他方式的许可并遵照其中的规定,不得在另一缔约国领土上空飞行或在此领土上降落。

(摘引自董杜骄《航空法案例评析》,对外经济贸易大学出版社,2009年8月)

复习思考题

1. 简述民用航空的法律地位。
2. 简述民用航空器的国籍意义。
3. 简述民用航空器的所有权。
4. 什么是民用航空器的抵押权,它有哪些法律特征?
5. 简述民用航空器的优先权。
6. 简述民用航空器的融资租赁。
7. 什么是民用航空器的适航管理?它的特点有哪些?

学习单元四　航空人员管理法律制度

学习提示

本学习单元主要介绍涉及民用航空人员管理的法律、法规。要求了解民航人员的含义及法律责任，熟悉民航人员培训与资格管理制度，掌握机组和机长的职责与任务。

背景知识链接

航空人员是实施空中航行最活跃的因素，处于十分重要的地位。对于有效而安全的运行来说，航空人员的能力、技巧和训练是必要的保证。由于当今航空器运行的种类繁多，也很复杂，因此，各类航空人员都应当符合规定的条件，各司其职，各负其责、团结协作，切实保障飞行安全。为此，对于航空人员的资格及其管理，必须建立一套严格的规章制度。

关于航空人员的定义，《中华人民共和国民用航空法》做了明确规定，在国际上，对什么是"航空人员"，并没有统一的定义。《国际民用航空公约》及其附件没有使用"航空人员"的术语，只是在公约附件一"人员执照"中，就有关人员颁发执照制定了国际标准和建议措施。

关于机长的权力的规定，是一个及其重要的问题，它是机长履行职责，维护航空器内的正常秩序和良好纪律，保证航空器及其所载人员和财产安全必不可少的法律保障。在一国领空内飞行，机长的权力由该国的国内法赋予；进行国际飞行，机长的权力还必须有国际法做出相应的规定，才能得到国际社会的承认。我国民航法就机长的权力做了明确的规定，《国际民用航空公约》对机长权力的规定是，"如果航空器显然将实际延误不能继续飞行时，机长在等待有关政府当局指示时，或者当他的机组无法与该政府当局取得联系时，机长有权采取他认为对旅客和机组的健康和安全以及为避免或最大限度减少对航空器本身及其载荷的损失或毁坏所需的紧急措施"（附件九第一、四、七条）。"航空器机长在其负责期间，对航空器的处置有最后决定权"。（附件二第二、四条）

第一节　航空人员的概念

一、航空人员的定义

航空人员是指领有执照、从事直接与空中航行有关工作的专业人员。

《中华人民共和国民用航空法》规定："本法所称航空人员，是指下列从事民用航空活动的空勤人员和地勤人员：

（一）空勤人员：包括驾驶员、领航员、飞行机械人员、飞行通信员、乘务员；

(二) 地面人员:包括民用航空器维修人员、空中交通管制员、飞行签派员、航空电台通信员。”(第三十九条)

在国际上,对航空人员并没有统一的定义。

《国际民用航空公约》及其附件没有使用航空人员的术语,只是在公约附件一“人员执照”中,就下列人员颁发执照制定了国际标准和建议措施。

(一) 飞行组人员

飞行组人员如下:

(1) 私用飞机驾驶员;

(2) 商用飞机驾驶员;

(3) 高级商用飞机驾驶员;

(4) 航班运输飞机驾驶员;

(5) 滑翔机驾驶员;

(6) 自由气球驾驶员;

(7) 私用直升机驾驶员;

(8) 商用直升机驾驶员;

(9) 航班运输直升机驾驶员;

(10) 飞行领航员;

(11) 飞行工程师;

(12) 飞行无线电报务员;

(二) 其他人员

(1) Ⅱ类航空器维护(技术员、工程师或机械员);

(2) Ⅰ类航空器维护(技术员、工程师或机械员);

(3) 空中交通管制员;

(4) 航务管理员;

(5) 航空电台报务员。

从上述可见,有关航空人员的定义只能由国内法确定。

二、航空人员的地位

航空人员是实施空中航行最活跃的因素,处于十分重要的地位。

只要空中航行,就缺少不了驾驶员和其他空勤、地勤人员,对于有效而安全的运行来说,他们的能力、技巧和训练是必要的保证。

由于目前航空器运行的种类很多,也很复杂,因此就必须防止由于人们的差错或一个系统组成部分的失效而导致整个系统崩溃的可能性。正因为如此,在空中航行活动中,各类航空人员都是不可缺少的,都应当符合规定的条件,各司其职,各负其责,团结协作,紧密配合,切实保障飞行安全。为此,对于航空人员的资格及其管理,都必须建立起一整套完整的、严密的规章制度,在法律上予以保障,使之遵照执行。

三、航空人员的责任

航空人员对保障飞行安全负有重大的责任。应当严格履行职责,恪尽职守,保护民用航空器及其所载人员和财产的安全。否则,要承担法律责任。

《中华人民共和国民用航空法》规定如下:

(1)“航空人员玩忽职守,或者违反规章制度,导致发生重大飞行事故,造成严重后果的,分别依照、比照刑法第一百八十七条或者第一百一十四条规定追究刑事责任。”(第一百九十九条)

根据《刑法》的规定,对有关航空人员追究刑事责任,将判处三年以上七年以下有期徒刑。对于未构成犯罪的,需要追究行政责任的,也将给予相应的行政处罚。

(2)“违反本法第四十条的规定,未取得航空人员执照、体格检查合格证书而从事相应的民用航空活动的由国务院民用航空主管部门责令停止民用航空活动,在国务院民用航空主管部门规定的限期内不得申领有关执照和证书,对其所在单位处以二十万以下的罚款。”(第二百零五条)

(3)“有下列违法情形之一的,由国务院民用航空主管部门对民用航空器的机长给予警告或者吊扣执照一个月至六个月的处罚,情节较重的,可以给予吊销执照的处罚:

1. 机长违反本法第四十五条第一款的规定,未对民用航空器实施检查而起飞的;

2. 民用航空器违反本法第七十五条的规定,未按照空中交通管制单位指定的航路和高度飞行,或者违反本法第七十九条的规定飞跃城市上空的。”(第二百零六条)

(4)“民用航空器的机长或者机组其他人员有下列行为之一的,由国务院民用航空主管部门给予警告或者吊扣执照一个月至六个月的处罚:

1. 执行飞行任务时,不按照本法第四十一条的规定携带执照和体格检查合格证书的;

2. 民用航空器遇险时违反本法第四十八条的规定离开民用航空器的;

3. 违反本法第七十七条第二款的规定执行飞行任务的。”(第二百零八条)

第二节 航空人员的管理制度

航空人员是航空器运行链条中关键的一环,但人的本性也是最为灵活多变的,因此就有必要对其进行必要的训练和管理,以便把人们的错误减低至最低限度并使他们成为有能力、灵巧、熟练、能够胜任的人员。颁发执照就是对航空人员进行管理的重要方式之一。

一、航空人员的执照及分类

(一) 关于执照的一般规定

实行执照制度,是对航空人员加强技术管理,促进人员素质不断提高的一项重大措施。为统一国际标准,使各国在本国的立法中有所参照,国际民用航空组织在《国际民用航空公约》附件一中就人员执照问题在以下几个方面做了较为详细的规定。

(1) 规定了充任飞行组成员的授权问题,即“除非持有符合本附件规格并与其职务相适应的有效执照,任何人不得充任航空器飞行组成员。该执照应由航空器登记国签发或由任何其他缔约国签发并由航空器登记国认可有效”。

(2) 规定了认可执照的方法,即“当一缔约国认可另一缔约国签发的执照以代替自己另发执照时,必须通过在前者执照上做适当批准确定其有效,接受该执照作为相等于自己签发的执照。这种批准的有效期,不得超过该执照的有效期限”。

另外,附件一中还就体检合格、执照的有效性、体检合格条件下降以及批准的训练等方面做了具体规定。

（二）人员执照的分类

《国际民用航空公约》附件一“人员执照”就各类发照人员（驾驶员、驾驶员以外的其他飞行组成员以及飞行组成员以外的其他人员）的等级以及在年龄、知识、经验、技能和体检合格方面，均制定了国际标准和建议措施，各国均可参照，并通过本国立法予以施行。

《中华人民共和国民用航空法》规定：

“航空人员应当接受专门训练，经考核合格，取得国务院民用航空主管部门颁发的执照，方可担任其执照载明的工作。”（第四十条第一款）

中国民用航空自1985年以来先后发布了许多有关规定，就各类发照人员分别在年龄、知识、经验、技能和体检合格方面制定了不同的标准和具体要求，凡符合规定的标准和要求的，民航总局授权有关职能部门可据此颁发其执照。

小知识：航空人员业务执照的分类

航空人员的业务执照种类繁多，工作性质不同，需具备不同的业务执照。根据《中华人民共和国民用航空法》的规定，航空人员业务执照主要分为以下类型：

（1）机务维修类执照。机务维修类执照分为三类，包括民用航空器维修人员执照、民用航空器部件修理人员执照和民用航空器维修管理人员资格证书。

（2）空中交通管制人员执照。空中交通管制人员的执照可分为机场塔台管制员执照、进近管制员执照、区域管制员执照、进近（监视）雷达管制员执照、进近（精密）雷达管制员执照、区域（监视）雷达管制员执照、空中交通服务报告室管制员执照、地区管理局调度室管制员执照、总局调度室管制员执照。

（3）飞行人员执照。飞行人员执照分为驾驶员、飞行领航员、飞行无线电通信员、飞行机械员（工程师）执照。飞机驾驶员执照又可分为私用驾驶员执照、商用驾驶员执照及航线运输驾驶员执照。

（4）乘务人员执照。乘务人员执照分为A、B、C三类。A类执照适用于执行国际航线（含地区航线）、国内航线飞行任务；B类执照适用于执行国内航线（不含地区航线）飞行任务；C类执照为实习生执照，临时执照，适用于执行国内航线（不含地区航线）飞行任务。

国际上，美国有美国联邦航空管理局（FAA）执照，欧洲有JAR－66执照管理制度，JAR－66是欧洲联合航空局（JAA）针对航空器维修人员的资格认证而颁布的条例，新条例于2001年6月1日生效。条例的特点是增加执照等级规定、减少执照的专业划分、提高对维修人员全面能力的要求并且更加重视维修人员的思想素质。

二、航空人员资格的取得和丧失

（一）航空人员资格的取得

前已述及，凡是符合规定的标准和要求的航空人员，民航总局或民航地区管理局有关职能部门可据此颁发其执照。也就是说，领取执照的同时就具有了资格，如《民用航空器驾驶员和飞行教员合格审定规则》规定：

“民航总局飞行标准部门是民航驾驶员和飞行教员审定工作机构，负责全局驾驶员、飞行教员的审定和执照、合格证的管理工作。

民航地区管理局飞行标准部门是本地区驾驶员和飞行教员审定工作机构，负责本地

区驾驶员、飞行教员的审定和执照、合格证的管理工作。”(第三条)

此外,《民用航空器驾驶员和飞行教员合格审定规则》还就有关执照类别和等级等做了明确的规定,且明确规定了申请执照的条件和英语水平的要求。该规则第六十七条就取得航线运输驾驶员执照应具备的资格要求为:

(1) 至少年满21周岁,最大不超过60周岁。

(2) 有良好的道德品质。

(3) 能读、说和听懂汉语,无影响双向无线电对话的口音和口吃。

(4) 大学专科和大学本科飞行驾驶专业毕业,或局方根据申请人一般经历和航空经历、知识与技能认可的等效水平。

(5) 持有中国民航总局颁发的有效体检合格证。

(6) 符合适用于申请等级的本规则各条款,并通过了相应的航空理论笔试和飞行考试。

(7) 执行国际(地区)飞行任务者,能够应熟练阅读英文飞行手册等有关资料,在使用英语的地面授课和飞行训练中无需翻译,飞行中达到英语通话单飞的要求。1998年1月1日前,凡1960年1月1日以后出生的驾驶员,必须取得局方统一英语考试合格证,达到正常飞行英语通话水平;1950年1月1日至1959年12月31日出生的驾驶员,未达到正常飞行英语水平者,不得执行国际或地区航线飞行任务。

此外,《颁发空中交通管制员、航行调度员执照规则》中就空中交通管制员、航行调度员资格的取得做了如下规定。

空中交通管制员、航行调度员执照申请人应具备下列基本条件:

(1) 年龄要求:空中交通管制员20周岁~55周岁;航行调度员20周岁~60周岁。

(2) 品德良好。

(3) 在国家民航当局认可的训练机构,经过本专业训练考试及格,并有一年以上的实际工作经历;如为停飞的民航飞行人员,应有半年以上的实际工作经历。

(4) 身体健康,口齿清楚,不得有语言缺陷、口吃和难以听懂的口音。

颁发执照前,必须对申请人进行考核,考核分为理论考试和技术考核两项内容。考核工作按照民航主管当局的有关规定,由中国民用航空主管当局授权的单位和技术检查人员进行。执照申请人各科理论考试(按百分制)成绩在80分以上,技术考核(按优、良、中、差)各科成绩在“良”以上,方可发给执照。

以上分别就飞行人员以及交通管制员、航行调度员的资格的取得做了简单的介绍,其他各类人员资格的取得与上述情况相似,在此不一一介绍。

(二) 航空人员的资格丧失

航空人员在取得资格后因种种原因未能继续符合规定的要求和达到规定的标准,其航空人员的资格就由此丧失。航空人员资格的丧失可以有几种情况:执照的收留、收回以及自然中断和注销。《颁发空中交通管制员、航行调度员执照规则》附件七《执照的收留、收回以及自然中断和注销》中规定:

(1) 执照的收留。执照持有人有下列情况之一的,应收留其执照,收留期最长不超过一年。

① 执照考核部门组织的执照考核或年终例行考试不及格者;

② 在行为上和技术上违犯航空法规,造成飞行事故者;

③ 经授权的卫生部门检查,身体条件不符合规定标准,在其医治期间收留其执照。

(2) 执照的收回。执照持有人有下列情况之一者应收回其执照:

① 连续三次考核(补考在内)不合格者;

② 卫生部门鉴定持照人身体不能恢复至规定标准者;

③ 在行为上和技术上违反航空法规造成飞行事故负有直接责任者。

(3) 执照的自然中断。持照人经所在单位领导批准离职超过半年以上,应视为执照自然中断。所在单位检查人员应在其执照备注页上注明自然中断的原因和时间,并签名。

持照人执照自然中断后,如要求恢复工作,所在单位检查人员必须对持照人进行检查考核,并签署可否恢复执照的意见,报地区执照考核部门负责人审批。如不能恢复执照,应由地区执照考核部门负责人签字,上报民航局执照主管部门审批。

(4) 执照的注销。持照人调离航行工作岗位,改行从事其他工作和持照人超过规定年龄应注销其执照,注销后的执照可留给本人保存。

以上就空中交通管制员、航行调度员资格的丧失做了简单的介绍,其他各类航空人员资格的丧失与此相似,在此不一一介绍。

三、航空人员的工作时限

(一) 航空人员工作时限的必要性

我国航空运输业的不断发展,客观上造成了社会需求与民航承受能力不相适应的矛盾。另外,各管理局、公司在经营组织管理工作上还存在不足,飞机引进快,人员培训滞后,没有形成合格的生产力,人机比失调,生产任务由少数成熟人员来完成,超时飞行潜在着不安全因素。另外,一些航空公司对空勤人员业余时间的行为方式很少或全无管理,而业余时间的社会生活方式和业余活动直接影响着空勤组人员执行飞行任务时的身体及精神状态。因此,正常的疲乏在执勤机组人员中是经常发生的,在其他各类航空人员中也同时存在,并未出现危险。然而,疲劳可能是不利于飞行安全的一种现象,因疲乏和疲劳这两个术语有所不同,在此就其二者的差异作简单介绍:首先,疲乏应解释为正常状态,它可由任何活动产生。在此状态下,一个人可以迅速振作达到高水平工作状态,而不会表现出工作能力下降。这种状态理解为不会导致足以影响飞行安全的任何工作能力的下降;而疲劳则应解释为执行任务能力显著降低的状态。一个人在这种工作能力下降的条件下,即使遇到紧急情况也肯定无力振作。正常的疲乏是疲劳的早期状态,因此,为了确保飞行安全,防止飞行人员疲劳,保护飞行人员的身体健康,中国民航总局于 1993 年 8 月 25 日发布了《民航运输飞行人员飞行时间、执勤时间和休息时间的规定》,此规定适用于所有在中华人民共和国登记的、经营航空运输业务的航空承运人和从事航空运输飞行的飞行人员。

(二) 有关工作时限的具体规定

《中华人民共和国民用航空法》规定:“民用航空器机组人员的飞行时间、执勤时间不得超过国务院民用航空主管部门规定的时限。”(第七十七条第一款)

《公共航空运输承运人运行合格审定规则》(简称《规则》)P 分部就飞行时间、值勤时间以及休息时间的概念下了明确的定义。

(1) 飞行时间指机组成员在飞机飞行期间的值勤时间,包括在座飞行时间(飞行经历时间)和不在座飞行时间。

(2) 值勤时间指机组成员在接受合格证持有人安排的飞行任务后,从报到时刻开始,到解除任务为止的连续时间段。

(3) 休息时间指从机组成员到达休息地点起,到为执行下一个任务离开休息地点为止的连续时间段。

另外,《规则》就飞行时间、值勤时间以及休息时间做了不同的限制。以对驾驶员飞行时间、值勤时间以及休息时间为例,《规则》第一百二十一条、四百八十三条规定:

(1) 当飞行机组配备 2 名驾驶员时,驾驶员的值勤期限制、飞行时间限制和休息要求应当符合以下规定:

① 值勤期最多 14 小时,该值勤期内的飞行时间不得超过 8 小时,但对于不多于 2 个行段的飞行,飞行时间可延长至 9 小时。值勤期后,应当安排至少 10 个连续小时的休息,这个休息期应当安排在该值勤期结束时刻与下一值勤期开始时刻之间。

② 发生运行延误时,如驾驶员的实际值勤时间未超过 14 小时的限制,则该值勤期后的休息期可缩短至 9 小时。

③ 发生运行延误时,值勤期最多可延长至 16 小时,但该值勤期后 10 小时的休息期不得缩短。

(2) 当飞行机组配备 3 名驾驶员,其中包含 1 名第二机长时,驾驶员的值勤期限制、飞行时间限制和休息要求应当符合以下规定:

① 值勤期最多 16 小时,该值勤期内的飞行时间不得超过 10 小时,但对于中间没有经停的飞行,飞行时间可延长至 12 小时。值勤期后应当安排至少 14 个连续小时的休息,这个休息期应当安排在该值勤期结束时刻与下一值勤期开始时刻之间。

② 发生运行延误时,如驾驶员的实际值勤时间未超过 16 小时限制,则该值勤期后的休息期可缩短至 12 小时。

③ 发生运行延误时,值勤期最多可延长至 18 小时,但该值勤 14 小时的休息期不得缩短。

(3) 当飞行机组配备 3 名驾驶员,其中包含 1 名第二机长并为飞行机组提供经批准的睡眠区时,驾驶员的值勤期限制、飞行时间限制和休息要求应当符合以下规定:

① 值勤期最多 18 小时,该值勤期内的飞行时间不得超过 14 小时,但每个驾驶员在飞行中应当有机会在经批准的睡眠区得到休息,值勤期后应当安排至少 18 个连续小时的休息,这个休息期应当安排在该值勤期结束时刻与下一值勤期开始时刻之间。

② 发生运行延误时,如驾驶员的实际值勤时间未超过 18 小时的限制,则该值勤期后休息期可缩短至 16 小时。

③ 发生运行延误时,值勤期最多可延长至 20 小时,但该执勤期后 18 小时的休息期不得缩短。

(4) 当飞行机组配备 4 名驾驶员,其中包含 1 名第二机长时,驾驶员的值勤期限制、飞行时间限制和休息要求应当符合以下规定:

① 执勤期最多 20 小时,该执勤期的飞行时间不得超过 17 小时,但每个驾驶员在飞行中应当有机会在批准的睡眠区得到休息,执勤期后应当安排至少 22 个连续小时的休息,该休息期应当安排在该执勤期结束时刻与下一执勤期开始时刻。

② 发生运行延误时,如驾驶员的实际执勤时间未超过 20 小时的限制,则该执勤期后

休息期可缩短至20小时。

③ 发生运行延误时,执勤期最多可延长至22小时,但该执勤期后22小时的休息期不得缩短。

《公共航空运输承运人运行合格审定规则》P分部除对驾驶员的执勤期、飞行实时间和休息时间做出明确的限制规定外,还对领航员、飞行机械员、飞行通信员的执勤期、飞行时间和休息时间以及乘务员的执勤期和休息时间做了明确的规定。此外,《规则》的Q分部还对飞行签派员的值勤时间做了限制。

对于上述各项规定,航空承运人及有关人员都必须严格遵守,否则将受到惩罚。

四、航空体检制度

(一) 航空体检的必要性

《中华人民共和国民用航空法》规定,"空勤人员和空中交通管制员在取得执照前,还应当接受国务院民用航空主管部门颁发的体格检查合格证书"(第四十条第二款)。"空勤人员在执行飞行任务时应当随身携带执照和体格检查证书,并接受国务院民用航空主管部门的检查"。(第四十一条)

在法律上之所以对上述航空人员的体格检查做出规定,原因在于空勤人员和空中交通管制员的健康状况直接关系到空中航行的安全问题。航空器是高速飞行工具,在空中作业,具有高度危险。随着民用航空事业的发展,空中活动日趋频繁,致使空勤人员和空中交通管制员在工作中常常处于极度紧张的状况中,如果没有健康的体魄与之相适应,轻则延误工作,重则可能造成严重的飞行事故,其后果不堪设想。因而,认真实施对空勤人员和空中交通管制员的健康监督,是切实保障飞行安全不可缺少的环节,是所有有关人员的共同利益所在。

(二) 有关航空体检的具体规定

目前,就航空体检方面所适用的具体标准为三个行业标准和四个国家标准,共七个标准。三个行业标准分别为《民用航空飞行人员转机型、转专业体格检查鉴定标准》、《民用航空安全员体格检查鉴定标准》、《民用航空飞行学生体格检查鉴定标准》,三者皆由中国民用航空总局于1995年10月26日发布,并于1996年10月1日开始实施。

四个国家标准分别为《民用航空飞行人员体格检查鉴定标准》、《民用航空空中乘务员体格检查鉴定标准》、《民用航空空中交通管制员体格检查鉴定标准》、《(民用航空招收飞行学生体格检查鉴定标准),这四个标准皆由国家技术监督局于1996年5月28日发布,并于1996年10月1日开始实施。

为保障民用航空空勤人员身心健康,保证飞行安全,提高飞行劳动效率,促进民用航空的发展,民航总局于1991年9月5日又发布了《中国民用航空卫生工作规则》,并于1992年1月1日起实施。

《中国民用航空卫生工作规则》是组织与实施民用航空卫生工作的基本依据。凡从事民用航空活动的单位和个人都必须遵照执行。另外,《中国民用航空卫生工作规则》就航空卫生工做的基本任务做了如下明确的规定:

(1) 组织实施各种飞行活动的保障。

(2) 组织实施空勤人员的日常卫生保障和卫生防疫。

(3) 组织实施招收空勤学生的医学选拔和学习训练期间的卫生保障。组织实施空勤人员的体检鉴定，签发“空勤人员体检合格证”。

(4) 组织实施空勤人员的伤病治疗与疗养。

(5) 参加航空器事故的人员救护，组织实施航空器事故的医学调查。

(6) 开展民用航空医学的科学研究。(第三条)

由此看出，组织实施航空人员体格检查是航空卫生工作的基本任务之一。《中国民用航空卫生工作规则》中所指体检鉴定工作包括空勤学生的医学选拔、空勤人员的体检鉴定、其他人员转做民航空勤工作的体检鉴定。

空勤人员遇有下列情况之一时，体检鉴定机构应按有关体检标准对其进行不定期体检鉴定：①健康状况不良或发生晕厥、受伤、遇险者；②住院治疗或康复养疗后需改变体检鉴定结论者；③转升机型、执行特殊任务或因其他原因需要体检鉴定者。

另外，《中国民用航空卫生工作规则》还将空勤人员体检人员检查鉴定结论分为三类，即飞行合格、飞行暂时不合格和飞行不合格。

对结论为飞行合格的，体检鉴定机构应将空勤人员体检登记表根据地区管理局或民航总局航空卫生行政管理机构审核签发体检合格证。

对结论为飞行暂时不合格的，体检鉴定机构应提出一步检查、治疗、地面观察或疗养等具体意见。

对结论为飞行不合格的，由体检鉴定机构填写“空勤人员停飞医务证明书”，送交该空勤人员所在单位，并由其报地区管理局或民航局航空卫生行政管理机构审批并签发“停飞结论通知书”。

民航总局或地区管理局航空卫生行政管理机构负责审核体检鉴定机构对以上各类人员所做的体检鉴定结论，并签发“空勤人员体检合格证”。

小知识：对民航飞行员考生身体条件的要求

据了解，国家培养一名合格的飞行员，需投入的人、财、物几乎是与正常人体重量相等的黄金的价值。因此，为确保所选人才是最适合从事飞行工作的人选，避免培训过程和职业飞行生涯中，因身体、纪律和政治原因退出飞行学习和工作，给国家和人民的生命财产造成损失，考生进入飞行学习前，需要通过层层严格的“关口”。例如，体格方面要按《民用航空招收飞行学生体格检查鉴定标准》检查(所涉内容可以在网上查阅)，包括较为完善的心理测试；在政治方面，考生需要通过民航总局、国家教育部、公安部颁发的《民用航空招收空勤学生、乘务员政治条件的规定》的审查等。

在参加体检期间，考生要特别注意常见病预防，如呼吸道感染、胃肠道感染等。同时，凡立志投身蓝天事业的学生，平日里应多参加体育运动。因为，体育运动可以锻炼和增强肢体的协调性，而肢体的协调性对一名职业飞行员来说十分重要。

报考民航飞行技术专业的一般身体要求是：身高在1.65米~1.85米之间；体重在55公斤以上；环形视力表双眼裸视在0.7以上；无色盲、色弱。同时，曾有下列病史或体征者不宜参加报名：①做过开颅、开胸手术；②经常腰腿痛，四肢残缺或身体有明显畸形；③有慢性胃肠病或七岁后患过传染性肝炎；④家族及本人有精神病、癫痫病或本人有梦游症，经常头痛和口吃；五、患过脑膜炎、结核病或晕车、晕船，明显斜视等。

考生在确定身体、政治条件和文化考试能够顺利过关后，还要进行心理素质测试。

第三节　航空器机长的法律地位

机长的法律地位是指机长应具备的法定资格以及法律赋予他的权利和义务。

一、机组与机长

（一）机组

机组由航空器经营人委派在飞行期间的航空器内担任职务的人员组成。民用航空器机组由机长和其他空勤人员组成，而机组又分为飞行组和乘务组。

飞行组由持有执照、操纵飞行期间的航空器的机组成员组成。“除非持有该航空器登记国或者任何其他缔约国签订的、由该航空器登记国认可的符合本附件的规格并与其事务相适应的有效执照，任何人不得充任航空器飞行组成员”。（《国际民用航空公约》附件一第12.1条）

乘务组由除飞行组成员以外，在机舱工作的其他机组成员组成，担任操纵航空器以外的辅助职务。

机组的组成和人员数额，应当符合国务院民用航空主管部门的规定。机组缺员的民用航空器不得起飞。

（二）机长

机长，即航空器机组的负责人。机长应由具有独立驾驶该型号民用航空器的技术和经验的驾驶员担任。

在执行飞行任务期间，机长负责领导机组的一切活动，保证其航空器遵守关于航空器飞行和运转的现行规则和规章，并对航空器及其所载人员和财产的安全负责。由于机长的责任重大，必须赋予机长相应的权力，具有高度权威，使航空器内全体人员服从机长命令，听从机长指挥，维持航空器内严明纪律和正常秩序，以保障机长履行职责，果断采取一切必要的合理措施，正确处置意外事故和突发事件，全面地完成所肩负的任务。

二、机长的资格

（一）我国的有关规定

《中华人民共和国民用航空法》规定，“机长应当由具有独立驾驶该型号民用航空器的技术和经验的驾驶员担任”。（第四十三条第一款）

《中国民用航空飞行规则》规定，“如果机组中有两名以上正驾驶员，必须指定一名机长，并且在飞行任务书中注明”（第七条第二款）。“飞行中，机长因故不能履行职务的，由仅次于机长职务的驾驶员代理机长；在下一个经停地起飞前，民用航空器所有人或者承租人应当指派新机长接任”。（第五十一条）

（二）现行的有关国际标准

现行的有关国际公约中就机长资格问题做了较为详细的规定，如规定机长只能由驾驶员担任，机长是“在飞行时间内，负责航空器的飞行和安全的驾驶员”。“每次飞行，（航空器）经营人应指定一名驾驶员担任机长”。年满60岁的驾驶员不得担任定期和不定期国际航空运输飞行的航空器的机长。

另外，还规定了担任机长的驾驶员应符合如下某些条件：

（1）在90天内在某型飞机上至少做过3次起降，才能担任该型飞机的机长。

（2）担任航路和航站飞行机长的驾驶员必须对下列各项有足够的知识：

① 熟悉所飞航路和所用机场，包括地形和最低安全高度；季节性气象情况；气象、通信以及空中交通服务、设备和程序；搜寻和救援程序；沿航路有关导航设备。

② 飞越人口稠密地区和飞行量密集地区上空的飞行航径程序、障碍物、机场布局、灯光、进近助航设备，进场、离场、等待和仪表进近程序以及有关飞行的最低标准。

（3）在复杂情况下，机长应有一名取得某一机场飞行资格的驾驶员为飞行组成员或者作为机舱观察员并在其陪同下，在航路上各降落机场做过一次实际进近。

（4）应在将要执行任务的航线或航段上作为机组的飞行组成员做过一次实际飞行。

三、机长的职责

（一）我国的有关规定

（1）关于机长的职责，《中华人民共和国民用航空法》做了重要的规定：

“民用航空器的操作由机长负责，机长应当严格履行职责，保护民用航空器及其所载人员和财产的安全。”（第四十四条第一款）

“飞行前，机长应当对民用航空器实施必要的检查；未经检查的，不得起飞。”（第四十五条第一款）

“民用航空器遇险时，机长有权采取一切必要的措施，并指挥机组人员和航空器上其他人员采取抢救措施。在必须撤离遇险民用航空器的紧急情况下，机长必须采取措施，首先组织旅客安全离开民用航空器；未经机长允许，机组人员不得擅自离开民用航空器；机长应当最后离开民用航空器。”（第四十八条）

“民用航空器发生事故，机长应当直接或者通过空中交通管制单位，如实将事故情况及时报告国务院民用航空主管部门。”（第四十九条）

“机长收到船舶或其他航空器的遇险信号，或者发现遇险的船舶、航空器及其人员，应当将遇险情况及时报告就近的空中交通管制单位并给予可能的合理的援助。”（第五十条）

（2）《中国民用航空飞行规则》就机长的职责做了较系统的规定。

机长的主要职责是：

① 领导机组认真执行“保证安全第一，改善服务工作，争取飞行正常”的方针，正确处理安全与生产的关系，任何时候都必须把保证安全放在第一位。

② 飞行前，根据任务的性质、特点和要求，熟悉与该次飞行有关的资料，领导机组从最困难、最复杂的情况出发，充分做好飞行前的准备工作。

③ 飞行中，切实按照航空器飞行手册和使用手册的有关规定，正确操纵航空器和使用各种设备，合理节约油料、器材，并对机组全体成员的工作实施督促检查。

④ 要求机组成员并且带头做到热情周到地为旅客和使用部门服务，不断提高服务质量和作业质量。

⑤ 要求机组成员并且带头做到严格按照飞行规章制度办事，遵守飞行纪律，服从空中交通管制。

⑥ 在飞行中，遇有复杂气象条件和发生特殊情况时，组织全体空勤人员密切协作配合，正确处置。

⑦ 在执行任务期间，必须认真负责、严格要求，对机组进行全面管理，妥善安排作息，

搞好内外团结，圆满完成飞行任务。

⑧ 飞行后，主持机组讲评，并向上级汇报。

⑨ 努力钻研业务技术，熟悉飞行有关规定，不断提高组织领导能力和技术业务水平。（第九条）

（二）现行的有关国际规定

在现行的有关国际公约中，就机长的职责问题做了如下的规定：

（1）在飞行时，机长应对航空器的操作和安全以及航空器内所有人员的安全负责。

（2）机长应保证按规定的飞行检查制度进行详细的检查。

这里所指的飞行检查制度，是指经营人为飞行组在各个阶段以及在紧急情况下使用而建立的检查制度，以保证航务手册、航空器飞行手册或者其他与适航证有关文件中所规定的操作程序得到遵守。

（3）机长应负责将涉及航空器而使任何人员受伤或死亡，或者使航空器或财产遭受重大损坏的任何事故，以可利用的最迅速的方法通知最近的有关当局。

（4）机长应负责在飞行结束时将航空器上已知的或可疑的缺陷报告经营人。

（5）机长应对“航行记录簿”或“总申报单”负责。

国际民用航空组织建议，“航行记录簿”应包括下列各项：

① 航空器国籍和登记；

② 日期；

③ 机组成员名单；

④ 机组各成员担任的职务；

⑤ 起飞地点；

⑥ 到达地点；

⑦ 起飞时间；

⑧ 到达时间；

⑨ 飞行小时；

⑩ 飞行性质（私人飞行、作业飞行、定期或不定期飞行）；

⑪ 意外事件观察情况；

⑫ 负责人签字。

（6）在发生非法干扰行为后，机长应立即向指定的地方当局递交这一行为的报告。

（7）当机长看到另一架航空器或一艘水面船舶遇险时，除他没有能力或根据当时情况考虑不合理或没有必要外，必须采取下列行动：

① 保持该遇险船舶或航空器在其视界之内，直至不再需要在场为止；

② 如果不能确定其本身位置，采取行动以利于确定其位置；

③ 将所见遇险情况报告援救协调中心交通服务单位；

④ 按照援救协调中心或空中交通服务单位的指示办事。

（8）任何时候，一架航空器的机长在无线电报或无线电话上截获一则遇险信号或类似的信号时，必须：

① 记录该遇险航空器或船舶的位置（如已说明）；

② 如可能，测定所发信号的方位；

③ 向有关援救协调中心或空中交通管制服务单位报告遇险通信并提供一切有用的情报；

④ 在等待指示时，可自行斟酌飞向遇险通信所给的位置。

(9) 在飞行中，如果对于危及航空器或人员安全的紧急情况而必须采取违反航空器所在地国的规章或程序的措施，机长应不迟延地报告有关当局。如事故发生地国提出要求，机长应向该国的有关当局提出关于这一违章情况的报告，该机长也应向航空器登记国提交这一报告的副本。这种报告应及早提交，一般应在10天之内。

(10) 如果航空器在国际机场以外的地点降落，机长应按实际可能尽快向有关政府当局报告降落。

此外，机长可持官方文件，运带其航空器登记国的外交信袋。

四、机长的权力

关于机长权力的规定，是一个极其重要的问题，是机长履行职责，维护航空器内的正常秩序和良好纪律，保证航空器及其所载人员和财产安全必不可少的法律保障。在一国领空内飞行，机长的权力由该国的国内法赋予；进行国际飞行，机长的权力还必须有国际法做出相应的规定，才能得到国际社会的承认。

(一) 我国国内法规定

《中华人民共和国民用航空法》就机长的权力做了明确的规定。首先指出，"机长在其职权范围内发布的命令，民用航空器所载人员都应当执行"。(第四十四条第二款)

机长具有下列权力：

(1) 飞行前，机长发现民用航空器、机场、气象条件等不符合规定，不能保证飞行安全的，有权拒绝起飞。(第四十五条第二款)

(2) 飞行中，对于任何破坏民用航空器、扰乱民用航空器内秩序、危害民用航空器所载人员或者财产安全以及其他危及飞行安全的行为，在保证安全的前提下，机长有权采取必要的适当措施。(第四十六条第一款)

(3) 飞行中，遇到特殊情况时，为保证民用航空器及其所载人员的安全，机长有权对民用航空器做出处置。(第四十六条第二款)

(4) 机长发现机组人员不适宜执行飞行任务的，为保证飞行安全，有权提出调整。(第四十七条)

(5) 民用航空器遇险时，机长有权采取一切必要措施，并指挥机组人员和其他人员采取抢救措施。(第四十八条)

(二) 国际法的有关规定

关于机长的权力，目前仅有如下规定：

(1) "如果航空器显然将实际延误不能继续飞行时，机长在等待有关政府当局指示时，或者当他的机组无法与该政府当局取得联系时，机长有权采取他认为对旅客和机组的健康和安全以及为避免或最大限度减少对航空器本身及其载荷的损失或毁坏所需的紧急措施"(《国际民用航空公约》附件九第7.4.1条)。"航空器机长在其负责期间，对航空器的处置有最后决定权"。(附件二第2.4条)

(2) 1963年《东京公约》规定，在航空器内如果发生违反刑法的犯罪，或者发生危害航空器或所载人员或财产的安全，或者危害航空器内的正常秩序和纪律的行为，机长有下

列权力：

① 机长有正当理由认为某人在航空器内已经或即将实施上述犯罪或行为时，可以对此人采取必要的合理措施，包括看管措施。

② 机长可以要求或授权其他机组成员进行协助，并可以请求授权（但不得强求）旅客给予协助，来看管他有权看管的任何人。

③ 机长如果有正当的理由认为某人在航空器内已经或即将实施危害航空器或其所载人员或财产的安全，或者危害航空器材内正常秩序和纪律的行为，只要是为保护航空器或所载人员或财产的安全，为维护航空器内的正常秩序和纪律的目的所必需的，可以使该人在航空器降落的任何国家的领土内下机。

④ 机长如果有正当的理由认为某人在航空器内实施的行为，在他看来，按照航空器登记国刑法已构成严重犯罪时，可以将该人移交给航空器降落地的任何（《东京公约》）缔约国的主管当局。

《东京公约》还明确规定，对于依据机长的权力采取的上述行动，无论是航空器机长、任何其他机组人员、任何旅客、航空器所有人或经营人，还是为其利益进行此次飞行的人，在因受到上述行动的人遭到损害而提起的诉讼中，都不能被宣布负有责任（第十条）。这是对机长行使权力的法律保护，具有十分重要的意义。

但是，机长应当正确行使权力。

（1）只要"机长有正当理由认为"有采取措施的必要，就可以对某人"采取必要的合理措施，包括看管措施"。这里强调的是采取措施的主观标准，但同时应注意《东京公约》对采取措施规定了客观标准，即采取措施的必要性在于：

① 保护航空器或者所载人员或财产的安全；

② 维护航空器内的正常秩序和纪律；

③ 使机长可以按照公约的规定将此人移交主管当局或使此人下机。（第六条第一款）

（2）"看管措施"应于航空器降落于任何地点终止施行，但遇下列情况除外：

① 该降落地位于某非缔约国境内而该国不允许此人下机，或者为保证机长能够将此人移交主管当局，已对其采取了看管措施；

② 航空器被迫降落，而机长无法将此人移交给主管当局；

③ 此人同意在受看管的条件下被继续向前运送。

第一种例外实际上又分为两种情况：一是航空器降落地的非缔约国不允许罪犯下机，那么，罪犯只能在受看管（不论其是否同意）的条件下被继续向前运送。二是为保证机长行使移交权已对罪犯采取了看管措施，从航空器降落后到主管当局接受移交前这段时间，看管措施仍需继续进行。

第二种例外是在迫降的情况下，机长无法将罪犯移交主管当局。因此，看管措施只得继续施行，直到机长能够将其移交给主管当局为止。

第三种例外与第一种例外有相似之处，区别在于罪犯同意在受着看管的条件下被继续向前运送。这样，罪犯在"被继续向前运送"的过程中，仍将处于"受看管"状态。

当载有被看管人的航空器在一国领土上降落前，机长应尽可能迅速将该航空器内有人受看管的事实和理由通知该国主管当局。

（3）有关航空器机长权力的内容（《东京公约》第三章），不适用于在登记国领空、公海上空或不属于任何国家领土的其他地区上空飞行的航空器，除非前一起飞地点或预定的下一降落地点不在登记国领土上，或该航空器随后在非登记国领空内飞行而罪犯仍在其内。

根据《东京公约》的这一规定，在下列三种情况下一般不适用公约第三章有关航空器机长权力的内容：

① 航空器在登记国上空飞行；

② 航空器在公海上空飞行；

③ 航空器在不属于任何国家领土的其他地区上空飞行。

显然，在上述三种情况下，一般都要适用航空器登记国的国内法，而不是适用国际法。但是，《东京公约》所谓的"除非前一起飞地点或预定的下一降落地点不在登记国领土上，或该航空器随后在非登记国领空内飞行而该人仍在航空器内"，则是指国际飞行或由于罪犯的犯罪行为使飞行变成了事实上的国际飞行这两种情况。在这两种情况下，由于飞行涉及两个以上的国家，因此，必须适用国际上统一的规则，即适用《东京公约》的有关规定。严格地讲，只有当在登记国领土起飞的航空器飞入非登记国领空，或者是在非登记国领土起飞的航空器仍在该非登记国或其他非登记国领空飞行时，该飞行才是真正的涉及两个以上国家的国际飞行，《东京公约》的有关规定才应适用。

案例分析一：某航空公司机长拒载某演员的智障儿子案

1. 案情简介

某演员的智障儿子登机以后，情绪不稳定，在客舱内来回跑动。孩子年迈的姥姥和乘务组均无法使孩子安静下来。直到233名旅客登机完毕，孩子始终处于高度紧张状态，不能入座，并在楼梯上来回跑动。这样，航班始终无法关闭舱门进入起飞程序。同机旅客亦称其有非要往驾驶室里硬闯，机组人员拦都拦不住，而且在飞机上大哭大闹等行为。机长为了机上全体人员和航空器的安全而做出让其下机的决定。

2. 案件结果

事件发生后，某演员认为"如果孩子真的有什么过错，为什么不加以正确指引？并保留诉讼的权利"。航空公司方面认为，根据国际国内相关组织和部门对飞机事故的统计分析资料表明，人为因素是飞机事故的主要原因，而飞机在起飞、降落过程中又是最容易发生飞机事故的时间段，很不幸的是，这孩子的过错正好发生在这个时间段。机长行使权力并无不当。经沟通，双方达成谅解。

3. 法理评析

承运人是公共航空运输企业，个别旅客的权利实施必须在不妨碍其他旅客的权利自由的前提下进行，这也是宪法所保护的公民的基本权利和自由的现实体现。因此，机长为了机上全体人员和航空器的安全而做出的决定完全具有正当性、合法性和合理性，切实维护了绝大多数旅客的合法权益，应该得到支持。根据《公共航空旅客运输飞行中安全保卫规则》规定，机长在执行职务时，为保护航空器、所载人员和财产的安全，维护航空器内的良好秩序，可以行使下列权力：在航空器起飞前，发现有关方面对航空器未采取必需的安全保卫措施的，可以拒绝起飞；对航空器上的扰乱行为，可以要求航空安全员及其他机组人员对行为人采取必要的管束措施或者强制其离机。

4. 法条点击

《公共航空旅客运输飞行中安全保卫规则》(2008 年 10 月 8 日)

第四条　本规则使用的部分术语定义如下：

飞行中，是指航空器从装载完毕、机舱外部各门均已关闭时起，直到打开任一机舱门以便卸载时为止。航空器强迫降落时，在主管当局接管对该航空器及其所载人员和财产的责任前，应当被认为仍在飞行中。

机组人员，是指飞行期间在航空器上执行任务的航空人员，包括机长和其他空勤人员。

扰乱行为，是指在航空器上不遵守行为规范，或不听从机组人员指示，从而扰乱航空器上良好秩序和纪律的行为。

第九条　旅客应当遵守民用航空相关规定，保持航空器内的良好秩序，发现航空器上可疑情况时，可以向本航班机组人员举报，并有权了解处理结果。旅客在协助机长和航空安全员处置扰乱行为或者非法干扰行为等严重危害飞行安全行为时，应当听从机长指挥。

第二十一条　飞行中的航空器上出现扰乱行为时，航空安全员应当按照本企业制定的扰乱行为管理程序对其进行管理。对下列扰乱行为，应当口头予以制止；制止无效的，应当采取约束性措施予以管束：

(1) 违反规定使用手机或者其他禁止使用的电子设备的；

(2) 使用明火或者吸烟的；

(3) 强占座位、行李架的；

(4) 盗窃、故意损坏、擅自移动航空器设备的；

(5) 妨碍机组人员履行职责或者煽动旅客妨碍机组人员履行职责的；

(6) 打架斗殴、寻衅滋事的；

(7) 危及民用航空安全和扰乱客舱秩序的其他行为。

(摘引自董杜骄《航空法案例评析》对外经济贸易大学出版社 2009 年 8 月)

案例分析二：飞行人员辞职是否需要支付“带飞培训费”纠纷

1. 案情简介

飞行员张某作为当年应届高中毕业生，参加国内某航空集团公司的选飞招考，经体检及各方面测试合格，进入国内某大学的飞行学院学习。学习两年后，该航空集团公司选送其到设在国外的飞行训练基地学习飞行。两年后，飞行员张某学成，与该航空集团公司的下属航空公司(子公司)签订了劳动合同书，该合同为无固定期限合同。合同签订后，飞行员张某一直从事飞机副驾驶员职务。2006 年，他提前一个月向航空公司提出辞职，遭航空公司拒绝。一个月期满后，航空公司未为其办理解除劳动合同手续。张某遂提出劳动仲裁，要求确认劳动合同关系解除，并要求航空公司转移相关的飞行技术资料及身体健康资料。航空公司提出，若解除劳动关系，张某需赔付招接收费用、定期复训费用和副驾驶带飞培训费用。

2. 案件结果

法院审理后，没有将张某作为副驾驶带飞培训发生的费用计入违约赔偿额。

3. 法理评析

“培训”成立应符合基本的要件：具有培训目的；培训方应提供必要的培训设施；为达

到培训目的而支出特定费用。本案中,飞行员张某履行副驾驶职务的目的是保证飞机正常运行及飞行安全,属正常履行职务后获取劳动报酬,可见,该飞行活动不具有培训目的;《中国民用航空飞行人员训练管理规定》(以下简称《训练规定》)第二十九条第五项规定,航线训练不载客。当航线飞行载客时,飞机是为运载旅客而使用,不能视为为航线训练而使用,同时《训练规定》第二十八条列举了飞行员训练的种类,并未提到"带飞训练"这一种类。不论带飞存在与否,飞行的运营成本仍应支付,该项支出并非是培训支出的特定费用。航空公司所计算的带飞期间均为航班飞行期间,张某不仅正常领取劳动报酬(飞行小时费),且同时为航空公司创造了巨大的经济效益。此外,张某从未与航空公司签订任何形式的协议确认带飞期间为带飞培训,航空公司也从未否认飞行员张某作为副驾驶进行航班飞行期间获取的是劳动报酬。因此,不能将载客飞行期间视为培训期间,更不能以此计算带飞培圳费。

4. 法条点击

《中国民用航空飞行人员训练管理规定》

(CCAR - 62FS)(1998 年 7 月 3 日)

第二十九条　除根据训练性质经批准简化程序的训练外,飞行人员的训练应当按照下列程序进行:

(1) 理论教学;

(2) 驾驶舱程序训练或驾驶舱实习;

(3) 飞行模拟机训练;

(4) 本场训练;

(5) 航线训练(不载客)或通用航空作业项目训练。

(摘引自董杜骄《航空法案例评析》对外经济贸易大学出版社 2009 年 8 月)

案例分析三:机长的权力到底有多大

——应某诉中国北方航空公司侵犯人身权和名誉权案

上诉人(原审被告):中国北方航空公司

被上诉人(原审原告):应某

审理法院:浙江省高级人民法院

审理时间:1999 年

1. 案情简介

1998 年 9 月 11 日,旅客应某持中国北方航空公司 6328 航班客票,乘坐 MD - 82 飞机由广州飞往杭州。飞机于 18 时 28 分起飞,大约 19 时 30 分,应某(坐在经济舱 4 排 E 座,与头等舱仅门帘相隔)意欲前往头等舱洗手间方便。他正要走进头等舱,便被坐在 4 排穿制服的机上安全员发现并劝阻。应某称要去洗手间,安全员便告诉其去后部的经济舱洗手间,还告诉他飞机前部洗手间根据规定只能供头等舱乘客使用。应某要求机组人员出示法律、法规文件。安全员为了安慰他,便到前服务间去取了一份"机上广播词"给他看。应某看完后不但不接受,反而更加激动,在飞机客舱 4 排大声吵闹,后面的旅客有人向前围观,机上秩序混乱。此时,飞机在下降高度,做着陆准备,为了保证安全,维护正常秩序,机长派机上观察员到客舱协助维持秩序。应某不但不听劝阻,反而动手推搡机组人员,并抓破了机组人员的手背。在此情况下,安全员报经机长同意,在机上观察员的协助

下，对其采取了强制措施，将其带上手铐，予以临时看管。飞机安全降落后，将其交送杭州机场公安机关。直至下飞机，应某未要求去洗手间。应某被机场公安人员带到机场巡警队接受了询问，机场公安人员未对应某做出处罚。数月后，应某以安全员拿出的规定仅仅是机上广播词而非法律明确的禁止性规定，并以人身权和名誉权被侵害为由，向杭州市中级人民法院提起诉讼，要求北方航空公司在全国性新闻媒体上赔礼道歉，赔偿精神损失和经济损失50万元，并承担全部诉讼费用。

2. 案件结果

1）一审法院的分析与判决

杭州市中级人民法院认为：《中华人民共和国民用航空安全保卫条例》（以下简称《条例》）将在航空器内的违法行为的确认权授予民航公安机关，并由民航公安机关予以处罚。尽管在有关贯彻该《条例》的通知中授予机长和航空安全员等人员对违反该《条例》相关规定、不听劝阻的人，可以采取管束措施，但对管束措施的范围、程度均有限制，且要求应在掌握其违法行为有关证据的前提下进行。本案中，民航公安机关对被管束人应某的行为未做出处罚，由此可以证明，航空公司安全员对应某施以手铐，拘束其人身，限制其自由，未能取得应某危及飞行安全、扰乱航空秩序的证据，其行为已超越了法律、法规规定的限度。当飞机降落后，航空公司安全员将带着手铐的应某当众移交民航公安机关，客观上已对应某的名誉造成了损害。因此，航空公司安全员因主观臆断实施的管束措施不具有合法性，与应某人身权、名誉权受到的损害结果有直接的因果关系，已构成对应某人身权、名誉权的侵害，应依法承担民事责任。鉴于航空公司安全员的行为系职务行为，故由航空公司负责承担民事责任。对应某提出的诉讼请求酌情采纳，缺乏依据的过高部分不予支持。

依据《中华人民共和国民法通则》第五条、第一百零一条、第一百二十条的规定判决如下：

（1）中国北方航空公司应停止侵权，并于本判决生效后1个月内在《法制日报》上向应某公开赔礼道歉、恢复名誉、消除影响（内容需经法院审核）。

（2）中国北方航空公司应赔偿应某因侵权行为给其造成的损失人民币2万元（含精神损失抚慰金）。

一审案件受理费10010元，由应某负担4605元，航空公司负担5405元。

2）二审法院的分析与判决

航空公司不服一审判决，向浙江省高级人民法院提起上诉。在上诉中指出：

（1）原判认定事实错误。原判将本案的事实认定为，双方为经济舱的乘客能否使用头等舱的洗手间问题发生争执，导致航空公司安全员为此对应某采取了管束措施。事实是应某第一次进入头等舱的行为引起了安全员的高度注意，应某再次进入前服务间并接近驾驶舱，引起了安全员的高度警惕，而且应某不听劝阻，扰乱机上秩序，引起旅客站立观望和向前拥挤，不利于飞机的平衡，严重危及飞机安全和广大旅客生命财产安全，因此被采取管束措施，戴上手铐。

（2）原判对法条的理解错误。原判认为《条例》将航空器内违法行为的确认权授予了民航公安机关，航空公司机上安全员对应某的管束超过了法律、法规规定的限度。根据《条例》第二十二条、第二十三条规定，航空安全员可以在机长的授权下，在航空器的飞行中，对扰乱航空器内秩序、干扰机组人员正常工作而不听劝阻的人，采取必要的管束措施，因而请求二审法院撤销原判。

浙江省高级人民法院经审理后认为，应某购买航空公司6328次航班经济舱的客票，理应只享受经济舱设备及服务。应某以尿急为由，要求享受超标准的设备及服务，没有依据。应某在未被允许的情况下，擅自去闯仅供头等舱乘客使用的洗手间，在被拦住后不服从管理且不听劝阻，影响了机上正常秩序，威胁了旅客的生命安全，其行为已构成《条例》第25条规定的"寻衅滋事"，属于《中华人民共和国民用航空法》第四十六条规定的危及飞行安全的行为。机上安全员为了控制局面，确保飞行安全，有权在飞行中对应某实施临时管束措施，机长的行为符合《条例》第二十二条、第二十三条第(二)项及有关规定，也没有超出必要的限度，所以对应某实施管束不构成侵权，航空公司上诉有理，应予支持。原判以《条例》第三十四条为依据，根据应某的行为未受到地面公安机关处罚的事实，来反推航空公司构成侵权，没有法律依据。原判认定事实不清，适用法律不当，应予纠正。根据《中华人民共和国民事诉讼法》第一百五十三条第一款第(三)项的规定，判决如下：

(1) 撤销杭州市中级人民法院[1999]杭民初字第16号民事判决。

(2) 驳回应某的诉讼要求。

一审案件受理费10010元，二审案件受理费10010元，合计20020元，由应某负担。

(摘引自董念清《中国航空法：判例与问题研究》法律出版社2007年4月)

复习思考题

1. 什么是航空人员？
2. 航空人员的管理制度主要有哪些规定？
3. 机长具有哪些权力？机长应如何正确行使权力？

学习单元五　民用机场管理法律制度

学习提示

本学习单元主要了解民用机场的概念及分类;民用机场的总体规划、布局原则;民用机场使用许可证的申请条件,民用机场的选址应当履行的程序以及机场建设项目报审程序;民用机场的安全检查的相关规定

背景知识链接

据中国民航局(简称民航局)的公开资料,“十一五”期间,全国机场建设项目达到140余个。根据2011年4月初中国民航局发布的《中国民用航空发展第十二个五年规划》,在2010年底中国现有175个机场的基础上,运输机场数量将达到230个以上。据民航局预测,到2020年,中国民航运输总周转量将达到1400亿吨·公里以上,旅客运输量将超过7亿人次,旅客周转量在国家综合交通运输体系中的比例达到25%以上,机场数量将达到270个以上。

第一节　民用机场的概念及分类

一、民用机场的概念

机场,就是可供飞机起飞、降落、滑行和停放的场地及有关的建筑物与设施的总称。

机场的概念在许多文件中的表述不尽相同,如在《国际民用航空公约》附件十四中,机场被定义为:“在陆地上或水面上一块划定的区域(包括各种建筑物、装置和设备)其全部或部分意图供航空器降落、起飞和地面活动之用。”所谓划定区域,通常是指飞行区、净空障碍物限制面所要求的尺寸和坡度等形成的面积和空间,还包括旅客候机楼、目视助航系统、通信导航、气象、空中交通管理等各种设施和其他建筑物,这些设施、建筑物是机场正常运营及保证飞行安全的基础设施。

国际民用航空组织第9569号文件中机场的定义是:机场是在陆地或水面限定供飞机抵达、始发和表面活动的区域。

《中华人民共和国民用航空法》对民用机场的定义是“专供民用航空器起飞、降落、滑行、停放以及进行其他活动使用的划定区域,包括附属的建筑物、装置和设施”(第五十三条第一款)。民用机场一般由飞行区、旅客航站区、货运区、机务维修设施、供油设施、空中交通管制设施、安全保卫设施、救援和消防设施、行政办公区、生活区、生产辅助设施、后勤保障设施、地面交通设施及机场空域等组成。

二、民用机场的分类

民用机场根据不同的标准有如下分类：

(1) 按照航空活动的类别不同,可将民用机场分为公共航空运输机场、通用机场。公共航空运输机场是指从事民用航空运输经营活动,既可供公共航空运输活动使用,也可供通用航空活动使用的民用机场;通用机场是指专门为除旅客运输和货物运输以外的其他飞行任务,如供景点游客观光、空中表演、空中航拍、空中测绘、播洒农药等特殊飞行任务起降的机场。执行通用航空飞行任务的多是小型飞机、轻型飞机等,所以通用机场的跑道导航设施都比较简陋,净空环境也比较差,不适用于任何大型民航飞机的起降。所以,通用机场是不开设正规定期民航航班的。

(2) 按照机场的运营范围,可将民用机场分为国际机场、国内机场和地区机场。国际机场是指为国际航班出入境而指定的机场,它需有办理海关、移民、公共健康、动植物检疫和类似程序手续的机构。而一个国家在国际航班第一个抵达地点和最后一个始发地点的国际机场被称为门户机场。国内机场是指供国内航班使用的机场。地区机场主要是指经营短程航线的中小城市机场,它一般被认定为国内机场。

(3) 按照机场可接纳的机型,可将民用机场分为直升机场、短距起降机场和常规机场。直升机场是全部或部分用于直升机起降和地面活动的机场。短距起降机场是指专门为短距起降飞机设计与常规机场设施分开的机场。

(4) 按照机场所服务的航线和规模,可将民用机场分为枢纽机场、干线机场、支线机场。枢纽机场是指连接国际、国内航线密集的大型机场,如北京首都机场、上海虹桥机场、广州白云机场等国际机场。干线机场是指以国内航线为主,空运吞吐量较为集中的国内机场,一般指省会、自治区首府及重要旅游、开发城市的机场,如合肥机场。支线机场又称地方航线机场,指各省、自治区内地面交通不便的地方所建的机场,其规模通常较小,如西藏机场。

(5) 按旅客乘机目的地划分,可将民用机场分为始发/终程机场、经停机场、中转机场。始发/终程机场指运行航线的始发机场和目的地机场;经停机场指某航线航班中间经停的机场;中转机场是指旅客乘坐飞机抵达此处时需要下机换乘另外航班前往目的地的机场。

小知识:机场等级如何划分

机场按跑道和设施等条件划分使用等级。我国按容许起降飞机的最大起飞重量,将机场分为一级、二级、三级、四级,其中四级机场只能起降轻型飞机。国际民用航空组织则按跑道长度赋予机场以 A、B、C、D、E 五种代号。

第二节　民用机场的规划与建设

机场作为民航运输和城市的重要基础设施,是交通运输体系的重要组成部分。机场建设和发展应以科学发展观为统领,以市场需求为基础,注重整体的统筹规划,通过优化机场布局结构和增加机场数量规模,进一步加强资源整合,扩大服务范围和提高服务水平,以适应民航事业的蓬勃发展。

一、民用机场的规划布局原则

根据《全国民用机场布局规划》的规定，我国民用机场的布局应遵循下列原则：

（1）机场总体布局应与国民经济社会总体发展战略和航空市场需求相适应，以促进生产力合理布局、国土资源均衡开发和国民经济社会发展。

（2）机场区域布局应与区域经济地理和经济社会发展水平相适应，与城市总体规划相符合，以促进区域内航空资源优化配置、社会经济协调发展和城市功能提升完善。

（3）机场布局应与其他运输方式布局相衔接，以促进现代综合交通运输体系的建立和网络结构优化，并充分发挥航空运输的优势，提高综合交通运输整体效率和效益。

（4）机场布局应与航线网络结构优化、空管建设、机队发展、专业技术人员培养等民航系统内部各要素相协调，以增强机场集群综合竞争力，进一步提高航空运输整体协调发展能力和国际竞争力。

（5）机场布局应与加强国防建设、促进民族团结及开发旅游等资源相结合。重视边境、少数民族地区，特别是新兴旅游地区机场的布局和建设，拓展航空运输服务范围，增强机场的国防功能。同时，考虑充分有效地利用航空资源，条件许可时优先合用军用机场或新增布局军民合用机场。

（6）机场布局应与节约土地、能源等资源和保护生态环境相统一。充分利用和整合既有机场资源，合理确定新增布局数量与建设规模，注重功能科学划分，避免无序建设和资源浪费，提高可持续发展能力。

二、民用机场总体规划

《民用机场总体规则管理规定》第二条规定“本规定适用于民用机场及军民合用机场民用部分的机场总体规划管理”。

（一）编制机场总体规划应当满足的要求

机场总体规划应与城市总体规划相协调，在满足机场安全正常运行，提高服务水平的前提下，遵循以功能分区为主，行政区划为辅的原则；功能分区及设施系统应当布局合理、容量平衡，满足航空业务量的发展需要。机场总体规划应统一，分期建设，满足近期和远期发展的要求。一般而言，机场总体规划目标年近期为10年，远期为30年。

在编制机场总体规划时，应当符合下列要求：

（1）飞行区设施和净空应符合安全运行要求。

（2）航站区位置适中，并具备分期实施建设的方案；站坪机位与航站楼相协调，航空器地面运行顺畅；陆侧交通便捷、有序。

（3）空域规划可行，飞行程序设计合理，目视助航、通信、导航、航管、雷达和气象设施配置适当。

（4）航空器维修、货运、供油等辅助生产设施及消防、救援、安全保卫设施布局合理，直接为航空器运行、客货服务的设施靠近飞行区或站坪。

（5）供水、供电、供气、供暖、制冷、排水、通信等公用设施与城市公用设施相衔接，各系统规模及路由能够满足机场发展需求。

（6）机场与城市间的交通连接顺畅、便捷；机场内供旅客、货运、航空器维修、供油等不同使用要求的道路设置合理，避免相互干扰。

（7）根据机场噪声影响预测，做好机场内及邻近地区的土地使用规划，保持机场与周边地区协调发展。

(8) 在满足机场运行和发展需要的前提下节约用地,尽可能少占耕地,减少拆迁。

(9) 结合场地条件进行规划布局,竖向设计结合地形,公用设施管线布置合理;注意建筑群的相对集中和群体效果。

(二) 机场总体规划包括的内容

在机场总体规划的设计中应当包括以下内容:

(1) 编制依据,包括项目建议书和可行性研究报告的批准文件、采用的主要标准和规范。

(2) 机场场址的基本情况,包括机场地理位置、空域、净空条件、地形地貌、工程地质及水文地质、气象、电磁环境、矿藏、地震、地面交通、与周围城市及邻近机场的关系。

(3) 机场航空业务量预测及相关数据分析。

(4) 跑道位置、方位及飞行区各部分的平面尺寸,各功能分区的位置范围、相互关系及平面规划布局,机场分期发展规划及分期建设用地范围,空管设施规模及导航台站的位置,机场建设和生产运行对周围环境影响的评价,场内外交通及公用设施系统,公用设施干管走向及机场控制点高程。

① 飞行区规划,包括跑道、升降带、跑道端安全地区、滑行道系统、机坪、目视助航系统设施、机场围界及巡场路、净空障碍物限制等设施的规划。

② 空中交通管理系统规划,包括航管、通信、导航、气象等设施的规划。

③ 航站区规划,包括航站楼构型及布局、站坪机位布置、航站楼前道路系统、停车场(楼)等设施的规划。

④ 货运区规划,包括货运机坪、生产用房、业务仓库、集装箱库(场)、停车场等设施的规划。

⑤ 航空器维修区规划,包括机库、维修机坪、航空器及发动机修理车间、发动机试车台、外场工作间、航材仓库等设施的规划。

⑥ 工作区规划,包括机场管理机构、航空公司、各联检单位、公安、武警、安检等驻场机构的办公和业务设施,地面专用设备及特种车辆保障设施,机上供应及配餐设施,消防及安全保卫设施,应急救援及医疗中心,旅客过夜用房等设施的规划。

⑦ 供油设施规划,包括油品接收、中转、储存、加油及管网等设施的规划。

⑧ 公用设施及交通系统规划,包括供水、供电、供气、供暖、制冷、排水、防洪、通信等设施的规模,场内外道路及其他交通方式的规划。

⑨ 环境保护工程规划,包括噪声影响控制、鸟害防治、污水处理、航空垃圾及机场污物处理、环境监测、绿化等规划。

⑩ 土地使用规划,包括各期机场建设用地规划、本期占用土地范围及拆迁情况、机场周围地区的土地使用规划和建设控制原则。

⑪ 机场竖向设计及管(线)网综合规划。

⑫ 专业技术培训设施、公务航空飞行等通用航空设施的规划。

(5) 规划方案的分析及比选,包括对各功能分区、子系统或设施间的工艺流程及相互关系,分期实施的可能性等进行多个完整方案比选。

(6) 技术经济指标分析,包括阐明上述各方案主要技术经济指标,并进行分析、对比。

(7) 在工程技术及经济效益的综合论证基础上,提出推荐方案。

(8) 机场总体规划图,包括:

① 机场与周围城市及邻近机场关系图,其比例尺应采用 1∶100000 或 1∶200000。

② 机场外部交通及公用设施系统规划总体布置图,其比例尺应采用 1∶50000 或1∶100000。

③ 机场近期总平面规划图,其比例尺应采用 1∶5000 或 1∶10000,并在地形图上绘制。

④ 机场远期总平面规划图,其比例尺应采用 1∶5000 或 1∶10000,并在地形图上绘制。

⑤ 通信、导航、雷达台站布置图,其比例尺应采用 1∶50000 或 1∶100000。

⑥ 机场净空障碍物限制图,其比例尺应采用 1∶50000。

⑦ 机场周围地区土地使用规划控制图,其比例尺应采用 1∶10000 或 1∶25000。

⑧ 机场竖向设计及管(线)网综合规划图,其比例尺应采用 1∶5000 或 1∶10000。

(三) 机场总体规划的报审程序及其管理

机场总体规划的审批管理由中国民用航空总局负责;民航地区管理机构根据民航总局授权对所辖地区内的机场总体规划进行审批;民航地区管理机构负责所辖地区机场总体规划的监督管理。新建机场的总体规划由其项目法人或建设单位负责组织编制;运行中的机场的总体规划由机场管理机构负责组织编制。

编制机场总体规划应由经民航总局批准的具有相应资质的单位承担;在境外注册的设计咨询机构不得独立承担国内机场的总体规划设计工作;符合资质条件的单位与境外设计咨询机构合作承担机场总体规划设计的,应当报民航总局认可。

项目法人、建设单位或机场管理机构在组织编制机场总体规划时,应当与当地人民政府及其有关部门、驻场单位充分协商,征求意见。各驻场单位应当积极配合建设单位或机场管理机构做好编制工作,及时反映本单位的意见、要求,并提供有关资料。

机场总体规划由项目法人、建设单位或机场管理机构上报所在地区民航地区管理机构审核,由民航地区管理机构提出初审意见,上报民航总局审批。机场总体规划经批准之后,项目法人、建设单位或机场管理机构应当于 30 天内将有关文件、规划图纸报送当地人民政府及其有关部门备案,以便于机场总体规划纳入城市总体规划;机场管理机构应当按照国家有关规定,依据机场总体规划,为各驻场单位提供服务;各驻场单位在机场总体规划范围内的建设项目,在立项之前,应当以书面形式征得机场管理机构的同意。机场管理机构应当按照经批准的机场总体规划进行复核,并在 15 天内做出书面审核意见。机场管理机构应当对经批准的机场总体规划的实施予以严格管理。机场管理机构应委托有资质的单位每五年对机场总体规划进行一次复核,并及时将复核意见上报所在地区民航地区管理机构,由民航地区管理机构报民航总局备案。因重大情势变迁确需变更机场总体规划,须按《民用机场总体规则管理规定》第十五条规定的程序报审,经审批后方可实施。机场管理机构应当按照《民用机场总体规则管理规定》制定本机场总体规划实施细则,报所在地区民航地区管理机构备案。

三、民用机场建设

《民用机场建设管理规定》第二条规定:“本规定适用于新建、改建和扩建民用机场(包括军民合用机场民用部分)的规划与建设。民用机场分为运输机场和通用机场。”

（一）运输机场场址应符合的条件

运输机场场址的选择应当符合下列基本条件：

（1）机场净空、空域及气象条件能够满足机场安全运行要求，与邻近机场无矛盾或能够协调解决，与城市距离适中，机场运行和发展与城市规划发展相协调。

（2）场地能够满足机场近期建设和远期发展的需要，工程地质、水文地质条件良好，地形、地貌较简单，满足机场工程的建设要求和安全运行要求。

（3）具备建设机场导航、供油、供电、供水、供气、通信、道路、排水等设施、系统的条件。

（4）满足文物保护及环境保护等要求。

（5）占用良田耕地少，拆迁量和工程量相对较小，工程投资经济合理。

（6）运输机场选址报告应当按照运输机场的基本条件提出两个或三个预选场址，并从中推荐一个场址。

（二）运输机场选址应当履行的程序

（1）拟选场址由省、自治区、直辖市人民政府主管部门向所在地民航地区管理局提出申请，并同时提交选址报告一式十二份。

（2）民航地区管理局对选址报告的内容及深度进行审核，并在20日内向民航总局上报审核意见及选址报告一式八份。

（3）民航总局对选址报告进行审查，必要时对预选场址组织现场踏勘及专家评审，并根据现场踏勘情况和评审意见提出对选址报告的修改要求。

（4）民航总局在收到符合要求的选址报告和民航地区管理局的初审意见后20日内向申请人出具场址审查意见。

（三）运输机场建设项目报审程序

运输机场内的建设项目，包括建设位置、高度等内容的建设方案应当经所在地民航地区管理局审核同意后方可实施。具体报审程序如下：

（1）属于驻场单位[①]的建设项目，驻场单位应当将建设方案报送民航地区管理局和机场管理机构；机场管理机构依据批准的机场总体规划及详细规划进行审核，并在10日内提出审核意见报送所在地民航地区管理局。

（2）属于机场管理机构的建设项目，机场管理机构应当将建设方案报送所在地民航地区管理局。

（3）民航地区管理局在15日内完成审核工作，并批复审核意见。

（4）属于民航地区管理局的建设项目，其建设方案应当征求机场管理机构的意见。如双方未达成一致，则上报民航总局核定，民航总局在15日内予以核定。

（四）运输机场工程建设项目信息

运输机场工程实行工程建设项目信息报告制度，工程建设项目信息报告期为自批准立项之日起，至竣工验收或行业验收止。项目法人应当指定项目信息员对其实施工程的建设情况及时进行收集、统计和整理，形成书面材料（或电子文本），按照规定的时间同时上报民航总局和所在地民航地区管理局。运输机场工程建设信息在开工建设前每季度报

① 驻场单位，是指工作场所设于依法划定的民用机场范围内除机场管理机构以外的机关、企事业单位。

告一次，开工建设后每月报告一次，报告日期为次月的5日之前。

民航地区管理局负责汇总本地区的运输机场工程建设项目信息；中国民用航空总局空中交通管理局负责汇总项目法人为总局空管局的工程建设项目信息。民航地区管理局和总局空管局应当将汇总的工程建设项目信息于每年3月、6月、9月、12月10日前报告民航总局。当发生重大工程质量事故和安全事故时，项目法人必须按照国家有关规定及时上报。

工程建设项目信息应当包括以下内容：

(1) 项目概况，包括项目审批情况、主要规模和技术方案、资金来源、总体实施计划、其他情况。

(2) 当前动态，包括形象进度、资金到位及投资完成情况、工程质量情况、招标工作情况、其他情况。

(3) 近期主要工作内容。

(4) 主要存在问题。

(五) 法律责任

(1) 项目法人将运输机场选址、总体规划、初步设计及施工图设计发包给不具有相应资质等级的单位承担的，由民航总局或民航地区管理局责令其改正。

(2) 任何单位在运输机场总体规划内新建项目未履行总体规划报审程序的，由民航总局或民航地区管理局责令其改正，并可处以1万元以上3万元以下的罚款。

(3) 在运输机场内新建民航专业工程项目未履行初步设计及施工图设计行业报审程序的，由民航总局或民航地区管理局责令其改正，并可处以1万元以上3万元以下的罚款。

(4) 项目法人擅自变更已批准的民航专业工程项目初步设计及施工图设计的，由民航总局或民航地区管理局责令其改正，并可处以1万元以上3万元以下的罚款。

(5) 运输机场内民航专业工程项目未经行业验收即投入使用的，由民航总局或民航地区管理局责令其改正，并可处以1万元以上3万元以下的罚款。

(6) 项目法人未及时上报建设项目信息的，由民航总局或民航地区管理局责令其改正。

(7) 民航总局和民航地区管理局工作人员在审批管理工作中滥用职权、玩忽职守、徇私舞弊的，由有关行政主管部门给予行政处分；涉嫌构成犯罪的，由司法机关依法追究刑事责任。

小知识：机场建设费与民航发展基金

机场建设费从1992年开始征收，迄今已经20年，最早是在温州永强机场收取，原因是温州机场并非国家投资。然而，国内机场为了各自收益，都效仿开征机场建设费，而对这一收费项目的质疑由来已久。2012年4月，财政部印发《民航发展基金征收使用管理暂行办法》的通知。通知表示，今后我国将原民航机场管理建设费和原民航基础设施基金合并成为民航发展基金，缴纳标准为：乘坐国内航班的旅客每人次50元；乘坐国际和地区航班出境的旅客每人次90元。备受争议的机场建设费被废止。

第三节　民用机场的使用与管理

民用机场实行机场许可制度,是加强对民用机场的管理,保障民用机场安全、正常运行的一项法律制度。根据《民用航空法》第六十二条第一款规定:“民用机场应当持有机场使用许可证,方可开放使用。”民用机场只有取得了民用机场使用许可证或军民合用机场民用部分使用批限书后,才可以开放使用。若未取得有效民用机场使用许可证,不得开放使用。民用机场使用许可证由民航总局统一印制,许可证编号由民航总局统一编排,有效期为5年。

民用机场使用许可及其相关活动的统一管理和持续监督检查由中国民用航空总局负责。中国民用航空总局的主要职责如下:

(1) 制定有关规章、标准,并依法监督检查机场运行情况。

(2) 审批并颁发飞行区指标为4E(含)以上运输机场的民用机场使用许可证。

(3) 负责运输机场名称的批准。

(4) 设立国际机场的审核。

(5) 法律、行政法规规定的其他有关职责。

中国民用航空地区管理局负责对所辖区域内的民用机场使用许可实施监督管理。中国民用航空地区管理局的主要职责如下:

(1) 根据民航总局授权审批颁发本辖内飞行区指标为4D(含)以下运输机场和通用机场的民用机场使用许可证。

(2) 负责本辖区内通用机场名称的批准。

(3) 监督检查本辖区内民用机场的运行情况。

(4) 民航总局授权的其他职责。

一、民用机场使用许可的一般规定

申请民用机场使用许可证由机场的管理机构提出,取得民用机场使用许可证并已开放使用的机场,机场管理机构不得擅自关闭机场,机场运营时间应当在航行资料中予以公布。备降机场应当随时保持接受备降航班飞机的能力,作为备降机场的机场,该机场应当在航行资料上公布其为哪些机场、哪种机型提供备降服务的相关资料;被航空承运人选定为备降机场的机场管理机构应当与该航空承运人签订接受备降航班飞机的各项保障协议,明确双方的权利与义务,保证备降航班飞机的正常备降。

有下列情况之一的,机场管理机构应当于机场预期关闭前至少45天报原审批机关审批,审批机关应当在7个工作日内予以答复:

(1) 机场因改扩建暂不接受航空器起降;

(2) 航空业务量不足,暂停机场运营的;

(3) 决定关闭机场不再运营的。

机场恢复开放使用时,机场管理机构应当报原审批机关批准,对上述情况应当在预期的机场关闭日期注销该机场使用许可证。机场使用许可证持有人应当根据民航总局或者民航地区管理局的批复,及时通知有关的航行情报服务部门,发布航行通告,并在批准的关闭日期,撤掉识别机场的标志、风向标等,涂刷跑道、滑行道关闭标志,并在关闭后的5

天内,将机场使用许可证交回原颁证机关。

机场关闭1年以上的应当注销机场使用许可证,民航总局或者民航地区管理局在批准机场关闭时,应当充分考虑航空公司航班安排和公众利益,尽可能减少机场关闭带来的影响。

机场因故不能保障航空器运行安全的,机场管理机构可以临时关闭机场,但应当及时通知有关空中交通管制部门,由空中交通管制部门按相关规定发布航行通告,尽可能减少对航空器正常运行的影响,并应当立即采取积极措施消除机场临时关闭因素,在最短的时间内恢复机场运行。

机场设施设备未能得到有效维护,机场人员未能进行必要的培训,机场运行环境遭到破坏,航空器安全运行存在隐患的,民航总局或者民航地区管理局可以暂停机场开放使用。

二、民用机场使用许可证的申请条件

(1) 申请民用机场使用许可证的机场,应当具备下列基本条件:

① 机场管理机构具有中华人民共和国法人资格;

② 机场高级管理人员具备相应的资格和条件;

③ 机场的资本构成比例符合国家有关规定;

④ 机场内设的组织机构和管理体系完备;

⑤ 与其运营业务相适应的飞行区、航站区、工作区以及服务设施和人员;

⑥ 必要的空中交通服务、航行情报服务、通信导航监视、航空气象等设施和人员,符合民航总局空中交通管理部门的规定,并制定相关的运行管理程序;

⑦ 飞行程序和运行最低标准已经批准;

⑧ 符合《中华人民共和国民用航空安全保卫条例》规定的安全保卫设施和人员;

⑨ 处理特殊情况的应急预案以及相应的设施和人员;

⑩ 满足机场运行要求的安全管理系统;

⑪ 民航总局认为必要的其他基本条件。

上述第一、四、八、十项不适用于通用机场。

(2) 申请民用机场使用许可证,机场管理机构应当报送下列文件资料:

① 民用机场使用许可证申请书;

② 机场管理机构(法人)及其法定代表人的名称或者姓名,高级管理人员的主要学历及工作经历等证明文件;

③ 证明资本构成的有效文件的影印件;

④ 机场建设的批准文件和竣工验收文件;

⑤ 飞行程序和运行最低标准的批准文件;

⑥ 通信导航监视、气象等设施设备开放使用的批准文件;

⑦ 按照《民用机场建设管理规定》的要求编写的民用机场使用手册(以下简称手册);

⑧ 持有岗位资格证书的人员简况一览表,含姓名、性别、出生日期、学历、资格证书名称、资格证书颁发机关和日期;

⑨ 民航总局要求报送的其他必要材料。

机场管理机构应当对申请机场使用许可证文件资料的真实性负责，提交以上书面申请材料一式四份及其电子版本。

行区指标为4E(含)以上的运输机场，民用机场使用许可证由机场管理机构向民航总局申请，飞行区指标为4D(含)以下的运输机场和通用机场，民用机场使用许可证由机场管理机构向民航地区管理局申请；民航总局或者民航地区管理局应当在受理后于20个工作日内做出准予颁发或者不予颁发的决定，并书面通知申请人。

三、民用机场使用许可证的变更及换发

有下列情况之一的，机场管理机构应当按照《民用机场建设管理规定》申请变更民用机场使用许可证：

(1) 机场飞行区指标发生变化的；

(2) 机场拟使用机型超出原批准范围的；

(3) 机场道面等级号发生变化的；

(4) 机场目视助航条件发生变化的；

(5) 机场消防救援等级发生变化的；

(6) 机场使用性质发生变化的；

(7) 机场资本构成比例发生变化的；

(8) 机场名称发生变化的；

(9) 跑道运行类别、模式发生变化的；

(10) 机场所有者或者机场管理机构法定代表人发生变化的；

(11) 机场管理机构发生变化的。

申请变更民用机场使用许可证，机场管理机构可仅报申请民用机场使用许可证资料的变化部分；民用机场使用许可证变更后，机场管理机构应当在7天内将原民用机场使用许可证交回原颁证机关；民用机场使用许可证有效期到期前45天，机场管理机构应当申请换发民用机场使用许可证，并按照申请民用机场使用许可证的要求报送文件资料。

四、民用机场的名称管理

民用机场的命名应当以确定机场具体位置并区别于其他机场为准则，运输机场名称应当由机场所在地城市(或地、州)名称后缀机场所在地具体地点名称组成。

(1)运输机场名称应当符合以下规定：

① 应当与国务院或各级地名主管部门审查批准的机场所在地行政区划的地名名称相一致；

② 与现有其他机场不重名，避免使用同音字；

③ 使用规范的汉字或者少数民族文字；

④ 按照国家汉语拼音使用相关规定，规范拼写机场名称；

⑤ 按照国家译名管理相关规定，规范拼写机场英文译名。

(2)运输机场的更名应当符合下列条件：

① 机场所在地城市(或地、州)名称或具体地点行政区划名称经国务院或各级地名主管部门批准更名的，该机场应当更名；

② 当地群众因风俗或读音而强烈要求修改机场名称中后缀具体地点名称的，该机场可以更名；

③ 由民航总局报经国务院批准设立国际机场的，需在机场名称内增加“国际”二字。

运输机场的命名或更名，应由机场管理机构提出申请，经机场所在地市、州级人民政府审核同意后，报民航总局审批；军队产权的军民合用机场民用部分的更名，机场管理机构应当事先征求相关军队机关的书面意见。

（3）运输机场命名或更名应向民航总局报送下列文件：

① 机场管理机构关于机场命名或更名的申请文件；

② 机场所在地市、州级人民政府的审核意见；

③ 军队产权的军民合用机场民用部分，应附相关军队机关的意见；

④ 机场名称内需增加“国际”二字的，应附国务院批准其设立国际机场的文件。

民航总局收到符合规定要求的机场命名或者更名申请后，在20个工作日内审查并做出决定。运输机场管理机构接到民航总局批准命名或者更名的决定后，方可正式启用经批准的机场名称，并对外公布信息、制作标志标牌等。机场管理机构应当在机场入口和航站楼显著位置设置机场名称标志。航站楼屋面上可仅设置城市名。机场名称标志的主要内容包括标准机场名称汉字的规范书写形式、标准机场名称汉语拼音字母的规范拼写形式。在民族自治区域，可依据民族区域自治法有关文字书写规定，并列该民族文字规范书写形式。国际机场还应当规范标示英文机场名称。

五、法律责任

（1）未经审批擅自使用或变更机场名称的，由民航总局或民航地区管理局责令其立即停止使用，限期改正，并视情节轻重予以警告或处以1万元以上3万元以下罚款。

（2）未取得民用机场使用许可证而开放使用机场的，由民航总局或民航地区管理局责令停止开放使用，没收违法所得，可以并处违法所得1倍以下罚款。

（3）机场管理机构申请民用机场使用许可证提供虚假材料的，民航总局或民航地区管理局应当注销该机场的使用许可证，没收违法所得，并可处以1万元以上3万元以下罚款。

（4）擅自扩大机场使用范围的，民航总局或者民航地区管理局可以对机场管理机构予以警告，并可处以1万元以上3万元以下罚款。

（5）擅自关闭或者未按规定程序关闭民用机场的，民航总局或民航地区管理局可以对民用机场管理机构予以警告，并可处以1万元以下罚款。

（6）未按规定的要求对民用机场的运行实行持续管理，致使机场的部分设施达不到有关技术标准要求，影响机场安全运行和正常使用的，民航总局或者民航地区管理局可以对机场管理机构给予警告，并可处以1万元以下罚款；经警告仍不及时改进的机场管理机构，民航总局或者民航地区管理局可以责令其停止开放使用。

有前款规定情节，造成事故征候或者等级事故的，由民航总局或民航地区管理局暂停该机场的使用许可证，并可以建议有关单位对直接责任者和相应主管人员给予行政处分。

（7）未将机场资料提供给航行情报部门予以公布的，民航总局或者民航地区管理局可以对机场管理机构予以警告，并可处以1万元以下罚款。

（8）机场管理机构未及时申请变更民用机场使用许可证的，民航总局或者民航地区管理局可以对机场管理机构予以警告，并可处以1万元以上3万元以下罚款。

（9）未经批准擅自关闭机场，民航总局或者民航地区管理局可以注销该机场使用许可证。

(10)民航行政机关工作人员在民用机场使用许可管理、民用机场名称管理、设立国际机场的审核以及对民用机场的监督检查过程中玩忽职守、滥用职权、徇私舞弊的,由其所在单位或者上级主管机关给予行政处分;构成犯罪的,依法追究刑事责任。

第四节　民用机场的安全检查

一、民用机场安全检查的概述

世界各国民航均有恐怖分子和犯罪分子使用爆炸物、武器等劫持或破坏飞机的现象发生。因此,如何防止劫持飞机、破坏飞机的现象发生就成为各国政府保证民航安全飞行的重要工作。为了防止对民用航空活动的非法干扰,维护民用航空秩序,世界各国都采取了一项措施——安全检查(简称安检)来保证旅客自身安全和民用航空器在空中的飞行安全。

安全检查由机场安全检查部门依据有关法规组织实施,其主要任务是:对乘坐民航班机的旅客及其携带的行李物品;对进入隔离区的人员及其携带的物品;对货主委托民航空运的货物,除经特别准许外,一律进行安全检查,防止武器、凶器刀具、易爆易燃、剧毒、放射性物品以及其他危害民航安全的危险品带上或载上飞机,保障旅客生命财产的安全。安全检查还包括机场隔离区的安全和国际、国内进出港及过港飞机在机场停留期间的监护。

二、我国民用机场安全检查的规定

《中华人民共和国民用航空安全保卫条例》规定:

(1)乘坐民用航空器的旅客和其他人员及其携带的行李物品,必须接受安全检查;国务院规定免检的除外。拒绝接受安全检查的,不准登机,损失自行承担。

(2)安全检查人员应当查验旅客客票、身份证件和登机牌,使用仪器或者手工对旅客及其行李物品进行安全检查,必要时可以人身检查。已经安全检查的旅客应当在候机隔离区等待登机。

(3)进入候机隔离区的工作人员(包括机组人员)及其携带的物品,应当接受安全检查。接送旅客的人员和其他人员不得进入候机隔离区。

(4) 外交邮袋免予安全检查。外交信使及其随身携带的其他物品应当接受安全检查,但中华人民共和国缔结或者参加的国际条约另有规定的除外。

(5)空运的货物必须经过安全检查或者对其采取其他安全措施。货物托运人不得伪报品名托运或者在货物中夹带危险物品。

(6)航空邮件必须经过安全检查,发现可疑邮件时,安全检查部门应当会同邮政部门开包查验处理。

(7)除国务院另有规定外,乘坐民用航空器的人员,禁止随身携带或者交运下列物品:

① 枪支、弹药、军械、警械;

② 管制刀具;

③ 易燃、易爆、有毒、腐蚀性、放射性物品;

④ 国家规定的其他禁运物品。

(8) 除上述规定的物品外,其他可以用于危害航空安全的物品,旅客不得随身携带,但是可以作为行李交运或者按照国务院民用航空主管部门的有关规定由机组人员带到目的地后交还。对含有易燃物质的生活用品实行限量携带。限量携带的物品及其数量,由国务院民用航空主管部门规定。

小知识:民用机场系统

民用机场系统是由各类机场设施组成的系统。

机场的功能主要有三个方面:为飞机运行服务,提供旅客、货物运输服务以及其他服务。

机场的活动是以旅客(或行李、货物等)为中心的。活动的范围包括空中空间和陆上空间两部分。

以机场的活动内容为标准,机场的系统可分为两大部分:

(1)空域。受机场塔台控制指挥的控制区间,包括等候空区、进近净空区等;

(2)陆域。也可分为两个活动区间:①飞行区。供飞机活动(如起飞、降落、地勤服务、维修、装载、卸载等)的陆域,包括跑道、滑行道、停机坪、待飞小场地及有关服务设施等;②服务区(也称航站区)。为旅客、货物、邮件运输服务及为飞行技术服务的设施,包括候机楼、停机坪、停车场,以及指挥塔台、通信台站等。

案例分析:

旅客拦飞机被处罚

——维权不能突破法制底线

2012 年 4 月 11 日 11 时,20 余名因天气原因而误点的旅客愤怒地冲进浦东机场跑道,将一架刚刚降落的外国飞机逼停。但他们非但没有受到惩罚反而获得航空公司的超限额赔偿,反映出执法的尴尬,这一事件引起广泛的质疑。

上海警方认为,浦东机场内部分乘客擅自进入滑行道,虽无拦停飞机的故意,但其行为已经违法。因此,根据《治安管理处罚法》的有关规定,对相关人员做出了治安处罚。

专业人士认为,无论何种动机,冲击机场管控区都属于违法甚至是犯罪行为。突破法制底线,就不再是正当的维权行为。

(摘引自《楚天金报》2012 年 4 月 13 日)

思考与讨论:

2008 年 9 月 16 日下午 16 点,在执行 MU5794 石家庄—昆明的航班检查时,开包员在一名旅客的随身行李中查出水果刀一把,经开包员解释后,该名旅客同意将水果刀放入随身行李办理托运。当该旅客办完托运手续重新通过安检时,机场安全检查员观察到此旅客的走路姿势不太协调,随即对他进行严格检查,没想到竟从旅客的鞋内查出了刚才已经被“托运”了的水果刀,开包员在对其进行全面检查后,将该名旅客移交公安机关处理。

问:该名旅客触犯了什么法律规定?他应受到怎样的处罚?为什么?

复习思考题

1. 试述民用机场的概念及分类。
2. 试述民用机场的规划布局原则以及机场总体规划的报审程序及其管理。
3. 试述民用机场使用许可证的申请条件。

学习单元六　航空运输合同

学习提示

本学习单元主要介绍航空运输合同的概念、特征及分类；航空运输合同的形式与内容；航空运输合同的法律适用等问题。

背景知识链接

民用航空运输以快速、机动、高效等特点，成为各国重点发展的行业。民用航空运输又是一种特殊的商业活动，国家必须在宏观上对民用航空运输实施统一管理。

由于国际航空运输是一种特殊的运输方式，具有典型的国际性，并且囊括了公法和私法两方面的内容，故航空立法者们力图建立一个统一的国际航空运输规则来调整国际航空运输中的法律问题。在国际航空运输中最重要的国际公约是《统一国际航空运输某些规则的公约》（即1999年《蒙特利尔公约》）。我国于2005年加入该公约；同时声明：在中华人民共和国政府另行通知前，《统一国际航空运输某些规则的公约》暂不适用于中华人民共和国香港特别行政区。该公约的主要内容是统一国际航空运输规则，明确国际航空运输承运人责任，以促进国际航空运输有序发展，确保消费者权益。

当前，航空运输中主要的法律问题如图6-1所示。

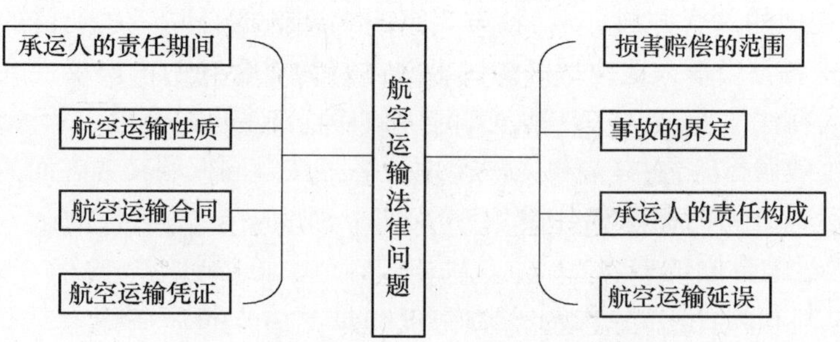

图6-1　航空运输中主要的法律问题

第一节　航空运输合同概述

民用航空运输是在航空承运人与消费者之间进行的一种商品交换活动。商品交换是这种运输的经济内容，而航空运输合同则是这类商品交换所必须采取的法律形式。在民用航空运输活动中，航空公司向消费者提供并完成运送服务，而购买这种商品的消费者则向航空公司支付相应的价款。作为社会经济活动中的一种形式，民用航空运输有偿服务是民事流转中的基本领域之一。航空运输合同是民事合同。

一、合同的概念和特征

(一) 合同的概念

合同是平等主体的当事人为实现一定目的,以双方或多方意思表示一致,设立、变更、终止权利义务关系的协议。关于合同的概念,各国的法律规定有所不同。

《中华人民共和国合同法》规定"合同是平等主体的自然人、法人、其他组织之间设立、变更、终止民事权利义务关系的协议"。但婚姻、收养、监护等有关身份关系的协议,适用其他法律的规定。

(二) 合同的特征

合同作为一种平等主体之间的协议,具有如下法律特征:

(1) 合同是一种民事法律行为。合同采取协议的形式以双方或多方的意思表示为内容,并将达成一致的意思表示赋予法律效力,是一种典型的民事法律行为,具有民法上的意义。也就是说,在合同中做出意思表示的双方或多方当事人的合同权利,要受法律的保护;而其合同义务,在当事人履行时,产生合法结果,如果当事人不履行,则要对因此产生的不利法律后果负责。

(2) 合同是双方或多方当事人意思表示一致的民事法律行为。由于合同的目的是一方当事人为了实现一定的利益,而这种利益又在对方或者他方当事人那里。因此,合同的成立必须是两个以上的当事人相互进行对应的意思表示,并达成一致意见。这样,合同中两个以上当事人的目的通过意思表示一致的协议,使意思从可能向现实转变。这是合同区别于单方法律行为的根源所在。

(3) 合同是以设立、变更、终止权利义务关系为内容的民事法律行为 。合同当事人达成意思表示一致的协议,其目的是为了他们之间设立、变更或者终止相应的权利义务关系。这种目的性在合同中是以各方当事人之间的权利义务关系的约定或设立或变更或终止为内容形式表现的。合同成立后,各方当事人之间依据合同而达到目的,实现其利益。

(4) 合同是各方当事人地位平等的民事法律行为。合同的可协议性或意思表示性,来源于合同当事人在法律上的地位平等,亦即自愿协商、自主自由意思表示一致的表现。随之而来的合同的生效履行等,更是当事人法律地位平等在合同权利义务方面的必然表现。

二、航空运输合同的概念和分类

(一) 航空运输合同的概念

《中华人民共和国合同法》规定:"运输合同是承运人将旅客或者货物从起运地点运输到约定地点,旅客、托运人或者收货人支付票款或者运输费用的合同。"(第二百八十八条)

航空运输合同是航空承运人与消费者(即旅客、货物托运及收货人、邮政机构)之间,依法就提供并完成以民用航空器运送服务达成的协议。

(二)航空运输合同的分类

民用航空运输,从空间意义上说,既有国家之间的,又有一国之内的;从时间意义上说,不但有定期航班,而且有不定期的包机;从运输对象看,通常分为旅客、行李、货物、邮件运输;从延伸服务看,目前有空海联运、空陆联运,以及空陆海联运等。为了规范民用航空运输市场中各种模式的交易活动,在人类社会经济的发展中,产生了国内旅客运输合

同、国内旅客行李运输合同、国内货物运输合同、国内邮件运输合同;国际旅客运输合同、国际旅客行李运输合同、国际货物运输合同、国际邮件运输合同。国内、国际的上述八类合同,又可细分为国内定期航班旅客运输合同、国内定期航班邮件运输合同;国内包机旅客运输合同、国内包机旅客行李运输合同、国内包机货物运输合同、国内包机邮件运输合同;国际定期航班旅客运输合同、国际定期航班旅客行李运输合同、国际定期航班货物运输合同、国际定期航班邮件运输合同;国际包机旅客运输合同、国际包机旅客行李运输合同、国际包机货物运输合同、国际包机邮件运输合同。此外,还有国内多式联运合同、国际多式联运合同等。

三、航空运输合同的特征

航空运输合同的主体,一方是承运人,另一方是旅客或者托运人,在货物运输中,还有收货人作为特殊的第三人参加法律关系(在邮件运输中,另一方当事人是邮政机构);航空运输合同的客体是承运人的运送行为;航空运输合同的内容是当事人达成协议所定的各自权利和义务。但不论何种形式,航空运输合同均具有以下法律特征。

(一)航空运输合同为双务合同

双务合同的特征以合同双方当事人是否互负义务为划分标准,合同划分为双务合同与单务合同。双务合同,是双方当事人彼此互负义务的合同。它区别于仅由一方当事人负担义务,而另一方当事人完全不负担义务的单务合同。从债的结构上看,双务,其着眼点并不在于合同双方当事人均有义务,而在于他们之互负义务。易言之,即合同双方当事人之间的权利义务彼此关联且互为因果。从关联意义上说,一方当事人的权利,恰恰是另一当事人的义务,反之亦然。此方权利的实现以彼方义务的履行为基础,而此方义务的履行也必须以彼方希望实现自己的权利为前提。从因果意义上说,由于双方当事人各自履行了约定的义务,因此他们便应享有各自相应的权利。鉴于双方当事人均享有权利,双务合同又是“双权”合同。从法律上区分双务合同与单务合同,其意义在于双务合同债的效力具有以下一些特征:①除非法律或合同另有规定,原则上双方当事人的义务应同时履行;②一方当事人因意外事故无法履行其义务时,无权要求另一方当事人履行义务。如后者已经履行其义务,前者应做出全部返还;③一方当事人出于其自己的原因不能履行其义务时,另一方当事人有权解除合同,并请求损害赔偿;④一方当事人因另一方当事人的责任而不能履行其义务时,有权请求后者履行约定的义务,或请求后者赔偿自己的损失。

在航空运输合同中,双方当事人都互负义务,承运人需将旅客或货物按照约定,安全及时地从一地运送到另一地,旅客或托运人需向承运人支付运费和有关费用,双方的义务具有对价性。因此,航空运输合同是双务合同。在航班发生延误或旅客非自愿改变航程时,旅客之所以有权要求承运人退还票款、解除合同(退票),或请求赔偿,其根据在于合同约定,但其法理却在于航空运输合同是一种双务合同。

(二)航空运输合同为有偿合同

以合同双方当事人彼此之间有无对价的给付为标准,合同划分为有偿合同与无偿合同。有偿合同,是双方当事人彼此向对方做出给付并互有对价的合同。它区别于仅有一方当事人做出给付不能形成对价,或虽有双方当事人作出给付但未能形成对价的无偿合同。从法律上区分有偿合同与无偿合同,揭示了有偿合同债的结构中所包含的财产关系,强调了有偿合同双方当事人对其各自义务的注意程度,从而进一步阐明了双方当事人之所以承担合同责任(即违约责任与赔偿责任)的原因,以及确定双方当事人合同责任范围的依据。在民用航空运输活动中,承运人以提供活动的方式满足消费者的特殊需要。航空运输合同的客体是承运人的运送行为,即承运人提供并完成的活动的成果,正是由于消费者与承运人的买卖而形成。因此,这类合同当属有偿合同。鉴于航空运输合同内容本质上是一种承运人与消费者之间的财产关系,一方当事人不履行或违反合同义务,势必直接给另一方当事人造成财产上的损害,所以双方当事人均应履行各自的合同义务,并应于不履行或违反合同义务时,依法并根据给对方当事人造成的财产损失程度,承担相应的责任。

(三)航空运输合同为诺成合同

以合同成立的要件是否包含合同标的物给付为标准,合同划分为诺成合同与要物合同(又称实践合同)。诺成合同,是一旦双方当事人达成合意,随即产生债的结构的合同。它区别于除了双方当事人必须达成合意外,还必须以实际交付合同标的物为要件,债的结构才能产生的要物合同。法律设定诺成合同的意义:一是为了阐明诸如承揽之类合同的成立要件;二是为了确定这类合同的生效时间。根据各国法律规定,这类合同一诺即成。其成立无须以合同客体的实际给付为要件,其生效以双方当事人的意思表示取得一致为标志,诺成的后果在于随即发生相应的合同法律关系。至于这种法律关系的一切外部形式,仅被视为合意加债的证据。这类合同是否成立,既不受第三人的干预,也不受除第三人以外任何其他力量的影响。就航空运输合同而言,其成立一般只需承运人与消费者就提供并完成特定运送服务达成合意,其生效以消费者完成取得运输凭证的有关手续之时为标志,运输凭证仅仅是证明合同成立,以及随即产生的承运人与特定消费者之间相应的法律关系客观存在的一种证据。简言之,客运合同自承运人向旅客交付客票时成立,而货运合同也一般是以托运人交付货物作为承运人履行合同义务的条件而非合同成立的条件。所以,航空运输合同为诺成合同。

(四)航空运输合同为格式合同

格式合同,是基本内容与形式均由一方当事人为与多数人订立合同而事先制定,并在其经营或管理活动中反复使用,而作为另一方当事人(或单独、或集体)不能对合同基本内容与形式做出任何变更的合同。《中华人民共和国合同法》规定:"格式条款是当事人为了重复使用而预先拟订,并在订立合同时未与对方协商的条款。"(第三十九条第二款)

航空运输合同的基本内容全部由承运人事先依法律、行业惯例、经营需要单方确定,而承运人所开具的客票、行李票、货运单是订立合同和接受运输条件的凭证。从要约与承诺的主体看,承运人永远是要约人,而消费者永远是承诺人;从要约与承诺的内容看,承运人一般不会对合同内容做出变更,而消费者也不能对合同基本内容做出变更。简言之,消费者只有对合同表示接受或不接受的权利,却没有对合同条件讨价还价的自由。进而言之,不论对合同内容知与不知,多知或少知,消费者均要受其约束;从要约与承诺的方式看,如果承运人根据消费者请求按条件合法出具运输凭证,只要没有相反的证据证明消费者不接受要约,就应该认定消费者已就合同成立与履行做出了具有拘束力的承诺。当然,只要没有相反的证据表明承运人没有做出要约或已变更其既定要约,同样应该认定承运人已就合同成立与履行做出了具有拘束力的要约。承运人与消费者均无须按照传统的缔约方式对合同做出签署。在解释这种合同时,应依据《合同法》第三十九条至第四十一条

的规定进行。

（五）航空运输合同是有名合同

以法律是否以特定名称命名并设有专门规范为标准划分，合同划分为有名合同（又称典型合同）与无名合同（又称非典型合同）。有名合同，指法律对合同的类型与内容已做出明确规定，并赋予特定名称，合同当事人必须对法律规定的要素做出约定的合同，它区别于法律未对合同的类型、内容以及名称做出规定，双方当事人出于交易需要，可以自行决定合同内容，只要不违反法律社会公共利益，法律便承认其合法效力的无名合同。法律设定有名合同的意义，在于对经济流转中约定俗成的交易模式做出科学的分类并赋予法定的效力，以对日常商业交往中频繁使用的各类合同提供最大限度的保护。这种保护，既体现于合同的要素以及债的结构由法律依各类合同的特殊性做出明确的特别规定，又体现于这种特别规定直接调整相应的债的结构。航空运输合同在本质上属于一种承揽合同。世界各国，或在民法与商法中于承揽合同或工作合同名下对它的有关问题做出了一般规定，或者在航空法或合同法中于航空运输合同或运送合同名下对它的基本要素做了特殊规定。例如，合同的基本内容与形式、赔偿责任等。上述诸法律直接调整承运人与消费者之间债的结构，即他们彼此间的权利义务关系，故航空运输合同应属有名合同。

第二节 航空运输合同的形式与内容

航空运输合同在现代生活与生产中为人们频繁使用。然而，由于它采取了特殊的表现形式，即仅以旅客客票及行李票、货物运单作为证明其成立、存在，以及运输条件的一种证据（邮件航空运输合同除外），而且没有一般合同那种“摸得着，看得见”的完整书面形式和详尽条款内容。因此，尽管司空见惯，然而多数人仍不免对这类合同的形式与内容有几分陌生。本节以旅客客票及行李运输合同和货物运输合同为重点，略析航空运输合同的一般形式与内容。

一、航空旅客及行李运输合同

旅客及行李运输合同，根据国际公约以及各国航空法的规定分为两个合同，即旅客运输合同和行李运输合同。由于法律没有做出禁止性规定，而且实践中将旅客客票与该旅客的行李票合为一体，可以简化运输凭证及其办理手续，节省人力、物力、时间，既便于旅客安全携带，又降低了承运人的经营成本。因此，旅客的一票在手，导致了旅客运输合同与行李运输合同的有机结合，即国际通行的旅客及行李运输合同。

从形式上看，旅客及行李运输合同采取了分离的书面形式。旅客客票及行李票作为证据，证实了旅客及行李运输合同的依法成立及客观存在。具体地说，航空旅客及行李运输合同在形式上一般由旅客客票及行李票、行李牌、逾重行李票（如托运行李逾重）、承运人旅客运价规则中的相关部分、承运人的旅客一般运输条件、承运人公之于众的其他旅客运输规章、国际条约或国内法规定的合同条款、各承运人依法达成的特别协议，以及可以作为相反的证据取代旅客客票及行李票部分内容的其他书面凭据等组成。

从内容上看，承运人通过旅客客票及行李票中的旅客及行李运输分类列举项目和合同条件，扼要地列举了旅客及行李运输合同的基本内容。

旅客客票及行李票、行李牌、逾重行李票中的旅客及行李分类列举项目，通常具有以

下内容，即旅客客票及行李票号码，通知，合同条件，缔约承运人名称出票承运人或缔约承运人代理人名称，旅客姓名，运输的始发地、经停地、目的地，航班号，座位等级，运输日期及时刻，定座情况，票价级别，旅客随身携带行李的件数、重量，航程种类（即单程、来回程，或环程，或环球程，或缺口程），旅客客票及行李票的有效期，票价的计算方法，票价总额，实付等值货币，税款，票款与税款总额，连续运输客票号码，旅客客票及行李票填制日期，旅客客票及行李票换开凭证记录，旅客客票及行李票换开记录，签注（对旅客客票及行李票的使用限制），托运行李号码，逾重托运行李的重量及加收费用，登机地点，办理登机手续的时间等。作为旅客及行李运输合同的一个有机组成部分，这些运输凭证的内容同时阐明了旅客及行李运输合同的主体（订约承运人与旅客 ）、客体（运送服务的起讫地点，运送对象旅客及行李，运送服务等级等），价款（票价）及其他税费，运输的性质（单程、来回程、环程、环球程、缺口程、非连续运输、连续运输、国际运输、国内运输），合同的生效日期与地点，实际履行合同的日期与地点（办理登机手续的时间、地点；航班起飞时间），承运人及其受雇人、代理人承担损害赔偿责任适用的法律及限额，出票承运人与订约承运人之间的代理关系，行李损害或延误后旅客的索赔期限，价款的变更，承运人及实际履行合同日期的变更，订约人与旅客就损害赔偿金额达成的特别协议（如中美航线上原适用的 1966 年蒙特利尔协议），旅客及行李运输合同的有关定义，合同条件的适用范围，合同基本构成及其内容，合同的准据法等。

在承运人的旅客运价规则中，一般均包含旅客一般票价的适用，旅客票价的折扣；旅客客票及行李票的填制、签转、变更、退票、遗失，旅客登机手续的办理，旅客行李托运手续的办理，连续运输，各项税费的收取，特殊旅客（残疾、婴幼旅客）的运送，特殊行李的运送等方面的规定。这类规定，作为旅客及行李运输合同的合同条件，规定了在旅客及行李运输合同的订立、变更、中止、终止，以及实际履行中承运人与旅客的部分权利义务。值得注意的是，承运人旅客运价规则的生效，有待承运人本国以及其航线延伸国政府的批准。根据有关国家的法律规定，如美国，在承运人就其旅客运价规则向政府提出批准申请时，该运价规则中应含该承运人旅客一般运输条件，以资审核。因此，有些承运人制定的旅客运价规则中往往包含其旅客一般运输条件。此外，尽管承运人的旅客运价规则主要是从运输费用及适用条件的角度对上述问题做出规定，而承运人的旅客一般运输条件则主要是从合同主体行为规则的角度去规定承运人与旅客之间的权利义务，然而，两者之间往往在某些问题上交叉、重复，甚至矛盾。如遇此情形，根据各承运人的旅客运价规则的规定，均应以承运人的旅客一般运输条件规定的为准。但在美国和加拿大，其情况又恰恰相反。

承运人的旅客一般运输条件，是旅客及行李运输合同双方当事人权利、义务、责任的集中体现，它详细规定了以下事宜：有关定义；适用范围；其条款与合同准据法的关系；其条款与承运人其他规定的关系；旅客客票及行李票与旅客及行李运输合同的关系；其本身与旅客及行李运输合同中合同条件的关系；承运人对旅客所持旅客客票及行李票的诸项要求；旅客遗失、毁坏，以及没有旅客客票及行李票事宜的处理；旅客客票及行李票所载权利的转让；旅客客票及行李票的有效期及其续展；旅客客票及行李票乘机联的顺序及使用；缔约承运人的名称与地址；运输的经停；票价及其他税费的支付，旅客订座的要求及其限制；旅客客票及行李票的付款期限，旅客个人情况的取得；航班座位的分配、取消订座旅客服务费用的支付、航班座位的再证实；旅客续程或航程订座的取消、对旅客办理登机手

续的要求与限制；承运人拒绝或限制运送的诸种旅客；承运人拒绝运送行李的种类、体积、形状、重量、包装；承运人对行李进行检查的程序；托运行李的程序与限额、逾重行李费的支付；旅客行李价值的声明及费用的支付、对旅客随时携带行李的要求与限制：托运行李交付给托运旅客的条件以及效力；活动物运送条件及要求，承运人对航班时刻的遵守、变更及其取消；退票的一般原则；自愿与非自愿退票的程序；遗失客票的退票程序；承运人拒绝退票的诸项原则；旅客机上行为准则；旅客对于出入境文件的提供以及对海关及安全检查的接受；被遣返、罚款、拘留旅客的运送及有关费用的支付；连续运输；承运人对旅客人身伤亡或行李损害承担损害赔偿责任的条件、例外、程序，以及赔偿金额；旅客就人身或财产损害提出索赔或诉讼的期限；承运人与旅客就增加人身损害限制赔偿金额特别协议的适用等。

承运人公诸于世的其他旅客运输规章常常适用于以下情形，即旅客取消订座服务费的收取，旅客退票手续费的支付，对因承运人超售其航班座位导致持有效旅客客票及行李票的旅客被拒绝登机做出的赔偿等。因此，它也涉及承运人与旅客的义务以及责任，是旅客及行李运输合同的一个部分。这类运输规章应通过承运人及其代理人的营业地点向社会公众公布，以使旅客在订立旅客及行李运输合同之前充分理解合同的内容，自己的权利、义务以及责任，并体现诚实信用、公平的交易规则。因此，公之于众是这类规章的一大特征。有些承运人将其《班期时刻表》也作为旅客及行李运输合同的一个组成部分。对此，应予以注意。

国际条约或国内法规定的合同条款，其目的在于实现契约正义，就国际条约而言，1929 年《统一国际航空运输某些规则的公约》等条约规定，在旅客客票及行李票中，承运人应就其旅客及行李运输受华沙公约规定的承运人损害赔偿责任规则调整的事宜做出通知，否则，承运人应受到该公约规定的制裁。从国内法看，美国、加拿大等北美国家均规定，经其政府航空主管部门审批的国内外承运人包含旅客一般运输条件的旅客运价规则，应为各承运人国际与国内旅客及行李运输合同的法定条款；各航空公司应在其旅客运价规则或旅客一般运输条件中置入特殊的消费者保护条款。这类通知、旅客运价规则、特殊的消费者保护条款，通过旅客客票及行李票当然构成特定旅客及行李运输合同内容的一个组成部分。

各承运人就旅客及行李运输合同的部分重要内容达成的特别协议目前主要分为两类：①国际航空运输协会的成员航空公司集体做出的“决议”；②世界上一部分航空公司，根据 1929 年《统一国际航空运输某些规则的公约》等条约规定，先后达成的协议。前者有国际航空运输协会第 2756 号决议等，而后者则有 1966 年《蒙特利尔协议》、1976 年《马耳他协议》等。根据上述决议，共为 11 条的《旅客客票——合同条件》作为承运人旅客一般运输条件的纲要，已被世界绝大多数航空公司，其中包括非国际航空运输协会成员者，列入其国际旅客及行李运输合同中（参阅各航空公司旅客客票及行李票扉页）。上述决议中《关于承运人对国际运输旅客承担限制损害赔偿责任的通知》与《关于承运人对行李承担限制损害赔偿责任的通知》亦同时为上述各类合同所包容。而以确立承担损害赔偿责任的客观责任制、增加承运人对旅客人身损害赔偿限制金额为目的的《蒙特利尔协议》与《马耳他协议》等，也经这些协议的缔约航空公司与旅客之间的“特别协议”，成为国际旅客及行李运输合同的一项重要内容。

可以作为相反的证据取代旅客客票及行李票部分内容的其他书面凭证，形式与内容不一，既可是承运人及其代理人以变更旅客票及行李票中既定承运人或航班为目的，事后粘贴在旅客客及行李票上的加印签条，又可是承运人为免费提高旅客舱位等而发出的有效通知，不一而足。无论采取何种形式，或变更旅客票及行李票中的何项内容，只要具有相反的证据效力，这类书面证据的内容就能够构成对于原旅客客票及行李票中某项或多项内容的变更，并如前所述，以旅客客票及行李票内容一部分的形式，成为旅客及行李运输合同的内容之一。

二、航空货物运输合同

货物运输合同的形式，与旅客及行李运输合同类似，亦为分离的书面形式。作为证据，货物运单证实了货物运输合同的法律效应、客观存在。具体地说，航空货物运输合同在形式上一般由货运单、承运人货物运价规则的相关部分、承运人的货物运输条件、国际条约或国内法规定的合同条款、各承运人依法达成的特别协议，以及可以作为相反的证据取代货物运单部分内容的其他书面凭证等组成。

以货物运单中的货物运输分类列举项目和合同条件为方式，承运人扼要地列举了货物运输合同的基本内容。货物运单中的货物运输分类列举项，通常具有以下内容，即货物运单号码，通知，合同条件，运输始发地机场，托运人名称、地址、账号，收货人名称、地址、国家、电话号码或电传号码或传真号码、账号，填制承运人货物运单代理人的名称、地址、其国际航空运输协会指定代号、账号，运输始发地、途经路线、目的地，提供并完成运送服务的第一、第二、第三承运人名称，运输目的地机场，航班，运输时刻，财务事项，运费支付使用的货币及其代号，运费，声明价值费，供运输使用的声明价值，供海关使用的声明价值，货物保险金额，参加运输的承运人所要求办理的事项（如危险品运输需附托运人申报单），货物运价细目，其他费用（动物容器租赁费、集中货物服务费、押运员服务费、货物运单成本费、银行手续费、垫付款手续费、运费到付手续费、政府税费、尸体或骨灰运输附加费、代办保险服务费、代理人杂费、货物运单填制服务杂费、动物运输服务费、包装服务费、危险物品处置服务费、运输的地面运输费、货物中途停运费、运输始发地货物保管费、运输目的地货物保管费、货物过境中转费、集装设备操作服务费等），货物运费、声明价值费以及上述其他费用的支付方式（运输开始前预付，或运输完成后到付），托运人对货物运单承运人或其代理的签字，承运人于运输目的地交付货物事宜，以运输目的地货币付费事宜（货币兑换比价、总金额及其利息等）。货物运单作为货物运输合同的一个有机组成部分，同时阐明了货物运输合同的主体（订约承运人与托运人）、第三人（收货人）、客体（运送服务的起讫地点，运送服务对象货物等）；价款（货物运费）及其他税、费的总额及其支付；运输的性质（国际运输、国内运输、非连续运输、连续运输）；合同成立日期与地点；实行履行合同的日期与地点；承运人运输货物的交付；货币兑换比价；各种费、税的利息计算等。货物运单中的合同条件一般具有以下主要内容，即货物运输合同的有关定义；连续运输；承运人及其受雇人、代理人承担的货物损害赔偿责任的适用范围以及准据法；货物损害赔偿金的计算方法；承运人与其受雇人、代理人之间的法律关系；承运人、运输手段、运输路线的变更；托运人支付货物运输费、税的保证；货物的交付；无人认领货物的处置；货物损害或延误的索赔要求、程序以及期限；因托运人过错导致的各类损害的责任承担；合同内容的变更；保险事宜等。此外，货物运单中（关于承运人损害赔偿责任的通知）还详

细列举了承运人货物损害赔偿金的限额及其与美元的折算规则。值得注意的是,国际航空运输承运人的货物运价规则一般从货物运输费用及其适用条件的角度,对以下事宜做出规定,即一般运费的适用;货物的接受原则;托运人托运货物应提供或填写的文件;货物的接受程序;各项费用的计算规则;保险;运费的支付方式及货币折兑;货物运单的填制;货物的储运;托运人对货物的处置;承运人对无法交付的托运货物的处置;货物的集装箱运送;货物的优先运输;危险物品运输;信用卡等货币以外的费、税支付方式等。这些规定中涉及具体货物运输合同的部分,作为货物运输合同的合同件,规定了在货物运输合同的订立、变更、中止、终止以及实际履行中,承运人与托运人、收货人之间的部分权利、义务。与承运人旅客运价规则一样,承运人货物运价规则应由承运人本国以及延伸国政府的批准。但应予以指出的是,这类规则在美国、加拿大的国内运输,以及运输的始发地、目的地、经停地中有一点位于美国、加拿大境内的国际运输中应替代承运人的货物运输条件单独适用,而在其他货物运输中,则应作为承运人货物运输条件的一项内容,以该承运人货物运输条件的形式予以适用。承运人的 货物“一般运输条件”,其名称为“货物运输条件”(名称中没有“一般”二字),由其本身以及承运人货物运输规则、班期时刻表(不含其中的航班起飞、到达时刻、其他公诸于世的运输规章组成,它集中地规定了货物运输合同主体承运人与托运人,以及该合同的第三人(收货人)的行为规则,是货物运输合同的核心内容,其基本内容有:有关定义;适用范围(对于涉及美国、加拿大货物运输、包机运输、免费运输的适用);准据法;其分离形式的逻辑组合;其部分内容的变更;承运人接受或拒绝货物托运的一般原则;托运货物价值金额的限制;对托运货物包装与标识的基本要求;危险、易腐、易碎货物,活动物,尸体等特种货物的运输条件;托运人对因违反特种货物运输规则给承运人导致的损害所应承担的损害赔偿责任;托运人对托运货物及其包装的检查;集装货物的运送条件及损害赔偿责任;货物运单的填制原则及其接受;托运记录单对于货物运单的替代;托运人对其托运的毁损货物的声明:承运人作为托运人的代理人填制、变更、以及补充货物运单内容的权限及效力;托运人对由运单内容错误所致损害承担的损害赔偿责任;承运人对内容涂改货物运单的处理;货物运费的计收原则、依据以及范围;各种货物运输费、税的币种,汇率,支付期限;托运人对其未付运输费、税以及可能对承运人导致的损害做出的支付或赔偿保证,托运人与收货人就此承担的连带赔偿责任;承运人对托运货物的留置权;承运人对托运人以欺诈方式少交费、税的追索权;运费到付付款方式的适用条件;承运人对拒付运费货物的拒运及免责;托运人对货物运输所需诸单证的提供及相关法律责任;承运人对违法货物的处置;关税及报关费用的支付;托运人与收货人对代付此等税、费的连带偿还责任;对班期时刻表所述航班起飞与到达时刻适用的排除;承运人对于运送时间、飞机、航线、承运人运输方式等的合法变更,以及发生不可抗力事件时,对于货物运输飞行的合理调整或取消;承运人终止运输后对货物的储存或交付;承运人对优先运输货物的决定;运输后及途中承运人对货物运送的合理中止及转委托,托运人对此承担的费用与风险;托运人及其代理人依货物运单或货物运输记录单对于托运货物的处置及其条件,程序终止、恢复;收货人的变更;托运人变更货物运输合同的条件及权利,以及承运人不能接受此等变更的通知事宜;托运人对因变更货物运输合同所发生费用的承担;承运人货物到达通知的发出对象及方式;承运人就到达货物向收货人或法定政府主管部门做出的合法交付;货物的适当交付地点;承运人对于无法交付或收货人、托运

人拒收货物的处置及其费用的承担;承运人对延误、无主、收货人拒收的易腐货物的处置,托运人与货物所有人对此承担的费用、风险,以及损害赔偿责任;接受货物运单或托运货物的收货人与托运人对未付运输费、税的连带支付责任;托运货物运输期间的起讫;承运人接受与交付托运货物的地面运输的提供及其费用的支付;货物连续运输的定义;承运人承担货物限制损害赔偿责任的范围、条件,一般原则,损害赔偿金的计算方法,以及此等责任的免除;填制货物运单承运人与缔约承运人的代理关系,以及货物赔偿责任的承担;连续承运人货物损害赔偿责任的承担;承运人的雇用人、代理人、代表人以及其授权运输的实际承运人应享有的限制或免除损害赔偿责任的保护;托运人对第一承运人、收货人对最后承运人的诉权;托运人或收货人就货物损害或延误提出索赔或提起诉讼的条件、程序以及期限等。如前所述,承运人其他公诸于世的运输规章,亦为该承运人货物运输条件逻辑组合中的一个主要部分。这类规章有承运人关于易腐货物的特别托运程序、危险品运输手册等。目前,世界各国的航空公司多参照国际航空运输协会以"建议采取的措施"公布的(货物运输条件),结合自己的实际情况与本国法律,制订其各自的国际、国内货物运输条件。

与旅客及行李运输合同的情形类似,货物运输合同同样包含着国际公约规定的合同条款。1929 年《统一国际航空运输某些规则的公约》等条约规定,在货物运单中,承运人应就其货物运输受华沙公约规定的承运人损害赔偿责任规则的调整事宜做出通知,否则,承运人应受到该公约规定的制裁。该项通知通过货物运单,即成为特定货物运输合同内容的一个组成部分。

各承运人就货物运输合同的一项重要内容达成的协议,主要有国际航空运输协会成员航空公司集体做出的第 600b 号决议《航空货物运单——合同条件》。该合同条件共计 15 条,作为承运人货物运输条件的纲要,已为世界上绝大多数航空公司,其中包括非国际航空运输协会成员予以采用。通过货物运单,它成为货物运输合同的一个核心组成部分。上述决议中的《关于承运人承担限制损害赔偿责任的通知》,亦同时成为货物运输合同的一项基本内容。

可以作为相反的证据取代货物运单或其部分内容的其他书面凭证,难以一一列举。简言之,常见者有承运人货物运输记录单与托运货物的收取凭证等。这类书面凭证作为货物运单或其部分内容的替代,构成货物运输合同的内容之一。

应附带提及的是,如上所述,货物运输合同所包含的内容不但涉及缔约的双方当事人,即承运人与托运人,而且涉及未参与缔约的收货人。简言之,货物运输合同除规定了承运人与托运人之间的权利、义务、责任之外,还规定了承运人与收货人之间的权利、义务、责任,由货物运输合同发生的债权债务(权利与义务),超越了债的相对性,并延伸至收货人并且使该合同规定,即托运人在货物运单中对收货人的指定,该收货人又是区别于一般第三人的"特定"第三人。因此,从学理上说,航空货物运输合同属于涉他合同。涉他合同又称为第三人设定权利义务的合同,具有两个显著的特征:①这类合同原则上可以为协定第三人设定权利与义务以及责任,但不能为特定第三人仅仅设定义务;②特定第三人对合同为其设定的权利、义务,以及责任享有接受或拒绝的权利。如接受,特定第三人就是债权人,但又不是合同当事人。如拒绝,合同为特定第三人设定的权利、义务以及责任,便由为特定第三人设定权利、义务以及责任的合同缔约人去行使并履行。传统合同法

恪守的原则与人们的传统观念均主张:合同产生的权利、义务对合同的各方当事人有效。认识货物运输合同的这一学理特征,有助于理解这类合同的内容,理顺由这类合同导致的法律关系。

三、航空运输合同的解释原则

航空运输合同为格式合同,其条款一经消费者承诺,即为与承运人合意的合同内容,没有个别磋商的余地。此外,航空运输合同在形式上分离存在,其内容又仅以合同条件的方式予以抽象列举,一般消费者难以得到全面清晰的理解。为了维护消费者权益,在对航空运输合同的条款进行解释时,各国司法审判机关均遵循以下两类原则。

(一) 合同解释的一般原则

合同解释的一般原则包括探求当事人真意的原则、整体解释原则,以及参酌交易惯例原则。

1. 探求当事人真意原则

真意,即消费者所认定的承运人内心真实意思的表示。探求当事人真意,就是研析承运人意思的客观表示价值。

2. 整体解释原则

整体解释,即不拘泥于航空运输合同的个别文句,着眼于订立合同的全过程,结合合同的全部条款对争议点做出解释。在运输条款前后矛盾时,还应参照其目的及经济价值做出解释。

3. 参酌交易惯例原则

交易惯例是在交易过程中形成的、为人们主观上普遍认同、客观上广为遵行的交易规则。交易惯例一经形成,就应成为一种基本理念。参酌交易惯例,即参考航空运输的国际惯例、区域惯例及行业惯例,解除航空运输合同理解中的歧义。航空运输的国际惯例与区域惯例有国际民航组织“建议采取的措施”、各国法院的司法判例等。航空运输的行业惯例则多见于国际航空运输协会“建议采取的措施”,以及其他国际、地区行业组织及多数承运人制订的规则、规章、运价以及运输条件等。

(二) 合同解释的特殊原则

合同解释的特殊原则尤其用于解释格式合同,主要有客观解释原则、限制解释原则,以及维护相对人利益解释原则。

1. 客观解释原则

客观解释,即排除作为要约人的承运人以个案的特殊性为依据所做的主观解释,以交易中常人对争议问题所能了解的客观上的可能性作为标准,对争议问题做出解释。

2. 限制解释原则

限制解释,就是对航空运输合同中的任意性条款,尤其是免责条款做出有利于要约相对人,即消费者的从严解释。

3. 维护相对人利益解释原则

在对航空运输合同的内容存在多种解释的可能性时,令制定合同内容的承运人承担由此造成的风险,并采用其中最有利于要约相对人,即消费者利益的解释,以消除歧义。这样的解释即为维护相对人利益的解释。

我国《合同法》规定:“对格式条款的规定发生争议的,应当按照通常理解予以解释。

对格式条款有两种以上解释的,应当做出不利于提供格式条款的一方的解释。格式条款和非格式条款不一致的,应当采用非格式条款。"(第四十一条)

综上所述,本节分别以旅客客票及行李票与货物运单为逻辑始点,研析了旅客及行李运输合同与货物运输合同的形式和内容。因此,上述两类合同显然是适用于定期航班运输的航空运输合同。但是,通过承运人与消费者的约定,这两类合同即可适用于不定期飞行的包机。从这一意义上说,上述研析又是对一般航空运输合同的形式与内容的探讨。最后,应提及的是邮件运输合同。这类合同由承运人与邮政机构协商订立,并无诸如旅客客票及行李票和货物运单之类的运输凭证或法定证据,故其形式和内容与一般民事合同类似。

第三节 航空运输合同的法律适用

在航空运输中,致使旅客因航空器事故死亡或受伤,货物损坏或丢失,以及因航空运输延误导致旅客或货主遭受损失时,就会发生航空运输承运人应适用什么法律承担损害赔偿责任的问题。

一、国际条约

调整航空运输合同的国际条约,目前处于主导地位的是"华沙体制"(The Warsaw System)。"华沙体制"由1929年《华沙公约》以及修改或补充该公约的1955年《海牙议定书》、1961年《瓜达拉哈拉公约》、1971年《危地马拉议定书》,以及1975年蒙特利尔四个议定书构成。1999年5月28日,由国际民用航空组织主持召开的航空法国际会议通过了《统一国际航空运输某些规则的公约》(简称1999年《蒙特利尔公约》),取代"华沙体制",对国际航空运输承运人的责任制度产生重大而深远的影响。与华沙体制相衔接的,还有各航空公司之间订立的各项协议。

(一) 1929年《华沙公约》

正如其名称所昭示,《华沙公约》对国际航空运输"某些规则"做出了统一规定。具体地说,经《华沙公约》统一的规则,主要涉及国际运输中的两个方面,即航空运输凭证与航空承运人航空损害赔偿责任。

1.《华沙公约》的适用范围

对于适用范围,《华沙公约》第一条第一、二、三款分别做了如下规定:

(1) 本公约适用于所有以航空器运送旅客、行李或货物而收取报酬的国际运输。本公约同样适用于航空运输企业以航空器办理的免费运输。

(2) 本公约所称的"国际运输",系指根据各当事人所定的合同约定,不论在运输中有无间断或转运,始发地点和目的地点是在两个缔约国内,或者在一个缔约国内,而在另一个缔约国,甚至非缔约国内有一个约定的经停地点的任何运输。在同一缔约国内两个地点之间的运输,如果没有这种约定的经停地点,对本公约而言,不被认为是国际运输。

(3) 几个连续的航空承运人所办理的运输,如果被合同各当事人认为是一个单一的业务活动,则无论是以一个合同或一系列合同的形式订立,就本公约的适用来说,应当视为一项不可分割的运输,并不因其中一个合同或一系列合同完全在同一缔约国的领土内履行而丧失其国际性质。

可以看出，《华沙公约》只适用国际航空运输。而国际航空运输，是指航空器的始发地点位于两个国家的运输；或始发地点和目的地点属同一国，但航空器在另一国家有一约定的经停地点的运输。

2. 国际航空运输凭证

在航空运输凭证中，《华沙公约》规定了运输凭证的法定形式、法定内容、法定效力、对违反该规则的承运人实施的法定制裁，并体现了航空运输以合同为准则的基本原则。

根据该公约规定，运输凭证的法定形式为书面形式。旅客客票一式一份，交旅客持有；旅客行李票一式两份，由承运人和旅客分别持有。航空货运单有正本和副本之分，正本一式三份，分别交托运人、承运人、收货人。运输凭证的法定内容因运送服务对象而异。旅客客票应具有5项内容，旅客行李票应具有8项内容，而货物运单则应具有17项内容。应予注意的是运输凭证的法律效力。尽管在有关旅客客票以及旅客行李票的有关条款中，《华沙公约》并未做出明确规定，然而其第三、四、十一条已间接或直接表明，如无相反的证据，运输凭证是运输合同订立，合同运输条件的接受，以及承运人接受货物的证据。但其证据效力又仅限于“证据”的范围之内。如消费者未取得或遗失运输凭证或者运输凭证不规范，并不影响运输合同的存在与有效，以及航空承运人损害赔偿责任规则的适用。关于制裁，该公约规定了承运人违反航空运输凭证规则应予制裁的三种行为，即接受旅客，或旅客行李，或货物不出具运输凭证；旅客行李票未含其法定内容的第四、六、八项；货物运单未含其法定内容的第一项第九项与第十七项。制裁方式均为剥夺承运人援引该公约关于免除或限制承运人损害赔偿责任的规定为自己辩护的权利。简言之，一旦损害发生，承运人应无条件地承担无限制损害赔偿责任。最后，航空运输以合同为准则的基本原则虽未经该公约做出明确文字表述，但却贯穿于航空运输凭证规则始终。而从某种意义上说，该规则本身就是一套运输合同的证据规则，从一个侧面反映出合同在运输中的行为规范的地位。

3. 承运人的责任

在航空承运人损害赔偿责任规则中，《华沙公约》规定了承运人承担损害赔偿责任的范围，一般原则，损害赔偿原则，消费者索赔期限与诉讼期限，损害赔偿责任争议司法管辖与程序以及仲裁等事宜。

1）承运人承担损害赔偿责任的范围

承运人承担损害赔偿责任的范围，为航空运输中的旅客人身损害、旅客行李损害、托运人或收货人货物损害，以及由延误给旅客、旅客行李、托运人或收货人货物导致的损害。

“航空运输中”，就旅客而言，系指其在航空器上，以及上、下航空器的全部期间；就旅客行李或货物而言，则指自托运时始，至交付时止，这些物品被置于机场内外以及航空器上，处于承运人监管之下的全部期间。尽管机场以外的陆运、海运、河运不属于“航空运输”，但在履行航空运输合同期间，于以装、卸、转运旅客行李或货物为目的陆运、海运、河运过程中，如旅客行李或货物发生损害，除非具有相反的证据，否则就应推定导致损害的事件发生于“航空运输”之中。

“损害”系指主观上由承运人过错行为所致，客观上表现为事故或事件结果的消费者人身伤亡或财产毁损，其中包括由延误导致的这类财产损害。

2）承运人承担损害赔偿责任的一般原则

承运人承担损害赔偿责任的一般原则，为过错责任原则。

过错责任原则，是为各国民法所普遍采用的承担民事责任的一般原则之一。其基本含义为，实施不法行为并造成损害后果的行为人是否承担民事责任，应以其主观上有无过错，即故意或过失作为前提条件。因此，这种以其主观上有无过错作为前提条件承担责任的原则，又称为"主观责任制"。

值得注意的是，作为承担民事责任的一般原则，过错责任原则在《华沙公约》意义上的适用，与其在一般民法意义上的适用相比较，具有两个显著的特征：①《华沙公约》对行为人过错的两种主观形态做出了严格区分，因为由故意行为所导致的法律后果与由过失行为所导致的法律后果迥异。而从一般民法意义上说，区分行为人过错的两种主观形态，从行为人所承担的法律后果上看，并无实质意义，因为无论损害由故意行为所导致还是由过失行为导致，其法律后果均同。②《华沙公约》对行为过失的认定，采用了推定过失责任原则，即举证责任由作为原告人的消费者转移致作为被告人的承运人；除非经承运人举证，证明其主观上没有过失，否则就依法推定承运人主观上具有过失，并应判令其承担损害赔偿责任。

"承运人主观上没有过失"，系指为避免损害，承运人已经采取一切必要措施，或不可能采取此等措施。此外，作为适用过错责任原则的例外，如旅客行李或货物损害系领航，或导航，或航空器操作上的过失行为所导致，在其他方面承运人及其受雇人已经采取一切避免损害的措施，经承运人举证证明，承运人不应承担损害赔偿责任。当然，如经承运人举证，证明损害由受损害人的过失行为所造成或促成，案件审理法院可根据其法律，免除或减轻承运人的损害赔偿责任。

3）承运人损害赔偿原则

就承运人具体的损害赔偿原则而言，《华沙公约》确定了三项基本原则：

（1）限制损害赔偿原则；

（2）以声明价值金额为根据损害赔偿原则；

（3）无限制损害赔偿原则。

对经法院推定，由承运人过失行为导致的损害，承运人承担限制损害赔偿责任，即每一位旅客以12.5万法郎为限（约折合1万美元）；旅客托运行李或货物每公斤以250法郎为限（约折合20美元）；旅客自理行李以5000法郎为限（约折合400美元）。所述法郎，均指含有90%成色、65.5毫克黄金的法国金法郎。所述金额，可折合任何国家的货币后取其整数。

对托运时消费者已就其行李或货物运抵目的地的利益，向承运人做出特别声明，并支付附加费用的物品损害，除非经承运人证明物品的声明的金额高于实际价值，否则承运人应以声明的金额为依据承担损害赔偿责任。

对经原告人举证，承运人具有故意行为或相当于该故意行为的过失行为；或者承运人具有违反航空运输凭证规则的行为，且这些行为与损害之间具有因果关系，承运人应承担无限制损害赔偿责任。

4）消费者索赔期限与诉讼期限

关于消费者索赔期限与诉讼期限，《华沙公约》规定，对运输中旅客托运行李或货物损害，收件人应分别于行李接收之日后3日内、货物接收之日后7日内提出书面异议；对由延误导致的旅客托运行李或货物损害，收件人应于行李或货物接收之日后14日内提出

书面异议。否则,除非具有相反证据,或者承运人具有欺诈行为,均应推定上述行李或货物已完好地交付给消费者,并且其运输符合运输凭证中的约定,受损害人不再享有提起索赔诉讼的权利。

损害赔偿责任的诉讼,应自提供运输的航空器到达运输合同约定的目的地之日,或者应达到该目的地之日,或者运输停止之日起2年内,由原告提起。

5）损害赔偿责任司法管辖与程序

对航空运输中消费者人身或财产损害赔偿责任争议享有司法管辖权的法院有承运人住所地法院、承运人主营业地法院、航空运输合同予以订立的承运人营业机构所在地法院、运输目的地法院。原告人有权择一而诉。

审理上述责任争议案件的程序事宜,由案件审理法院所适用的法律予以调整。

6）仲裁

对航空运输中的货物损害赔偿争议,可于上述四个对此类案件享受司法管辖的法院地之一,根据《华沙公约》规定,通过申请仲裁机构仲裁,予以解决。

（二）1955年《海牙议定书》

《海牙议定书》作为继《华沙公约》诞生的一个国际条约,并未对《华沙公约》基本框架做实质性修改,而是《华沙公约》的部分缔约国,以《华沙公约》为基础,对航空运输凭证规则与航空承运人损害赔偿责任规则做出的进一步统一和完善。在形式上,《海牙议定书》与《华沙公约》构成一个不可分离的统一法律文件;而在内容上,《海牙议定书》又与《华沙公约》构成一组有机结合的法律规范群体。正因为如此,缔约国将《海牙议定书》的正式名称定为《修改一九二九年十月十二日在华沙签订的统一国际航空运输某些规则公约的议定书》。国际航空法的专家学者将《海牙议定书》修正的《华沙公约》简称为《华沙/海牙规则》。它对《华沙公约》的修改主要表现在以下两个方面。

1. 简化了运输凭证的规定

在航空运输凭证规则中,旅客客票、旅客行李票以及航空货运单的法定内容均被简化为四项,且《海牙议定书》明确规定旅客行李票可与旅客客票结合使用或包含于后者之中使用;如无相反的证据,旅客客票应为运输合同订立及其合同条件的证据;旅客行李票应为承运人接受旅客行李托运与运输合同条件的证据。此外,它还加强了统一航空运输凭证内容的立法力度,以令承运人承担无限制损害赔偿责任为制裁方式,对违反该议定书规定未在运输凭证中做出上述通知的行为进行处罚。最后,对货物运单可予以转让问题也予以肯定。

2. 改写了《华沙公约》第二十五条

对"有意的不良行为"做出了定义。《华沙公约》第二十五条规定:"如果损失的发生是由于承运人的有意的不良行为造成的,或者由于承运人的过失造成,而根据受理案件的法院的法律,这种过失被认为相当于有意的不良行为,则承运人无权援用本公约关于免除或者限制承运人责任的规定。同样,如果损失是在相同的情势下由承运人的受雇人在执行其职务范围内造成的,承运人也无权援用这种规定。"经《海牙议定书》修改后的条文如下:"如经证明损失是由于承运人或其受雇人故意造成损失或者意识到可能造成损失而轻率地作为或不作为造成的,不适用第二十二条规定的责任限额;受雇人有上述作为或不作为造成的,还必须证明他们是在执行职务范围内行事。"

3. 提高了承运人对每位旅客的责任限额

将承运人对每位旅客的责任限额提高1倍,即从12.5万金法郎提高到25万金法郎(当时约合1.66万美元)。

除上述重要变更外,对航空承运人损害赔偿责任规则还进行了以下调整。

1)缩小了承运人对旅客行李、货物损害免责范围

在领航、导航、航空器操作过程中产生的过失行为,不再构成免除承运人损害赔偿责任的法定依据。

由货物属性或内在缺陷导致的运输中货物损害,则可构成免除承运人损害赔偿责任的法定依据。

2)补充规定了托运行李、货物理赔重量计算方法

如旅客托运行李或货物在运输中部分损害,或被延误,据以确定承运人损害赔偿限额的重量,仅为受到部分损害或延误物品所在包、件的总重量。但如这些物品的部分损害或延误影响到同一旅客行李票或同一货物运单所列明的其他包、件中物品的价值时,据以确定上述限额的重量,则应为受损害或延误物品所在包、件重量与其价值已受到不利影响物品所在包、件重量之和。

3)延长《华沙公约》规定的索赔期限

旅客行李损害提出异议期限由原3日延至7日;

货物损害提出异议期限由原7日延至14日;

旅客托运行李或货物延误提出异议期限由原14日延至21日。

4. 就损害赔偿金货币折算事宜做出规定

据该议定书规定,法国法郎可折算为任何国家的货币。折算结果应取整数。诉讼时,这种折算应以受理案件法院对案件判决当日,法院所在地国货币所含黄金价值为依据。

5. 确认了航空承运人损害赔偿责任规则对受雇人、代理人的适用

为了填补《华沙公约》的空白,《海牙议定书》规定,如承运人的受雇人或代理人举证,证明其导致消费者人身或财产损害的过失行为,系在履行其职责过程中发生的行为,与承运人一样,这些受雇人或代理人也可获得限制损害赔偿责任条款的保护。反之,如经原告举证,证明上述损害系承运人的受雇人或代理人于履行其职责过程中的故意行为所致,也与承运人相同,这些受雇人或代理人不得取得限制损害赔偿责任的保护,应因此承担无限制损害赔偿责任。如经法院裁定,承运人及其受雇人、代理人均承担限制损害赔偿责任,则其损害赔偿金总和不应超出该议定书规定的诸项限额。

在“最后条款”中,《海牙议定书》阐述了它与《华沙公约》之间的框架关系,其法律规范与《华沙公约》法律规范之间的逻辑关系,以及两个条约缔约国之间的法律关系。它规定,在该议定书各缔约国之间,《华沙公约》与该议定书应视为并解释为一个文件,统称为《一九五五年在海牙修正的华沙公约》;凡非华沙缔约国对该议定书的批准或加入,即为加入经议定书修正的《华沙公约》。而此后,该议定书缔约国从《华沙公约》的退出,不应解释为从经《海牙议定书》修正的《华沙公约》的退出。

(三)1961年《瓜达拉哈拉公约》

《瓜达拉哈拉公约》的意义则在于,在《华沙公约》尚未涉及的领域,即实际航空承运人的损害赔偿责任规则领域,对《华沙公约》做出了补充,确立了统一的实际航空承运人

损害赔偿责任规则。

在实际航空承运人损害赔偿责任规则中，航空承运人区分为“订约承运人”与“实际承运人”。“订约承运人”，是指作为本人，与旅客、托运人以及旅客或托运人的代理人，签订受《华沙公约》调整的运输合同的人。

“实际承运人”，则指根据订约承运人授权以及订约承运人与旅客、托运人以及旅客或托运人的代理人，签订的受《华沙公约》调整的运输合同规定，实施部分或全部运输的人。但实施《华沙公约》定义的连续运输者，即连续承运人，而不是“实际承运人”。

《瓜达拉哈拉公约》上的《华沙公约》具有特定含义，它根据已约定适用《华沙公约》的运输合同的规定，或指《华沙公约》，或指经《海牙议定书》修正的《华沙公约》。

订约承运人与实际承运人之间的法律关系如下：

实际承运人根据订约承运人的授权，作为后者的授权代理人，可以履行由订约承运人与旅客、托运人以及其代理人签订的运输合同。如无订约承运人明确授权，在没有相反证据时，即推定在订约承运人与实际承运人之间存在这种授权。除非《瓜达拉哈拉公约》另有规定，实际承运人受订约承运人委托实施或与后者共同实施的运输，均应受《华沙公约》的调整。具体地说，就订约承运人而言，《华沙公约》适用于运输合同约定的全部运输。但就实际承运人而言，《华沙公约》仅适用于由其实施的那部分运输。

在由实际承运人实施的运输中，实际承运人及其正在履行职责的受雇人或代理人的作为或不作为，应推定为订约承运人的作为和不作为。订约承运人及其正在履行职责的受雇人或代理人的作为或不作为，则应推定为实际承运人的作为或不作为，但任何此种作为或不作为都不应使实际承运人超过《华沙公约》第二十二条规定限额的责任。除非经实际承运人同意，订约承运人签订的以放弃《华沙公约》赋与的权利或承担该公约未设定义务为内容的特别协议，或者旅客、托运人依《华沙公约》第二十二条规定就其行李或货物于目的地交付时的利益所做出的特别声明，均不应对实际承运人发生不利影响。

根据《华沙公约》有关规定提出的异议或发出的指令，无论是向缔约承运人送达，还是向实际承运人送达，均应具有同等的效力。但是，根据《华沙公约》第十二条，托运人就变更货物运输合同事宜做出的通知，只有向订约承运人发出方具有效力。

经实际承运人或订约承运人的受雇人、代理人举证，证明其行为系履行其职责并符合《华沙公约》规定，这些受雇人或代理人可依《华沙公约》第二十二条承担限制损害赔偿责任。

如经原告人举证，证明消费者人身或财产损害系实际承运人或订约承运人的受雇人、代理人的故意行为所致，这些受雇人或代理人应承担无限制损害赔偿责任。

原告人从实际承运人、订约承运人以及其受雇人、代理人获得的损害赔偿金总额，不应超过依该公约规定可能判令缔约承运人或实际承运人承担的最高限额，并且实际承运人、缔约承运人以及其受雇人、代理人均不应超过对其适用的损害赔偿金限额，对上述损害承担损害赔偿责任。

涉及实际承运人损害赔偿责任的诉讼，被告人可由原告人做出选择。既可对实际承运人或缔约承运人二者之一提起，又可同时或分别对二者提起。

诉讼地点应由原告做出选择。不仅可在《华沙公约》第二十八条规定的四个地点择一而定,还可诉至实际承运人住所地或其主营业地法院。

(四) 1971年《危地马拉议定书》

《危地马拉议定书》是就旅客及其行李运输,对经《海牙议定修正书》的《华沙公约》中的航空承运人损害赔偿责任规则做出了重大更正。该议定书所修订的主要内容如下。

1. 将《华沙公约》的推定过失责任制改为客观责任制

《危地马拉议定书》引入客观责任原则,是最引人注目的、并确立损害赔偿金限额非经法定变更不可突破的原则。责任原则的含义为:在法定的范围内,不论行为人主观上有无过错,只要其行为给他人造成人身或财产损害,就应承担民事责任。根据《危地马拉议定书》规定,除非系旅客健康状况或行李属性、内在缺陷所致,对于旅客人身伤亡或其行李损害,只要事件发生于运输期间,承运人即应承担损害赔偿责任。经该议定书第四条修改后的《华沙公约》第十七条为:

"一、在旅客死亡或遭受任何身体损害时,只要造成死亡或身体损害的事件发生在航空器上或是在上、下航空器的过程中,承运人即应对由此造成的损失承担责任。但是,如果死亡或身体损害纯系旅客健康状况所致,则承运人不承担责任。

二、在行李毁灭、遗失或损坏时,只要造成这一毁灭、遗失或损坏的事件发生在航空器上、装卸过程中或在承运人掌管的期间,承运人即应对由此造成的损失承担责任。但是,如果损失纯系行李的属性或本身的缺陷所致,则承运人不承担责任。"

2. 大幅度提高责任限额

对旅客的最高赔偿限额为150万金法郎(当时相当于10万美元),并取消了托运行李与手提行李的差别,对每一旅客行李被延误以1.5万法郎(1000美元)为限,对每名旅客延误造成损害以6 .52万法郎(5000美元)为限。就承运人损害赔偿责任提起的诉讼,无论根据如何,上述损害赔偿金最高限额均不得突破。

然而,值得注意的是,该议定书对因延误给旅客造成的损害,仍采取《华沙公约》的主观责任制,即过失责任制。

3. 取消了行李分类

在损害赔偿最高限额层面,它取消了对旅客托运行李与旅客随身携带行李、经声明实际利益的旅客托运行李与未声明实际利益的旅客托运行李四类行李做出的两种区分,用一个以每位旅客为计算单位的行李损害赔偿金最高限额取而代之,不但简化了旅客行李损害赔偿法律规范,而且进而实现了运输始发地旅客登机手续及损害发生后承运人理赔手续的简化。

4. 设立了旅客人身伤亡补偿制度

为尽可能弥补人身伤亡对索赔人利益的损害,作为对承运人限制赔偿原则的补充,它设立了旅客人身伤亡补偿制度。该制度以不附加该公约规定之外的承运人及其受雇人、代理人的损害赔偿责任,不增加承运人的财务或管理负担,不致使旅客在各承运人之间受到歧视为前提,通过在一缔约国领土内依法向旅客收取一定的费用,在旅客人身受到伤亡时,向旅客或其索赔人做出补偿。根据自愿原则,该制度由各缔约国酌情采用。

5. 增加了一个可起诉法院

在《海牙议定书》规定的四个对涉及承运人损害赔偿责任的诉讼享有司法管辖权的地点之外,为加强对消费者权益的保护,它又将旅客具有住所或永久性居所的缔约国中,

对承运人的机构享有司法管辖权的地点，增加为旅客就其人身伤亡或行李损害提起诉讼时可自愿选择的地点。

6. 对运输凭证的修改

对于航空运输凭证规则，《危地马拉议定书》为适应航空运输凭证剧烈变革的发展趋势，做出了两大重要变更：①将旅客运输中传统的一客一票原则，改为既可一客一票，又可多客一票的原则；②变革了传统的旅客客票与旅客行李票的一般形式，凡载有运输始发地和目的地，在该始发地和目的地均于同一缔约国领土内，而于另一国领土内有一个或几个约定经停点时，至少标明其中一个约定经停点旅客客票或旅客行李票，无论采用何种方式，均可以取代传统的运输凭证，以在运输中使用。

这些变更不但大大简化了旅客及其行李的运输凭证，而且为高新电子技术在旅客及其行李的航空运输业务实践中的应用与推广创造了必要条件。

调整国际航空运输的国际公约，还有 1975 年蒙特利尔四个议定书、与华沙体制相衔接的航空公司协议、1999 年《蒙特利尔公约》等，在此不一一介绍了。

二、国内法

各个国家的国内法是调整航空运输合同的准据法。

从大陆法系的欧洲国家看，在法国、德国、瑞士等国家，对于《华沙公约》意义上的国际航空运输合同，除由华沙体制与《就定期运输中拒绝登机旅客赔偿制度确立的原则》调整外，尚由其国内航空法对华沙体制等未予调整事宜做出调整，再由民法典与商法典分别对国内航空法未予调整事宜做出调整。此外，关于对“一般合同条款”予以限制的立法，如德国的《一般合同条款法》也对航空运输合同进行调整。

从英、美法系看，在英国，对于《华沙公约》意义上的国际航空运输合同，除由华沙体制与《就定期航班运输中拒绝登机旅客赔偿制度确立的原则》调整外，尚由判例法对华沙体制等未予调整事宜做出调整。对于非《华沙公约》意义上的国际运输合同与国内航空运输合同，则适用航空运输法、判例法以及空中货物运输法等。在美国，对于《华沙公约》意义上的国际航空运输合同，除华沙体制调整外，航空法、判例法与有关消费者权益保护的立法亦对其作出调整。对于非《华沙公约》意义上的国际航空运输合同与国内运输合同，则由各州的法律或判例法调整。应予指出的是，在决定国际航空运输合同的准据法时，还需分别适用各国的冲突规范。

我国是《华沙公约》与《海牙议定书》的加入国。对于《华沙公约》意义上的国际航空运输合同，应分别适用华沙体制、民用航空法以及民法。对于非《华沙公约》意义上的国际航空运输合同与国内航空运输合同，则应分别适用民用航空法、其他关于航空运输的行政法规以及民法。此外，中国民航总局还发布有《中国民用航空旅客、行李国内运输规则》(1985 年 1 月 1 日制定，1996 年 2 月 28 日修订)。

我国《民用航空法》第九章“公共航空运输”，对航空运输凭证、缔约承运人及实际承运人的损害赔偿责任做了专门规定。

(一) 承运人承担损害赔偿责任的一般原则

1. 对消费者人身伤亡及行李、货物损失实行客观责任制

“因发生在民用航空器上或者在旅客上、下民用航空器过程中的事件，造成旅客人身伤亡的，承运人应当承担责任。”(第一百二十四条)

“因发生在民用航空器上或者在旅客上、下民用航空器过程中的事件,造成旅客随身携带物品毁灭、遗失或者损坏的,承运人应当承担责任。因发生在航空运输期间的事件,造成旅客的托运行李毁灭、遗失或者损坏的,承运人应当承担责任。”(第一百二十五款)

“因发生在航空运输期间的事件,造成货物毁灭、遗失或者损失的,承运人应当承担责任。”(第一百二十五条第五款)

2. 对由延误给消费者导致的损失实行主观责任制

“旅客、行李或者货物在航空运输中因延误造成的损失,承运人应当承担责任;但是,承运人证明本人或者其受雇人、代理人为了避免损失的发生,已经采取一切必要措施或者不可能采取此措施的,不承担责任。”(第一百二十六条)

(二) 承运人的免责条件

在下列情况下,承运人不承担责任:

(1)“旅客的人身伤亡完全是由于旅客本人的健康状况造成的,承运人不承担责任。”(第一百二十四条)

(2)“旅客随身携带物品或者托运行李的毁灭、遗失或者损坏完全是行李本身的自然属性、质量或者缺陷造成的,承运人不承担责任。”(第一百二十五条第二款)

(3)“承运人证明货物的毁灭、遗失或者损坏完全是由下列原因之一造成的,不承担责任:

1) 货物本身的自然属性、质量或者缺陷;

2) 承运人或者其受雇人、代理人以外的人包装货物的,货物包装不良;

3) 战争或者武装冲突;

4) 政府有关部门实施的与货物入境、出境或者过境有关的行为。”(第一百二十五条第四款)

(4) 在延误造成损失的情况下,“承运人证明本人或者其受雇人、代理人为了避免损失的发生,已经采取一切必要措施或者不可能采取此种措施的,不承担责任。”(第一百七十六条)

(5) 此外,“在旅客、行李运输中,经承运人证明,损失是由索赔人的过错造成或者促成的,应当根据造成或者促成此种损失的过错的程度,相应免除或者减轻承运人的责任。旅客以外的其他人就旅客死亡或者受伤提出赔偿请求时,经承运人证明,死亡或者受伤是旅客本人的过错造成或者促成的,同样应当根据造成或者促成此种损失的过错的程度,相应免除或者减轻承运人的责任”。“在货物运输中,经承运人证明,损失是由索赔人或者代行权利人的过错造成或者促成的,应当根据造成或者促进此种损失的过错的程度,相应免除或者减轻承运人的责任”。(第一百二十七条)

(三) 承运人损害赔偿原则

1. 对航空运输中消费者人身伤亡及财产损失予以限额赔偿

(1) 国内航空运输承运人的赔偿责任限额由国务院民用航空主管部门制定,报国务院批准后公布执行。(第一百二十八条第一款)

(2)国际航空运输承运人的赔偿责任限额按照下列规定执行:

① 对每名旅客的赔偿责任限额为16600计算单位(即特别提款权,下同);

② 对托运行李或者货物的赔偿责任限额为每公斤17计算单位:

③ 对每名旅客随身携带的物品的赔偿责任限额为332计算单位。(第一百二十九条)

2. 限额赔偿的例外

(1) 国际航空运输的旅客可以同承运人书面约定高于规定的赔偿责任限额。(第一百二十九条)

(2)对托运行李和货物办理声明价值手续,承运人在声明金额范围内承担责任。(第一百二十八条第二款、第一百二十九条第二款)

(3) 在国内航空运输中,承运人同意旅客不经其出票而乘坐民用航空器的;载运托运行李而不出具行李票的;同意未经填具航空货运单而载运货物的,承运人无权援用《民用航空法》关于赔偿责任限制的规定。在国际航空运输中,承运人同意旅客不经其出票而乘坐民用航空器:载运行李而不出具行李票的;未经填具航空货运单而载运货物的;或者在客票、行李票或者货运单上未载明所适用的国际航空运输公约规定的声明的,承运人无权援用《中华人民共和国民用航空法》关于赔偿责任限制的规定。(第一百一十一条、第一百一十二条、第一百一十六条)

(4) 经证明,航空运输中的损失是由于承运人或者其受雇人、代理人的故意或者明知可能造成损失而轻率地作为或者不作为造成的,承运人无权授用《民用航空法》关于赔偿责任限制的规定;证明承运人的受雇人、代理人有此种作为或者不作为的,还应当证明该受雇人、代理人是在受雇、代理范围内行事。(第一百三十二条)

(四) 索赔期限与诉讼时效

"旅客或者收货人收受托运行李或者货物而未提出异议,为托运行李或者货物已经完好交付并与运输凭证相符的初步证据。托运行李或者货物发生损失的,旅客或者收货人应当在发现损失后向承运人提出异议。托运行李发生损失的,至迟应当自收到托运行李之日起七日内提出;货物发生损失的,至迟应当自收到货物之日起十四日内提出。托运行李或者货物发生延误的,至迟应当自托运行李或货物交付旅客或者收货人处置之日起二十一日内提出。

任何异议均应当在前款规定的期间内写在运输凭证上或者另以书面提出。

除承运人有欺诈行为外,旅客或者收货人未在本条第二款规定的期间内提出异议的,不能向承运提出索赔诉讼。"(第一百三十四条)

"航空运输的诉讼时效期间为二年,自民用航空器到达目的地点,应当到达目的地点或者运输终止之日起计算。"(第一百三十五条)

(五)《中华人民共和国民用航空法》的适用范围

"中华人民共和国缔结或者参加的国际条约同本法有不同规定的,适用国际条约的规定";"中华人民共和国法律和中华人民共和国缔结或者参加的国际条约没有规定的,可以适用国际惯例"。(第一百八十四条)

"民用航空运输合同当事人可以选择合同适用的法律,但是法律另有规定的除外;合同当事人没有选择的,适用与合同有最密切联系的国家的法律。"(第一百八十八条)

"依照本章(第十四章)规定适用外国法律或者国际惯例,不得违背中华人民共和国的社会公共利益。"(第一百九十条)

案例分析:航班延误,承运人需要对旅客进行哪些赔偿?

——乘客因航班延误集体诉航空公司案

1. 案情简介

原告:米华丰等

被告:某航空公司

1998年6月12日,原告米华丰等人乘坐被告某航空公司的7604航班从大连经天津到太原,在始发站由于天气原因飞机延误8小时18分后起飞,乘客在大连机场等候时,航空公司地面代理人大连机场按规定向乘客提供了服务。该航班从大连到达天津,准备从天津再次起飞时,因飞机发生机械故障改在6月13日上午10时起飞。当晚,被告航空公司对机械故障进行分析研究后,及时调动机务人员从太原赶往天津抢修飞机,并按规定为原告乘客免费安排了食宿。6月13日上午飞机故障没有排除,15时左右,原告乘客提出退票,被告航空公司的地面服务代理人以到出票地退票为由拒绝了这一要求。后经交涉,天津机场为乘客李武军、何如一及由天津始发的五位乘客办理了退票手续,其他乘客未予办理。17时30分,被告航空公司通知原告飞机故障排除,请原告登机,原告拒绝。经天津机场负责人出面做工作,乘客于19时45分登机,飞机于21时10分到达太原 。原告到达太原机场后,将联名签署的抗议书提交机场值班人员。1998年6月18日,被告航空公司针对原告的投诉,向民航总局做了汇报,并将此事件的书面的情况说明和致歉信交给原告代表米华丰,对原告所投诉的问题进行了说明并表示歉意。对此,原告并不满意,在太原市中级人民法院提起诉讼。

2. 案件结果

在案件审理过程中,乘客的诉讼代表人坚持将《消费者权益保护法》作为本案的适用法,要求赔偿他们通信、交通、饮食、医疗、携带物品、耽误工作、精神损害等"综合损失",并在庭审结束后单独向法院审判委员会致函,提出按《消费者权益保护法》第四十九条双倍赔偿机票款。航空公司则指出,1995年10月30日第八届全国人大常委会第十六次会议通过的《中华人民共和国民用航空法》是调整民用航空活动包括航空运输合同关系的基本法律,该法第一百三十一条明确规定:"有关航空运输中发生的损失的诉讼,不论其根据如何,只能依照本法规定的条件和赔偿责任限额提出。"法院采纳了航空公司的意见,太原市中级人民法院根据《中华人民共和国民用航空法》和《中国民用航空旅客、行李国内运输规则》做出一审判决,原告起诉要求每人赔偿400元,判决每人200元,诉讼费各付一半。在法定期限内双方均未上诉。

(案情及结果来自于《航空法判例与学理研究》,群众出版社2001年版)

3. 法理评析

此案是依据民航法确定航班延误时旅客与航空公司法律责任的典型案例,涉及的主要问题是在航班延误的情况下,航空公司是否承担责任,以及如何承担责任。

1)航班延误的法律适用

航空运输合同是民事合同。航空运输合同是航空承运人与消费者(即旅客、货物托运人以及收货人、邮政组织)之间,依法就提供并完成以民用航空器运送服务达成的协议。因此,在本案中,乘客与航空公司之间存在一个航空运输合同,乘客应向航空公司支付票款,航空公司应将旅客安全、快速地送达目的地。那么,对航空运输合同是由什么法律进行规范和调整呢?换句话说,是适用《合同法》、《中华人民共和国民用航空法》,还是《消费者权益保护法》?

在法律适用上，以特别法优于普通法为原则，即对于该事项有特别法时，应适用特别法，不适用普通法；只在无特别法时，才适用普通法，普通法起补充特别法的作用。根据这一原则，《中华人民共和国民用航空法》有优先适用的效力，《中华人民共和国民用航空法》对民航运输中的法律纠纷有专属的优先的管辖权。因此，本案应当优先适用《中华人民共和国民用航空法》。

2）航班延误的法律界定

由延误引起的责任，情况相当复杂，要根据具体情况做出合理的判断：

(1) 延误不是指航班的具体始发或抵达目的地时间上的“误点”。航空法中的延误，不是指航班的具体始发或抵达目的地时间上的“误点”，而是指旅客或托运人选择空运这种快速运输方式所合理期望的期限。因为客票和托运单本身并不是合同，它所起到的只是一种初步证据作用。

(2) 索赔根据是不合理延误。要想对延误引起的损失提出索赔，通常要证明它是一种不合理的延误。尽管普通法系和大陆法系对何谓“不合理延误”的理论根据与说法不同，但就其表现的标准而言，基本相同。

普通法系国家认为：

延误是指未能在合理的时间内完成运输；大陆法系国家认为：只要未发现承运人有重大过失，稍有延误，也以合理延误论处。

(3) 合理延误和不合理延误的判断。界定合理延误和不合理延误的范围，对于航空公司提高服务质量，维护消费者的合法权益，具有非常重要的意义。合理延误和不合理延误的范围，应当做以下界定：①从时间上看，承运人完成该运输所花费的时间是否是合同约定的时间，在无约定时间的情况下，要看其所花费的时间是否超过一般情况下完成该运输所需要的合理时间。这种情况比较复杂，具体案例的适用，一般由国内法加以确认。②承运人或者其受雇人、代理人已经采取了一切必要措施避免损失的发生，或者不可能采取此种措施。③延误是否是由于不可抗力造成的。各国学者、法院已经达成两点共识：一是如果是不可抗力造成的，就属于合理延误，否则就属于不合理延误。目前认为，这些原因包括天气条件、航空器的机械故障、机组人员和机械人员的罢工、航空器的操作等。天气原因、流量控制、自然灾难和军管等，是航空公司所决定不了的，如果出现此情况，应当认为是合理延误。二是机务原因、机场原因、联检原因、故障等造成的延误，不应当归纳到合理延误中。

本案中，原告于6月12日从大连出发去太原，直到6月13日21时10分到达太原，即使是没有约定运输时间，也已经大大超出了一般情况下完成该项运输的合理时间。可以认为，原告延迟履行其义务，其行为已经构成违约，应当承担赔偿责任。

4. 法条点击

《中华人民共和国民用航空法》(1995年10月30日)

第一百二十六条　旅客、行李或者货物在航空运输中因延误造成的损失，承运人应当承担责任；但是，承运人证明本人或者其受雇人、代理人为了避免损失的发生，已经采取一切必要措施或者不可能采取此种措施的，不承担责任。

《中国民用航空旅客、行李国内运输规则》(2004年8月12日)

第十九条　航班取消、提前、延误、航程改变或不能提供原定座位时，承运人应优先安

排乘坐后续航班或签转其他承运人的航班。

第二十三条　航班取消、提前、延误、航程改变或承运人不能提供原定座位时，旅客要求退票，始发站应退还全部票款，经停地应退还未使用航段的全部票款，均不收取退票费。

第六十二条　航班延误或取消时，承运人应根据旅客的要求，按本规则第十九条、第二十三条的规定认真做好后续航班安排或退票工作。

（摘引自 董杜骄《航空法案例评析》对外经济贸易大学出版社 2009 年 8 月）

复习思考题

1. 什么是航空运输合同，它有哪些主要特征？
2. 简述航空运输合同的形式和内容。

学习单元七　民用航空保险法律制度

学习提示

通过本学习单元的学习，主要应该了解航空保险的基本理论以及相关的重要知识点，并能将所学的理论知识重点应用于以下几个方面：

（1）根据民用航空活动的特点，阐述航空保险的意义。

（2）通过收集资料，结合实例说明规定强制性航空保险险种的必要性。

（3）联系实际，谈谈自己对航空旅客意外伤害险的看法。

（4）根据实例，分析航空保险理赔应遵循的原则及保险争议的解决方式。

学习过程中要关注民用航空保险的意义、特点及民用航空保险主要险种的有关规定，同时要关注我国有关民用航空保险方面的立法与实践。

背景知识链接

航空保险起源于20世纪初，从产生到现在还不足百年，目前已是一个较为成熟和人们习以为常的险种了。我国于1947年才产生航空保险险种，发展相对更晚一些。航空保险在分担航空风险、保障人民生命和财产方面发挥了很大的作用。

本学习单元主要讲述民用航空保险的一般法律制度，包括民用航空保险的概念、性质和特点；民用航空保险的种类；民用航空保险理赔的原则和程序；民用航空保险争议的解决方式等内容。

第一节　民用航空保险概述

一、民用航空保险的历史

自飞机研制成功后，航空工业、民用航空业得到迅速发展。如今，飞机成为人类活动的重要工具，在运输、战斗防卫和科学实验中发挥着重要作用。但是，民用航空在运营中也会遇到各种不同的风险，如飞机机械失灵、发动机吸入外来物、塔台指挥失误造成飞机相撞、操作不当或因气流袭击造成飞机失事、旅客在飞行途中伤亡、飞机坠毁时造成地面第三者人身伤亡或财产损失、机场及地面事故，甚至适航部门发布的某种机型不适航、飞机被劫持、因战争及政治原因造成飞机受损等。保险是一种经济制度，其目的是确保经济生活的安定，解决因自然灾害或意外事故造成的经济损失，类似于为社会救济而建立的共同基金，属于一种集体救济补偿方法。民用航空保险也就是针对因各种飞行风险造成的对飞机、旅客人身、财产损失的一种补偿。为保证空运市场的稳定，民用航空保险是航空运输中不可缺少的手段。

关于民用航空保险的起源时间存在几种说法。有人认为,民用航空保险起源于1908年。也有人认为,民用航空保险起源于1911年。还有人说,第一张民用航空保险的保险单1912年诞生于英国。普遍的看法是,民用航空保险始于第二次世界大战之前,第二次世界大战为民用航空保险的商业性带来了巨大发展。

第一次世界大战至20世纪20年代,一些主要的飞机制造公司,如美国的波音公司,迅速扩大规模,除继续设计和制造军用飞机外,也积极发展民用飞机和航空运输业务。保险人开始面临航空运输企业提出的民用航空保险问题。此外,许多退役的驾驶员开始转向从事航空险承保人和经纪人的工作,逐渐使民用航空保险业务发展成为一种独立的、专门的保险业务。与此同时,由于民用航空保险业务风险大、保险金额高,航空险承保人需要提供尽可能广泛的保障和分散风险。于是,他们采用集团承保的方式来集中他们的承担能力承做民用航空保险业务。此后不久,英国伦敦劳合社的承保人和劳合社外围的保险公司的承保人联合成立了"白十字民用航空保险协会"。该协会是世界上第一家承办民用航空保险业务的专门机构。

1929年10月12日,德国、英国、法国、瑞典、苏联、巴西、日本、波兰等国家在华沙签订了《华沙公约》。它是最早的国际航空私法,也是目前为止为大多数国家接受的航空公约,其目的是为了调整不同国家"在航空运输使用凭证和承运人责任方面"的有关问题。《华沙公约》规定了以航空承运人为一方和以旅客、货物托运人、收货人为另一方的航空运输合同双方的权利、义务关系,确定了国际航空运输的一些基本原则。它以标准措辞和定义规定了承运人的责任限额,极大地促进了保险市场承保民用航空保险业务的积极性。1933年,"英国民用航空保险有限公司"成立,它是英国劳合社外围公司中最大的两个专门承做民用航空保险业务的公司之一。1934年6月,国际民用航空保险承保人联合会成立,它旨在代表和保护民用航空保险承保人的利益。1935年初,通用民用航空保险公司诞生,它是综合多个保险公司的承保能力专门从事通用民用航空保险业务的专业公司。1935年10月,主要代表劳合社承保人利益的劳合社航空险承保联合会成立。但尽管如此,民用航空保险业的真正发展还是在20世纪40年代末至50年代初。

第二次世界大战期间,航空技术和航空知识的发展极大地推动了民用航空保险事业的发展。战后,飞机制造公司除继续从事军用航空航天产品的研制和生产外,把经费重点转向了大型喷气运输机的开发。同时,一大批用于军用的飞机改装为民用运输机,一些战争结束后从空军退役的人员来到英国劳埃德合作社和伦敦的其他保险公司就职,从而使保险公司拥有一批懂得航空技术的人才。随着飞机的载重量不断加大,飞机的价格不断提高,空中运输需求量的增加所产生的风险更加集中,对民用航空保险业的需求也就越来越高。因此,许多原来以专业承保集团内部成员的身份参与承保航空险业务的公司,逐渐开始以独立公司身份进入市场。同时,随着民用航空保险业务的增多,逐渐形成了对民用航空保险的垄断同盟。因此,从20世纪50年代中期至60年代初期,民用航空保险以独特的专业形式,不断得到巩固和发展。

与历史悠久和发展迅速的世界民用航空保险业相比,中国民航涉足飞机保险的时间较晚。

1974年9月,中国人民保险集团公司为中国民航出具第一单飞机保险,开创了中国航空保险的先河。保单承保了4架三叉戟飞机,当时投保的险种有飞机机身一切险、战争

险和法定责任险。随着航空运输业务的发展，飞机的不断引入，投保的飞机也逐渐增多，险种也不断增多。目前，中国民航的飞机不论是购入的还是租入的都进行了投保。民用航空保险对促进我国民航的发展起到了积极的保障作用。

目前，全世界约有一万多架商用飞机在运营，每架飞机都有相当高的价值，而飞机失事、空难事故又时有发生，民用航空保险则是空难后航空运输企业的经济利益得到补偿的唯一手段，它为保证航空运输企业经营的稳定起着日趋重要的作用。

二、民用航空保险的概念及特点

简言之，保险就是责任的转移。对其他人造成伤害的责任的数额，可能远远超过一般人或一家公司单独能够承担的能力，因此就需要责任的转移。在现代社会中，保险是一种经济制度，目的是确保经济生活的安定，为了解决因自然灾害、意外事故等造成的经济损失，类似社会经济而建立的共同基金，以补偿回给付的经济制度。当其中的一个人遭受其投保的一种危险时，他便可以获得该基金的补偿。

民用航空保险是以民用航空活动中涉及的财产及相关经济利益为保险标的的各种保险的总称，它既包括财产保险，如以飞机及设备为保险标的的飞机及零备件保险，又包括责任保险，如承保承运人对旅客及第三者的法定责任保险，还包括人身意外伤害保险，如机组人员意外伤害保险，航空旅客人身意外伤害保险等。除此以外，目前市场上常见的民用航空保险险种还有机场责任保险、空中交通管制责任保险、航空维修人员责任保险、航空器生产厂产品责任保险等。因此，民用航空保险不同于其他险种，它涉及面广，是一种综合性的保险。

与其他保险相比，民用航空保险有下列显著特点。

（一）高价值、高风险、高技术

民用航空在国民经济中具有重要地位，而航空运输工具又具有价值高、技术要求严格、运输速度快和风险大的特点。民用航空保险也相应具有保险金额高，风险集中，专业性、技术性较强的特点。随着航空技术的发展，民用航空保险所涉及的保险金额不断增高。20 世纪 70 年代至 80 年代期间，一架波音 747 型飞机的保险金额只有 4000 多万美元，载客为 200 多人。如今，一架波音 737－400 型飞机的保险金额可高达 2 亿多美元，而旅客座位数达到 400 多座。万一发生事故，不仅有飞机本身的损失，还可造成旅客伤亡以及其他第三者的财产和人身伤亡的巨额责任，少则上亿美元，多则可达数亿美元。

高技术是指航空保险承保、理赔的技术含量较高。随着国际贸易的日益扩大，相当数量的商品流通要通过飞机来实现。与此同时，飞机所承载的旅客也随着各国相互合作和旅游业的发展与日俱增，空中飞机流量大大增加。民用航空保险承保、理赔的技术含量比较高。因此，承保人不仅要了解民用航空保险技术，还要了解飞机及有关技术、有关法律规定等。所以，民用航空保险是一个专业技术较强的险种。

航空保险、航天保险、核电站保险和海洋石油开发保险与普通保险不同，属于特殊风险保险。

（二）再保险和共保必不可少

再保险也称分保，是指保险人将其承担的保险业务，以承保形式，部分转移给其他保险人。进行再保险，可以分散保险人的风险，有利于其控制损失、稳定经营。再保险是在原保险合同的基础上建立的。再保险是“保险的保险”，它在为保险公司提供保险的同时,也为客户提供了双重或多重的保障。

由于飞机价值很高,风险又高度集中,一家公司无力承担巨额风险责任,世界上任何一家保险公司,即使有能力也不愿单独承担100%的危险。保险公司也会最大限度地购买再保险,以保障自身经营的稳定。这种再保险的市场范围往往涉及整个国际保险市场。以航空保险为例,国内保险公司在根据自身资本金状况确定自留成分后,除了要向中国再保险公司办理20%的法定分保外,还要将剩余风险广泛分散到国内外商业再保险市场。发生保险损失后,大部分赔款也将从再保险市场摊回。如"4.15"和"5.7"两起空难,其最终赔款的80%以上将由国内外的再保险公司支付给保险公司。特别是美国的"9.11"事件,它对保险和再保险业带来的冲击,使业内外人士重新审视再保险的重要性。据不完全统计,"9.11"事件造成的保险损失预计将在300亿美元~700亿美元之间,其中70%以上的赔款将通过再保险方式进行摊赔。因此,保险公司在承保了飞机保险以后,均通过分保安排,将巨额风险分散到国际市场或分摊到几家保险公司,巨额赔付也分摊到各年中去。这样,分保费低而且容易获得,还能使直接保险费下降,受害人的利益还能得到多重的保障。在偿付索赔时,分保商或再保险公司通常承担赔付的主要费用。

共同保险是由两个或两个以上的保险人联合直接承保同一保险标的、同一保险利益、同一保险责任的保险。共同保险的各保险人在各自承保金额限度内对被保险人负赔偿责任。

再保险与共同保险均具有扩大风险分散范围、平均风险责任、稳定保险经营的功效。两者的区别在于:共同保险是多数保险人同投保人建立的保险关系,属横向联系和原保险,且为原保险的特殊形式;就风险的分散方式而言,它是风险的第一次分散,因此,各共同保险人仍然可以实施再保险。

再保险是保险人同保险人建立的保险关系,是纵向联系。就风险的分散方式而言,再保险是在原保险基础上进一步分散风险,是风险的第二次分散,并可通过转分保使风险更加细化。从历史沿革来看,共同保险的产生早于再保险。但由于再保险的融通性高且运用方便,现代保险实务中普遍采用再保险分散风险的方式。而最近的发展结果表明,共同保险与再保险并非背道而驰,而是渐趋接近,呈现出共同保险的再保险化与再保险的共同保险化的"互化"趋势。尽管如此,两种制度间的差异仍较明显。

我国的航意险就是多家保险公司集体共保。航空意外保险事故一旦发生,则理赔数额巨大。较之其他交通工具发生的意外事故而言,航空器一旦发生飞行事故,往往造成机毁人亡的惨剧。以每位旅客投保一份航意险计算,一架百人客机失事后,按照我国现行标准,保险公司将为航意险支付4000万元的保险金。因此,保险公司为避免自身可能承担的巨大支付责任,以及确实保障被保险人的保险利益,航意险往往进行再保险或实行共同保险。

(三)险种国际化

民用航空具有天然的国际性,民用航空保险的险种也是国际社会共同认可并为各国普遍采用的,这一做法有利于保护各国受害人的人身和财产利益。

(四)承保条件与国际市场同步

民用航空保险涉及各国航空公司和消费者的普遍利益,承保条件的国际统一,能够更好地体现公平和平等原则,减少国际纠纷。如我国民航机队的保险是由中国人民保险公

司承保的，为了有效地分散风险，中国人民保险公司在接受中国民航机队的保险后，采取分保的方式，在自留一定限额的风险后，把风险的大部分通过经纪人在英国的劳合社保险市场进行分保。

由于劳合社承保人有强大的实力，中国民航机队的保险条件实际上是由劳合社首席承保人确定的。

（五）原保险人与再保险人共同处理赔案

由于航空保险投保金额十分庞大，故一笔巨额的民用航空保险业务，往往需要多个国家、多家保险公司来承担。因此，一旦发生飞机保险事故，也需要直接承保业务的原保险人和接受分保的再保险人来共同处理保险赔付。

（六）自愿保险与强制保险相结合，以强制性保险为主

航空运输由于存在发生保险事故的风险，而且一旦发生保险事故，其后果是不堪设想的。因此，各国针对航空保险规定了不同的实施模式，主要可以分为自愿保险和强制保险两种。

强制保险，也称法定保险，是指根据国家颁布的有关法律和法规，凡是在规定范围内的单位或个人，不论愿意与否都必须参加的保险。这类保险具有全面性，只要在保险范围内，不论被保险人是否自愿都必须投保，保险责任自动产生，且保险金额也由法律统一规定。由于民用航空保险能在一定程度上弥补因航空事故造成的财产和人身的损害，因此世界各国普遍对民用航空保险做了强制性要求，如机身险、法定责任险（旅客、行李、货物、邮件及第三者责任险）、机场责任险、航空产品责任险等绝大部分民用航空保险都是强制保险。这些强制保险属于责任保险范畴，它与客观和有限额定赔偿共同构成为我国的航空损害赔偿制度。所以，强制保险在我国民用航空事业中的地位不容忽视。

关于强制保险的国内法规定，同样适用于外国人经营的民用航空器在我国境内从事的民用航空活动。“外国民用航空器飞入中华人民共和国领空，其经营人应当提供有关证明书，证明其已经投保地面第三人责任险或者已经取得相应的责任担保；其经营人未提供有关证明书的，中华人民共和国国务院民用航空主管部门有权拒绝其飞入中华人民共和国领空”。（《民用航空法》第一百七十五条）

自愿保险是在自愿的原则下，投保人与保险人双方在平等的基础上，通过订立保险合同而建立的保险关系。自愿保险的保险关系，是当事人之间自由决定、彼此合意后所建立的合同关系。投保人可以自由决定是否投保、向谁投保、中途退保等，也可以自由选择保险金额、保障范围、保障程度和保险期限等。保险人也可以根据情况自愿决定是否承保、怎样承保等，如国内航空运输货物险，航空旅客人身意外伤害险等即属于此范畴。通过自愿保险，航空活动的当事人在损害发生后能够及时获得更为全面和充分的经济补偿。

第二节　民用航空保险的种类

一、航空器机身险

航空器机身险主要承保飞机在飞行和滑行中或在地面停航时被保险飞机的机身、发动机及附件设备的灭失、损坏、失踪以及飞机发生碰撞、跌落、爆炸、失火等不论何种原因而造成飞机的全损或部分损坏，保险公司予以赔偿。

另外,在航空器机身险的保单中,还规定以下与机身险发生有关的费用也由保险公司赔付,不论飞机是全损还是部分损坏:

(1) 事故发生后的施救费用,一般不应超过保险金额的10%,但事先征得保险公司同意则可不受此限制;

(2) 飞机从出事地点运往修理厂的运输费用;

(3) 损坏飞机修理后的试飞及进行检验的合理费用;

(4) 修好后的飞机运返出事地点或其他指定地点的运输费用。

航空器机身险是集财产保险和责任保险于一体的综合险种,是一种强制性保险。各国均要求航空运输的经营者投保此类保险。现代保险中,机身险普遍采取定值保险,其保险金额与保险价值相等,通常可以按三种方式确定:一是账面价值,即按购买飞机时的实际价值或按年度账面逐年扣减折旧后的价值;二是重置价值,即按照市场同样类型、同样机龄飞机的市场价值;三是双方协定价值,即由保险人与被保险人共同协商定的价值。与一般财产险不同,保险公司在承保时都需要在保险单中规定一个免赔额,一旦发生事故,保险公司要根据免赔额来酌定保险赔偿额。

(一) 机身险的除外责任

(1) 机械故障、磨损、断裂和损坏以及飞机设计上的缺陷和失误等问题,实际上是一种正常的运营消耗,而不是保险应承担的责任。

(2) 由于石块、碎石、灰层、沙粒、冰块等所引起的吸入性损坏,致使飞机发动机逐渐损坏,这通常也被认为是“磨损、断裂和慢性损坏”,因而也不予赔偿。但由于单一事故而引起的突然性的吸入性损坏,从而使得发动机立刻不能工作,这种情况应列入保险范围内,给予保险赔偿。

(3) 被保险人的故意行为。

(4) 战争及相关的危险。因战争、敌对行为或武装冲突、投保航空器被劫持或被第三者破坏,这些属于机身战争险承保范围。

除外责任意味着上述情况在保险赔偿范围之外,但有时航空承运人又确实需要就某些除外责任的事故进行保险,这时可采取机身附加险的形式获得赔偿。

(二) 机身险的附加险种

1. 机身战争险

机身战争险承保由下列原因引起的飞机损失或损坏:

(1) 战争、入侵、外敌行动、内战、叛乱、起义、军管、武装夺权或篡权;

(2) 罢工、暴动、国内暴乱、劳工骚乱;

(3) 一人或多人出于政治或恐怖主义的目的而采取的任何行动;

(4) 任何第三者的恶意行为或阴谋破坏活动;

(5) 任何政府或公众或地方当局采取的或按其命令采取的充公、国有化、扣押、占用或征用;

(6) 未经被保险人同意,机上任何一人或几个人在飞行中对飞机或机组人员进行劫持或非法扣押或错误操作(包括这种扣押或操作的企图)。

机身战争险保险单受理由上述危险而引起的各种索赔,但不承保由下列任何一个或几个因素引起的损失、损坏或支出:

(1) 下列五国中任何两国之间发生的战争:美国、英国、法国、俄罗斯、中国。一旦上述国家中的任何两个国家发生战争(不论是否宣战),该保险单自动失效。

(2) 发生原子武器或放射性武器爆炸、核裂变和核聚变或其他类似反应,不论是带有敌意的或是其他什么原因。一旦发生上述情况中的任何一种,保险单即自动终止。

(3) 因财务原因和营运原因而造成的损失。

机身战争险一般是作为机身一切险的一种特别附加险承保的。因此,其投保的金额也是约定价值。但机身战争险通常没有免赔额。

2. 责任战争险

由于机身战争险的责任范围引起被保险人对第三者或旅客应负法律责任的费用由保险人负责赔偿,其他内容与机身战争险同。

3. 免赔额险

免赔额是指保险人根据保险的条件做出赔付之前,被保险人先要自己承担的损失额度。由于保险人对每次事故的赔偿金额免赔一定比例的损失金额,所以也称免赔率。航空保险一般都规定免赔额,损失在免赔额之内,被保人不得向保险人索赔,保险人只负责免赔额部分的损失赔偿。

免赔额险是针对免赔额部分的保险,以此来降低被保险人对免赔额部分的风险。该险种作为机身险的附加险,通常以机型来决定免赔额,然后另行交纳保险费投保。例如,一架波音747-400型飞机,假设其机身险免赔额为100万元,若投保免赔额险,则免赔额就由100万元减少到一定数目。假设减少到50万元,该航空器如发生事故损失了90万元,则被保险人只承担50万元,另外40万元由保险人承担。若被保险人只投保机身险而未投保免赔额附加险,则90万元均由被保险人自行承担,因其损失数额未超出免赔额规定的100万元免赔界限。

免赔额险只是将机身险原有的免赔额降到相对低的水平,而不是取消免赔额。该险种的保险金额以机身险的免赔额为限,保险费与该保险的免赔额的高低成反比,免赔额越高,保险费就越低。.

4. 航空器试飞保险

试飞保险承保标的是从生产线上下来、出厂前或被维修后交给客户前,为验证其性能而需试飞的航空器。试飞的航空器通常均未取得或需要重新取得运输适航证,保险人承保时,对于新制造的航空器,一般规定适当的飞行小时数和地面停放天数作为收取保险费的基础,保险期满时再根据实际情况加以调整;对于维修的航空器,一般以维修合同为基础,根据维修后不同的试飞项目在机身险项下加收一定的保险费。

由于飞机飞行时和停在地面上的风险是不一样的,所以飞机进行修理(仅指正常修理和非保险事故的修理)或连续停航超过规定天数时(如10天或14天,视保险单具体规定而定),此期间的保险费可以办理停航退费。

如果飞机是因发生保险事故进行修理的,则在修理期间的停航不予办理。

2007年12月21日,我国首架具有完全自主知识产权的商用喷气客机——ARJ21新型支线飞机在上海正式下线。中国人民财产保险股份有限公司作为首席承保人,就整个ARJ21飞机组装和试飞项目向中航商用飞机有限公司提供了飞机试飞机身一切险及责任险、飞机安装工程一切险、机身及零部件运输险和飞机制造商公众责任险等一揽子保险保障。

二、航空承运人法定责任险

航空承运人法定责任险指航空器在营运过程中(飞行及起降过程中),因意外事故而导致人身伤亡或财产损失而应由被保险人承担的经济赔偿责任,保险人负责赔偿。这是一种强制保险,它承保的是承运人对旅客、货主或第三者所负的法律责任,包括航空旅客运输法定责任险(含行李)、航空货物运输法定责任险、航空邮件运输法定责任险及航空器第三人责任险四种。

(一)航空旅客运输法定责任险(含行李)

旅客法定责任险承保旅客在乘坐或上下飞机时发生意外,造成旅客的人身伤亡及其所带行李(包括手提行李和交运行李)物品的损失,依法应由被保险人(航空承运人)负担的赔偿责任,保险公司给予赔偿。

本保险单中的旅客是指购买飞机票的旅客或航空运输企业同意免费搭载的旅客,但不包括为履行航空运输企业的飞行任务而免费搭载的人员。

若在运输的过程中造成旅客的人身伤亡,那么承运人应承担违约责任或侵权责任,进行赔偿。为确保承运人足额赔偿,保障旅客的合法权益,我国要求航空公司必须投保旅客法定责任险,即承运人责任险。这种保险是以承运人可能承担的对旅客的赔偿责任为保险标的的保险,其本质上是财产险,而非人身险。投保人是航空公司,保险费来源于机票收入,保险费的支出属于航空公司的运营成本,构成了机票价格的一部分。当出现旅客伤亡时,航空公司作为承运方依法承担的赔偿责任由保险公司在旅客法定责任保险合同约定的范围内赔付。

(二)航空货物运输法定责任险和航空邮件运输法定责任险

航空货物运输法定责任险和航空邮件运输法定责任险是指保险人负责赔偿所保航空器承运的货物或邮件,从承运时起至交付收货人时止的过程中,如发生损失或延迟交付,依法或依合同规定应由被保险人承担的赔偿责任。

(三)航空器第三人责任险

航空器由于意外造成第三者的人身或财产损失,如航空器失事、跌落造成地面财产损失或人员伤亡,就属于第三者责任险。此外,保险公司还承担赔偿航空公司在机场范围内造成的对人身伤亡或财产损失的责任。

关于经营人对地面第三者和旅客的责任保险问题,过去30多年来保险数额有了很大的提高。例如,荷兰皇家航空公司30年前对第三者的责任保险额为5000万金法郎,相当于350万美元。至于旅客,大约是每位旅客11.5万美元。今天,大的航空公司投保的是综合性保险,内容包括第三者、旅客、行李、货物和邮件,每架次飞机事故至少5亿美元。上述的责任险可以同机身一切险分开投保,但许多航空公司投保的是机身责任综合险。这类保险单中的许多条款既适用于机身也适用于责任险,但是关于第三者责任险,往往订有“排除噪声”的除外条款。

航空器对第三者造成的损失一般可分为三类:

(1)空中碰撞造成其他航空器及人身伤亡及损失;

(2)航空器在地面上造成的任何设备、人员和其他航空器的损失;

(3)航空器在空中或地面造成的三者的人身伤亡及财产损失。

由于战争、劫持、敌对行为、武装冲突、罢工、民变、暴动、航空器被扣留、没收或第三者恶意破坏等造成的损失，以及由此引起的被保险人对第三者或者旅客法定责任险中的任何一种。如果发生核战争或核武器爆炸，保险单自动终止，保险公司不承担责任。此外，如果五大国家之间发生战争（英、美、法、俄和中），或者航空器飞往高危险地区，保险自动停止或需要提前通知并增加保险费率。

在我国，航空器第三人责任险属于强制性保险，无论公共航空运输企业还是通用航空运输企业，都应当投保第三人责任险。外国民用航空器在我国境内从事民用航空活动，也必须先投保第三人责任险。这与世界各国的立法和航空惯例相一致。

航空器第三人责任险作为一个独立的险种，一般与航空器机身保险、旅客责任保险以及货物运输责任保险等险种统一承保，但责任分开，责任限额与保险费分别计算，且航空公司有投保选择权。航空器第三人责任保险通常没有免赔额，但法定责任保险中旅客行李及货物通常，规定数额较小的免赔额。

法定责任险还负责与事故发生有关的费用支出，如事故发生后的搜索和施救费用，为减少事故损失及损坏而采取的措施的成本、清除飞机残骸的费用等。通常，规定上述这些费用成本的最高给付限额为每次事故300万美元。另外，保险公司对因涉及被保险人的赔偿责任而引起的必要的诉讼费用也予以负责。

法定责任险对被保险人的投保总额做了限制。保险单规定：任一事故的保险总额或保险期内发生的累计损失的保险总额限制在10亿美元，即本保险单规定的责任保险的最高赔偿额为10亿美元。法定责任险的保险费按航空公司承运的旅客客公里计收。

三、航空旅客人身意外伤害险

航空旅客人身意外伤害险，简称航意险，是保险公司为航空旅客专门设计的一种针对性很强的商业险种。它的保险期限从被保险乘客踏入保单上载明的航班班机的舱门开始到飞抵目的港走出舱门为止。它的保险责任是被保险乘客在登机、飞机滑行、飞行、着陆过程中，即在保险期限内因飞机意外事故遭到人身伤害导致身故或残疾时，由保险公司按照保险条款所载明的保险金额给付身故保险金，或按身体残疾所对应的给付比例给付残疾保险金。

目前，国内各家寿险公司所使用的都是1998年7月由中国人民银行颁发的航空意外保险条款和费率。每份保单的保险费为人民币20元，保险金额为人民币20万元。国内和国际航班的乘客均可购买，赔付标准是一样的。同一名乘客最多可买10份。

机票中所含保险是航空公司因自身的责任造成航空旅客人身伤亡，应对航空旅客赔偿的责任保险。机票里含有保险，主要是指航空公司的飞机保险中所包括的旅客法定责任保险。根据《民航法》第一百二十九条的规定，最高赔偿限额为16600个计算单位，约合2万多美元。在中国国际航空公司就“4.15”空难发表的声明中，就明确告知，要“根据国际公约和国际惯例以及有关民用航空法规进行善后工作的处理。”

飞机保险与航意险是两种不同的保险险种，所履行的都是赔偿责任，目的是为航空旅客提供更加充分的保险保障。一旦发生意外伤害，可以使身故者的亲人和家庭多得到一份保险赔偿，也可以使身体残疾者多得到一份残疾保险金。这体现了国家对航空旅客人身安全的关心和重视。

对每一位航空旅客来说，是否购买航意险，这完全是自愿的。为防患于未然，最好能购买航意险。

四、航空货物运输险

航空货物运输险亦称承运人航空运输货物责任保险或空运货物赔偿责任保险，指保险人承保法人或自然人向民航企业托运的空运货物，在航空运输期间因灭失、遗失、损坏或迟延交付而造成的货物损失给予赔付的保险。其被保险人为托运货物的法人和自然人。

此项损失只能是在承运人在保管期（不论在航空站、航空器或航空站外的降落地点）发生的，属于承运人责任的，保险公司都予以负责。属于国际航空站外的降落地点发生的，属于承运人责任的，保险公司都予以负责。属于国际航空运输的赔偿额大约为每千克20美元，国内运输的，则每公斤80元人民币。

（一）保险责任范围

（1）由于航空器遭受碰撞、倾覆、坠落、失踪，在危难中发生卸载以及遭遇恶劣气候或其他危难事故发生抛弃行为所造成的损失。

（2）保险货物本身因遭受火灾、爆炸、雷电、冰雹、暴风暴雨、洪水、海啸、地震、地陷、崖崩所造成的损失。

（3）保险货物因受震动、碰撞或压力而造成破碎、弯曲凹瘪、折断、开裂等损伤以及由此引起的包装破裂而造成的散失。

（4）凡属液体、半流体或者需要用液体保藏的保险货物，在运输途中因受震动、碰撞或压力致使所装容器（包括封口）损坏发生渗漏而造成的损失，或用液体保藏的货物因液体渗漏致使保藏货物腐烂的损失。

（5）保险货物因遭受偷盗或提货不着的损失。

（6）在装货、卸货时和地面运输过程中，因遭受不可抗力的意外事故及雨淋所造成保险货物的损失。

除对发生在上述责任范围的保险事故，保险人负赔偿责任外，对因施救或保护保险货物而支付的合理费用，保险人也负赔偿责任。

航空货物运输险保险责任自保险货物经承运人收讫与签发航空货运单注明保险时起，至空运目的地收货人当地的仓库或储存处所时止。但如果收货人在保险货物到达目的地后未及时提货，则保险责任终止期最多以承运人向收货人发出到货通知以后的十五天为限。

（二）保险除外责任

（1）被保险人的故意行为或过失所造成的损失。

（2）由于发货人责任引起的损失。

（3）保险责任开始前，被保险货物已经存在的品质不良或数量短差造成的损失。

（4）被保险货物的自然损耗、本质缺陷、特征以及市场跌落、运输延迟引起的损失和费用。

（5）航空运输货物战争险条款和货物运输罢工险条款规定的责任范围和除外责任。

航空货物运输险保险金额的确定可按货物价格或货价加运杂费、保险费计算。在保险有效期内，允许被保险人调整保险金额，但应向保险人申请办理批改手续。被保险人有义务在保险人签出保险单的同时，按规定一次缴清保险费；托运货物需按有关标准进行包

装；发生保险事故后迅速采取抢救措施。

航空货物运输险还规定有两个附加险种，即国内航空行李运输保险和国内航空鲜活货腐烂、死亡责任险。

航空运输一切险除了承担航空运输险的责任外，还负责赔偿被保险货物由于外来原因所致的全部或部分损失。航空运输险的责任期间，航空运输险的责任起讫采用“仓至仓”责任条款。航空运输货物保险的索赔时效为 2 年，从被保险货物在最后卸载地卸离飞机后计算。

五、机场责任保险

机场责任险，全称是“机场所有人和经营人法定责任险”，指机场运营中产生的人身伤亡或财产损失应由机场所有人或经营人承担赔偿责任的保险。该保险对以下责任引起的损失负责赔偿：

(1) 机场所有人或经营人所提供的服务或其雇员在工作期间因疏忽而造成第三者人身伤亡或财产损失。例如，机场内的电梯使用操作不当致使乘坐者受伤，接送飞机乘客的车辆延误时间，候机厅内通道设计不合理致使有人因拥挤而受伤等，都可索要赔偿。

(2) 由被保险人（机场的所有人或经营人）保管、控制的第三者的飞机或有关设备遭受的损失或损坏，但这种损失必须是被保险人的疏忽或过失所致。

(3) 被保险人因提供的服务或设备有缺陷而导致的第三者人身伤亡或财产损失而应负担的经济赔偿责任。例如，为候机的乘客提供的食物不洁等。

六、空中交通管制责任保险

空中交通管制责任保险指由于空中交通管制员过失导致航空器事故造成人员伤亡或财产损失应承担赔偿责任的保险。被保险人自己的财产损失或人身伤亡、合同责任等是该保险的除外责任。对财产损失通常有免赔额，但金额较低。

七、航空产品责任保险

航空产品责任险指由于航空产品的原因导致航空事故应由制造厂商承担赔偿责任的保险。航空产品责任保险的被保险人通常是航空器的生产制造商。该保险主要承保由于制造商或航空器的设计商的设计错误和错误的操作或者制造上的缺陷，修理商的修理错误，零配件不合格而造成飞机以及其他财产损失或者人身伤亡的赔偿责任。

近年来，航空器产品责任问题已越来越成为人们关注的焦点。航空器事故发生后，受害人首先关心是否有产品责任。这是由于在通常情况下，航空公司都有法律规定限制自己的赔偿责任。在无法证明航空公司确有故意行为或者重大过失的情况下，受害人只能享受法律规定项下的赔偿限额。另外，一般的飞机险保单都将产品责任作为保险单项下的除外责任。因此，一旦产品责任确立，受害人包括飞机保险的承保人都可以通过法律程序从生产制造商处拿到更大的赔偿金额。而且这种赔偿金额，从理论上讲，没有法律规定的责任限额，也就是说，受害人得到的赔偿金额很可能是无限制的。

除以上介绍的几种主要险种外，目前市场上还有机组人员意外伤害险、丧失执照保险、租机保险、航空旅客地面意外伤害险、飞行表演责任险、航空维修人员责任保险、航空展览会主办单位责任保险等险种。

随着民用航空运输业的发展，势必会有更多的涉及航空运输的保险险种问世，为航空运输活动的当事人提供更多的经济保障。

第三节 民用航空保险的理赔

保险赔偿是根据保险合同的约定,在发生保险事故后,保险人应在保险责任范围内履行对被保险人的经济补偿义务。保险赔偿的条件仅限定为发生在保险责任范围内的保险事故造成的损失,否则保险人不负赔偿责任;保险赔偿只限于保险事故造成的直接损失,保险人对间接损失不负赔偿责任。保险赔偿概念适用于财产保险而不适用于人身保险。保险赔偿由法定程序和实质性赔付两部分构成,是保险的重要内容。

民用航空保险的金额大、影响面广、技术复杂,一旦飞机发生事故,赔付金额可高达几千万甚至上亿美元,因此,民用航空保险的理赔工作十分重要。

一、民用航空保险的索赔

民用航空保险的被保险人依据法律和保险合同的约定要求保险人赔偿,称为索赔。根据民用航空保险合同的约定,在保险期内发生保险事故后,保险人应在承保范围内赔偿被保险人的损失,承担保险责任。

(一) 索赔条件

(1) 保险标的遭受保险事故发生,若没用保险事故发生,就不存在索赔。

(2) 保险标的遭受损失的原因必须是保险责任范围内的保险事故造成。否则,即使造成损失,也不能提出索赔,由保险人承担赔偿义务。

(二) 索赔程序

(1) 在保险事故发生后,被保险人和受益人应在积极抢救的同时,以最快、最有效的方式通知保险人,提出索赔要求。这一通知称损失通知,如发生航空器损失、人员伤亡等,被保险人(承运人)的航务、机务、运输、飞行安全、技术部门,有义务在48小时(重要事故在24小时)内将发生事故的时间、地点、机型、机号、航班号、人员伤亡和财产损失的情况通知民航财务部门。再由财务部门立即报告民航总局财务公司和通知当地保险公司,以便总局财务公司和中国人民保险总公司联系,决定要否进行现场勘查。

(2) 被保险人和受益人有义务采取一切合理的抢救、整理措施,以免损失继续扩大,力求将损失减少到最低程度。若不履行此义务,保险人有权终止保险合同或拒绝赔偿。将受伤人员迅速送医院救治,对受伤旅客应经医院检查并出具证明,以便作为保险赔偿的依据。受伤旅客离开时要与之签署经过公证的责任解除书。

(3) 被保险人保护出险现场,提供方便,接受保险人检验。在航空器保险事故中,被保险人(承运人)应尽量保持航空器事故现场完整。如遇到特殊情况无法保留现场时,应及时拍下原始现场照片,进行所需要的详细记录,并妥善保管相关的文件和材料,被保险人(承运人)负责保险工作的财务人员及有关人员,有义务了解事故全过程,特别对较大事故要直接参加工作组了解详细情况。如事故损失巨大,可请保险人及国外承保人派检验员勘查现场,确定损失情况,被保险人(承运人)及相关部门有义务予以配合。如遇机身零部件等保险除外责任,被保险人(承运人)可向生产厂家索赔。

(4) 被保险人提供必要的索赔单证,包括保险单、账册、收据、发票、装箱单、出险证明书、出险调查报告、损失鉴定证明以及损失清单、抢救整理的原始单据等。

(5) 被保险人领取保险金。除对某些特殊的或事先约定外,保险人一般均应以现金

支付保险金。

(6) 涉及第三责任时,被保险人需要开具权益转让书,使保险人享有代位求偿权。

二、民用航空保险理赔的原则和程序

保险人在保险事故发生后,对保险人的索赔案件核实情况,根据出险情况确定保险责任程序和具体实现经济补偿的工作称理赔。理赔具有政策性和技术性强的特点。保险理赔是保险人履行保险合同义务的具体表现。

(一) 理赔原则

1. 按保险合同办事的原则

严格遵守保险条款,不折不扣地承担经济补偿义务。确定保险责任和赔偿金额后,保险人必须在十日内履行赔偿或者支付保险金义务。否则,视为违反合同,应承担违约金。

2. 主动、迅速、准确、合理的原则

主动、迅速、准确、合理的原则是理赔的一贯要求,即主动开展理赔工作;按法定时间及时赔偿;明确保险责任,不错赔,不滥赔;具体情况具体分析,符合法律标准和道德标准。主动、迅速、准确、合理是互相制约互相联系的统一体。

3. 坚持实事求是的原则

民用航空保险事故的原因错综复杂,有时难以判断某一损失是否属于保险责任范围。只有深入实际调查研究,才能在不违背保险赔偿精神的前提下实事求是地处理保险赔偿。如果保险人经过核查,发现被保险人违反有关法律或保险合同的约定,可以拒绝赔偿。

(二) 理赔程序

在保险事故发生后,保险人随即开始理赔工作。飞机保险理赔工作的一般程序如下。

1. 及时通知,登记立案

被保飞机发生事故后,投保人都应该立刻通知保险公司并随后提出出险报告,并注意保护好现场。如遇特殊情况无法保留现场时,应及时拍下原始现场照片,进行所需要的详细记录,并妥善保管相关的文件和材料。

保险公司接到出险报告后,应将有关内容登记立案,并应尽快通知海外分保人。

2. 现场调查、损失检验

保险公司接到损失通知以后,应立刻赶赴现场调查取证,检验受损程度,估计赔偿金额。查勘现场时,要按顺序和要求做好记录,写好查勘报告。航空公司应提供协助和方便。此外,国外分保人如果提出参加检验的要求,可由航空公司与保险公司酌情安排国外分保人指定的检查人员参加联合检验与理赔,以便于向外摊赔的工作。

3. 审核索赔单证

保险公司在进行现场调查后,理赔人员还必须严格审核航空公司提交的各种索赔。

4. 责任审定

凡在核赔权以内的各类案件,理赔人员要认真研究飞机与机场指挥塔台之间的联系记录或查勘报告,通过专人审定对案件责任做出初步结论,然后报上级审批。

航空事故通常会涉及为数众多的人员的人身损害或巨大的财产损失,再加上法律适用上的复杂性,许多民用航空保险案件往往需要依赖法院的司法程序才能确定保险责任。因此,司法程序经常成为民用航空保险理赔的先行程序。

5. 损余物资处理

在适当照顾被保险人利益的同时,应使受损财产得到充分利用。必须由保险人收回的损余物资,可经过规定手续冲减赔款支出。

6. 赔付及结案

索赔单证经审核无误,保险公司即可与投保人协商确定赔款金额。属保险责任范围内的损失,应先审查被保险人提供的损失清单,然后按标的损失、施救费用、查勘费用、损余收回、免赔额等各项公式计算,得出实赔数额,填制赔款计算书。

接到赔款计算书后,保险人的财会部门必须在十日内将赔偿款支付给被保险人。凡以外汇投保的,保险人以外汇赔付;凡以人民币投保的,保险人以人民币赔付。对属于保险责任而给付保险金的数额不能确定的,根据已有证明和资料,按可以确定的最低数额先予以支付,最终确定给付保险金的数额后,再给付相应的差额。被保险人或受益人对保险人请求给付保险金的权利,自其知道或应当知道保险事故发生之日起两年不行使而消灭。

在保险公司将赔偿金支付给被保险人或指定受益人时,被保险人或指定受益人应签署有关赔款收据和权益转让书。收据和权益转让书是处理赔款时双方间的法律文件。它明确规定,被保险人在接到有关赔款后,将放弃一切对该事故的索赔权利,同时将该事故中的一切利益包括向可能的第三者责任方的追索权利转让给保险公司,以便保险公司凭此代位履行追索权利。

最后,理赔人员将全案文件和单证归档结案。

三、民用航空保险争议的判决

民用航空保险争议的判决指民用航空保险合同在订立和履行的过程中,双方当事人对相互间的权利义务,或对保险标的权益持有不同的意见和要求,保险人和被保险人协商不成,可通过仲裁或诉讼解决纠纷的做法。

和民事损害赔偿性质不同的是,由于民用航空保险赔偿有民用航空保险合同在先,被保险人在出险后有权利凭保单获得赔偿。基于这种事先约定的权利,一般不必经过诉讼程序,但不排除某些特殊情况的出现导致使用诉讼手段。所以,在民用航空保险合同履行过程中,双方发生争议的,应在法定和约定的范围内,友好协商,合理解决问题。经双方协商未达成协议的,可通过仲裁解决。无仲裁协议或者仲裁协议无效的,可通过诉讼方式解决,起诉的管辖问题一般在保险单签发地有管辖权的人民法院提起诉讼。按照我国法律规定,不能同时使用仲裁或诉讼两种形式解决争议,只能在仲裁或诉讼中任选一种形式解决争议。

案例分析一:直升机失事引巨额保险理赔纠纷 终审仍判赔3400万

2005年2月,一架麦道直升机在飞往长江口锚地作业时发生机毁人亡事故,由此引发直升机所有人——华融金融租赁股份有限公司与华安财产保险股份有限公司之间的巨额保险理赔纠纷。此案后经上海市第二中级人民法院一审判决,由华安财保广东分公司向华融公司赔付保险金3400万元。保险公司对判决不服,向上海市高级人民法院提出上诉。近日,上海市高级人民法院终审驳回上诉,维持原判。

2002年3月,华融公司将该公司所有的一架麦道直升机租赁给广东通用航空有限公司使用。2004年,通用航空公司为该直升机向华安保险公司广东分公司投保,保险范围包括机身险、第三者责任险、旅客法定责任险等;保险期限自2004年12月3起,为期一年;保险金额6900万元。

2005 年 2 月 10 日，该架直升机在飞往长江口锚地作业时失事，造成机上 4 人中 2 人死亡，1 人失踪。两天后，华融公司和通用航空公司联名向华安保险提交“预付赔款报告”，告知出险事故情况，申请预付赔款 300 万元。同月 16 日，华融公司向华安保险发出“关于要求对失事直升机进行理赔”的函。2005 年 2 月至 2006 年 2 月，华安保险陆续向华融公司做出 2100 万元赔偿，向通用航空公司赔付 400 万元，但此后却以未获得对方提供的保险单原件、民航总局的事故鉴定结论等材料为由不再对剩余款项作支付。

2007 年 7 月 18 日，民航华东局向通用航空公司印发事故调查报告，报告显示事故是飞机制造缺陷所致。华融公司遂以调查报告复印件为证据向法院提起诉讼，理由是 2005 年的事故造成飞机全损，依据保险合同约定保险公司应承担 5500 万元机身险赔款义务。由于保险公司先前已做出 2100 万元赔偿，故还应赔付 3400 万元。

华安保险对此辩称，华融公司提交的事故调查报告不具有法律效力，无法作为全额赔款的依据。

市二中院审理后认为，本案所涉保险合同依法成立并生效。双方争议的调查报告是民航华东管理局在民航总局批复同意下做出的事故原因正式调查结论。现已查明事故原因为飞机制造缺陷，属于保险条款规定的赔偿范围，保险公司应当向华融公司做出赔付。

案例分析二：航空货运保险代位追偿

1996 年 7 月 20 日，A 市五金公司与 B 航空公司办理了 40 台 TCL 王牌彩电的航空托运手续，货款总值共计人民币 12 万元，托运目的地为 C 市。双方有关托运的各种手续以及托运货物的包装均符合航空货物托运规章的要求。同日，五金公司又向 A 市保险公司投保了该批货物的运输保险，投保金额为人民币 12 万元，五金公司交付保险费后，保险公司为其出具了保险单。7 月 30 日，在货物运输过程中，由于 B 航空公司飞机出现故障，致使降落时机身剧烈抖动，造成五金公司所托运的 40 台彩电全部损坏。7 月 31 日，B 航空公司电告五金公司。五金公司知悉该情况后立即通知了保险公司，一周后向保险公司提出了索赔要求。保险公司认真审阅了五金公司提供的有关证明材料，确认后遂按保险金额赔付五金公司人民币 12 万元。赔付后，保险公司即向 B 航空公司提出追偿，遭到 B 航空公司的拒绝。B 航空公司认为，40 台 TCL 王牌彩电所有权归 A 市五金公司，保险公司非托运货物所有人，故无权就该批货物的损失向其求偿。为此双方发生纠纷，保险公司遂以 B 航空公司为被告，A 市五金公司为第三人诉至法院。

思考题：该保险合同是合法有效的吗？保险公司是否应予以赔偿？保险公司能否向航空公司追偿？

复习思考题

1. 什么是保险或航空保险？航空保险具有哪些特征？民用航空保险的意义是什么？
2. 民用航空保险的主要险种及其内容是什么？
3. 航空旅客运输法定责任险与航空旅客人身意外伤害险的联系与区别是什么？
4. 试论保险理赔的原则和程序。
5. 为什么航空承运人应当投保第三人责任险？
6. 民用航空保险争议如何解决？

学习单元八　航空器对地面第三人损害的赔偿责任

学习提示

本单元主要介绍航空器对地面第三人损害赔偿的一般法律制度。主要包括民用航空器对地面第三人侵权的概念、法律性质、及其法律适用；1952 年《罗马公约》的适用范围、责任原则、责任范围、责任担保及诉讼管辖的规则等内容；我国《民用航空法》中民用航空器对地面第三人侵权责任的规定，包括适用范围、赔偿责任人、责任担保及诉讼时效等规定。

背景知识链接

在国际民用航空法律规范中，有关航空器对地(水)面第三方造成损害的责任公约是《关于外国航空器对地(水)面上第三方造成损害的公约》(简称 1952 年《罗马公约》)。该公约并未被普遍接受，包括中国在内的大多数国家未批准该公约。

对于对地面第三人的损害赔偿的法律适用问题，由于我国未批准 1952 年《罗马公约》，因此不适用该公约。我国民用航空法第一百八十九条规定："民用航空器对地面第三人的损害赔偿，适用侵权行为地法律。"

对地面第三人的损害赔偿金的数额问题，我国民用航空法没有具体规定。根据我国《民法通则》的规定，对地(水)面第三人造成损害应当按实际损失赔偿，没有限额规定。"侵害公民身体造成伤害的，应当赔偿医疗费、因误工减少的收入、残废者生活补助费等费用；造成死亡的，并应当支付丧葬费、死者生前扶养的人必要的生活费等费用。"(第一百一十九条)

第一节　对第三人损害的赔偿责任概述

一、对第三人损害的概念

第三人是指非协议或交易当事方，但可能在其中享有权利的人。航空器在运转中对第三人造成了损害，航空器经营人应当承担责任。

在航空运输中，航空承运人与旅客或者托运人以及收货人是一种航空运输合同关系。航空运输合同之外的都是第三人。航空器对第三人造成损害，航空器经营人要依法承担责任。

在航空作业中，航空作业经营人与航空作业使用人依法订立航空作业合同，他们之间的合同义务关系由合同约定。合同关系之外的都是第三人。航空器对第三人造成损害，航空器经营人亦要依法承担责任。

但是,在上述第三人之中又存在复杂的情形,应依据不同的法律关系,按照不同的法律规定分别对待。例如,在航空运输或者航空作业过程中,受害人虽是航空运输合同或航空作业合同之外的第三人,但他们是航空器经营人的工作人员,受有关劳动合同的约束,因而不适用关于对第三人损害责任的法律。

航空器对第三人损害责任主要涉及:

(1) 航空器对地面(包括水面)第三人造成损害的责任;

(2) 航空器碰撞造成损害的责任。

二、对第三人损害责任的法律性质和责任原则

对第三人损害责任,在这里讨论的是一种民事责任。在本质上属于一种特别债,由侵权行为所产生,为侵权之债,责任形式是赔偿损失。

"债"是特定人与特定人之间的请求为特定行为的法律关系。

《中华人民共和国民法通则》规定:"债是按照合同的约定或者依照法律的规定,在当事人间产生的特定的权利和义务关系。享有权利的人是债权人,负有义务的人是债务人。"(第八十四条)

"侵权行为",是指非法侵害他人合法权利和利益,依法应当承担民事责任的行为。侵权行为最主要分为一般侵权行为和特殊侵权行为。行为人以自己的行为不法致以损害时,适用民法上的一般责任条款,称一般侵权行为(又称普通侵权行为);当事人基于与自己有关的他人行为、事件或者其他特别原因致人损害,依照民法上的特别责任条款或者民事特别法的规定而应负赔偿责任,称为特殊侵权行为(又称特种侵权行为)。

在我国,侵权责任一般实行"过错责任原则"(亦称过失责任原则,又称为主观责任原则)。《民法通则》规定:"公民、法人由于过错侵害国家的、集体的财产,侵害他人财产、人身的,应当承担民事责任"(第一百零六条第二款)。这里所规定的即是"过错责任原则"。一般侵权行为的责任要件一律适用这一规定。但对特殊侵权行为的责任,大多实行"无过错责任原则。"(亦称无过失责任原则,又称客观责任原则)

《民法通则》规定:"从事高空、高压、易燃、易爆、剧毒、放射性。高速运输工具等对周围环境有高度危险的作业造成他人损害的,应当承担民事责任;如果能够证明损害是由受害人故意造成的,不承担民事责任。"(第一百二十三条)

根据上述规定,在我国,高度危险作业致人损害时,应适用无过错责任。只在受害人故意造成损害的情况下,才不承担民事责任。如此归责原则,亦是现代国际社会的通行作法。民用航空在高空作业,具有高度危险,航空器对第三人造成损害的侵权行为,应当根据上述规定归责是十分明显的。这一民法上的规定,对民用航空来说是一般法规定。《中华人民共和国民用航空法》做了类似规定,则是特别法规定。

航空器空中碰撞,往往呈现复杂的情况,经常难以判明谁有过错。在这种情况下,要实行"公平责任原则"。《民法通则》规定:"当事人对造成损害都没有过错的,可以根据实际情况,由当事人分担民事责任"(第一百三十二条)。"受害人对于损害的发生也有过错的可以减轻侵害人的民事责任。"(第一百三十一条)

三、对第三人损害责任的国际法律规范

航空器对地面或者水面第三人造成损害的责任问题,现行的有1952年《罗马公约》。《罗马公约》的内容将在本单元第二节中作简要介绍。

至于航空器的噪声污染损害和空中碰撞的责任问题,至今未有统一的国际法律规范。对有关情况,将在本单元第四节中作简要介绍。

第二节　1952 年《罗马公约》

一、《罗马公约》概述

(一) 公约的产生过程

1925 年开始起草,1929 年通过的《华沙公约》,只是就国际航空运输问题统一了某些规则,而未解决飞行中的航空器对地面或水面上第三人造成损害的责任问题。因此,从 1927 年 6 月起,"国际航空法律专家委员会"着手研究对第三人的责任问题。到 1930 年,才就对第三人赔偿限额达成协议。1933 年 5 月,在罗马举行第三届国际航空私法会议,通过了《统一航空器对地(水)面第三人造成损害的某些规则公约》,即 1933 年《罗马公约》。为了明确并限制航空器经营人的保险人的责任,又签订了 1938 年布鲁塞尔议定书,作为 1933 年《罗马公约》的补充。由于许多国家认为 1933 年《罗马公约》及其 1938 年议定书已落后于航空的发展形势,因而不批准该公约。1948 年 5 月,开始了公约的修订工作。1952 年 10 月 7 日终于通过了新的《罗马公约》,并于 1958 年 2 月 4 日起生效。

(二) 公约的目的

1952 年《罗马公约》的目的,在于力争在最大可能范围内,将世界各国适用航空器对地面或者水面第三人造成损害的责任规则统一起来,一方面能确保受害人及时地得到公正的赔偿,另一方面是合理地限制此种损害而引起的责任范围,使之不至于阻碍国际民用航空运输的发展。

由于参加公约的国家不多,因而上述目的未能完全达到,但不因此而丧失了公约的意义。为什么公约参加国会这样少?矛盾的焦点在于对责任赔偿限额水平存在着严重分歧,这和航空运输损害赔偿限额问题存在分歧一样,是世界各国经济水平不平衡的结果。在法学观点上,有的国家航空法学者认为,对第三人责任不应该实行"有限责任制",而应该按照实际损失予以充分赔偿。因为,在地面或者水面上的第三人与航空毫无关系,只是因为发生航空事故,才祸从天降,横遭损害,难道还能限制赔偿责任吗?持这种观点不是毫无道理的。但问题还有另一面。若不限制对第三人责任的范围,尤其对人的损害,是难以用金钱估价所遭受的"实际损失"的,加上世界上各国社会制度不同、经济水平不一,就更难确定一个统一的标准,当发生一次灾难性的航空事故时,航空企业就必然在经济上受到沉重的打击,小的航空企业甚至可以因为这样的一次事故而宣告破产。实行航空保险虽可分散这种危险,但不限制责任范围,势必增加保险费而增加航空企业生产成本,这是需要妥善处理的问题。航空业是社会生产的组成部门,每个社会成员都与之直接地或间接地发生着关系。众所周知,法律是社会关系的调整器。在立法时,就必须从各个方面予以全面考虑,使之达到合理的平衡,公正地处理好各种关系,从而使社会保持良好的秩序,使整部社会机器正常运转,不断促进人类社会的进步。由此可见,1952 年《罗马公约》的立法目的是有一定道理的。

为了"挽救"1952 年《罗马公约》,在国际民用舰空组织的主持下,于 1978 年在蒙特利尔召开航空法会议(又称外交会议)修订《罗马公约》,制定了 1978 年《蒙特利尔议定书》,

主要是提高责任限额，如对人员死亡的每人赔偿限额由4万美元提高15万美元。

（三）公约的主要内容

1952年《罗马公约》分为六章共39条，主要有下列四个方面的内容：①责任原则；②责任范围；③责任的担保；④诉讼程序规则。

（四）公约的适用范围

1952年《罗马公约》适用于在一缔约国领土内，由在另一缔约国登记的航空器在飞行中对地面或者水面上第三人造成的损害。（第二十三条第一款）

“飞行中”是指航空器从为起飞使用动力时起，至降落完毕时止的期间，即视为“航空器在飞行中”。这段时间，也是通常所说的“轮挡期间”，即为了起飞撤掉轮挡开始，至降落后放置轮挡时止的期间。对于轻于空气的航空器，如气球、飞艇，“在飞行中”一词是指自脱离地面时开始，至重新系留地面时止的期间。（第一条第二款）

同时，为了公约的目的，将在公海上的船舶或者航空器视为其登记国领土的一部分（第23条第2款）。因而，在一缔约国登记的航空器，在飞行中对处在公海上的另一缔约国登记的船舶造成了损害，即适用《罗马公约》。需要指出的是，将航空器视为其登记国领土的一部分，仅仅是为了公约的目的，便于赔偿责任诉讼管辖，而不能由此推而广之，说航空器是其登记国的领土。

1952年《罗马公约》不适用于下列情况：

（1）不适用于对飞行中的航空器以及该航空器上的人或财产造成的损害，即不适用于空中碰撞的情况。（第二十四条）

（2）不适用于受害人与航空器经营人之间已签订有合同或他们之间的关系由劳动合同法律来调整的情况。（第二十五条）

（3）不适用于军事、海关或警察用的航空器产生的损害。（第二十六条）

（4）不适用于核损害（1978年修正的1952年《罗马公约》）。

二、《罗马公约》的责任原则

1952年《罗马公约》是建立在航空风险基础上，实行无过错责任原则，即客观责任或称客观责任制。

“无过失责任”或“客观责任”，是指只要所造成的损害确是客观存在的事实，不问致害人有否过失，都要承担损害赔偿责任。

1952年《罗马公约》规定“在地（水）面上遭受损害的任何人，只要证明该项损害是飞行中的航空器或者从飞行中的航空器上坠下的人或物所造成，即有权获得本公约规定的赔偿”（第一条第一款）。这里清楚地表明了公约实行的是无过失责任或称客观责任。

“但是，如果所受的损害并非造成损害的事故的直接后果，或者所受的损害只是航空器遵照现行的空中交通规则在空中通过的结果，则受害人无权要求赔偿。”（第一条第一款）

航空器对地面或水面上第三人造成的损害，由该航空器的经营人承担责任。

判断是否是经营人，主要看两条标准：一是否对航空器有专有使用权；二是否自己使用或者雇佣他人使用航空器，而不论是否是航空器的所有人。具体地说，有下列几种情况：

（1）《罗马公约》所称的“经营人”，是指损害发生时使用航空器的人。即使将航空器

的使用权直接或间接给予他人而自己仍保留对该航空器的航行控制权的人,亦被视为经营人。

(2) 自己使用航空器或者由其受雇人在执行职务过程中使用航空器,不论是否在他们的权限范围行事,都应认为该人在使用航空器。

(3) 如果航空器经营人难以判明,则在航空器权利登记簿上登记的所有人应被推定为该航空器的经营人。

(4) 某人在损害发生时是经营人,而对航空器自他开始有权使用时起十四天以上没有专有使用权,则给予该人使用权的人与该人在公约规定的条件和责任范围内负连带责任。

(5) 如果某人未得到控制航空器航行权的人同意而使用航空器,航行控制权人除非证明他已适当注意防止这种使用,否则应与非法使用航空器的人对造成的损害在公约规定的条件和责任范围内负连带责任。

上述对损害应当承担责任的人,在下列情况下可以免除或减轻责任。

(1) 如果损害是武装冲突或者骚乱的直接后果,则对损害不负赔偿责任。

(2) 如果该人已被国家公共当局发布法令剥夺了他对航空器使用的权利,亦对损害不负赔偿责任。

(3) 如果能证明损害全部或部分地是由于受害人或其受雇人的过失所造成的,则可以免除或减轻损害赔偿责任。但是,损害虽是受害人的受雇人的过失所造成,而受害人能证明其受雇人的行为超出了他的权限范围,则不能免除或减轻损害赔偿责任。

此外,公约还规定,如果是两架或两架以上的航空器在飞行中相撞或者相扰而发生应予以赔偿的损害,或者两架或两架以上的航空器共同造成这种损害,则每一架航空器都被认为造成了这种损害,每一架航空器的经营人都应在公约规定的条件和责任范围内承担责任。

三、《罗马公约》规定的责任范围

1952 年《罗马公约》采用的是有限责任制。

根据制定公约的目的,确定限额水平的原则是:一方面,不能把限额确定得过低,以致没有足够的金额补偿在地面或水面上的第三人遭受的损害;另一方面,又不能把限额确定得过高,以致保险费昂贵而妨碍航空业的发展。由于航空器越大,发生事故时对地面或水面造成的损害就可能越大。因此,《罗马公约》以航空器的重量为标准来确定限额的高低。所谓“重量”,是指航空器适航证上认可的航空器最大起飞重量。

适用《罗马公约》规定的限额时,应注意下列几点:

(1) 如果受害人能证明损害是由于经营人或其受雇人故意造成损害的作为或不作为造成的,则经营人承担责任不受上述规定的限制,即应负无限责任。但需注意的是,若是经营人的受雇人有上述作为或不作为,还要证明受雇人员在执行其职务期间并在其权限范围内的行为。

(2) 如果某人非法占有并未得到有使用权的人的同意而使用航空器,其责任亦没有限制。

(3) 如果造成损害应由两人或两人以上负连带责任,或者航空器的所有人被推定为经营人而承担责任时,受害人所获得的赔偿金总数,不得超过任何一个应负责的人按照公

约规定支付的最高赔偿金。

(4) 如果是两架或两架以上的航空器造成损害,受害人得到的补偿可以是每架航空器应付赔偿金的总和,但每架航空器的赔偿金不得超过公约对航空器所规定的限额,除非是上述(1)、(2)两点所述的情况而承担无限责任。

(5) 如果确定的索赔金总额超过了公约规定的限额,则按下规定处理:

① 如果几项索赔要求全部是关于人身死亡或伤害赔偿,或者全部是关于财产损失赔偿,则按照所确定的各项索赔金额的比例分摊赔偿限额;

② 如果索赔要求既有关于人身损害赔偿,又有关于财产损失赔偿,则应以赔偿限额的一半优先满足人身损害索赔要求;如不清偿,则按照确定的各项索赔金的比例分配。限额的另一半金额继续按照确定的人身损害和财产损失的各项索赔金的比例分配。关于这一规定,1978 年蒙特利尔议定书修改为:先满足人员伤亡补偿,剩余再按比例分配。

四、责任的担保

1952 年《罗马公约》规定,任何缔约国可以要求在另一缔约国登记的航空器经营人,就航空器可能在该缔约国领土内对地面或水面上第三人造成损害应承担的责任进行保险或者提供其他方式的担保。

这个要求是否提出,由航空器飞经国决定。各国一般都要求外国航空器具有这种保险或提供其他方式的担保,否则不准许在其领土内飞行。提出这样要求的道理是显而易见的,即是一旦发生航空事故对地面或水面上的第三人造成了损害,以使受害人能及时得到合理的赔偿。《中华人民共和国民用航空法》规定“公共航空运输企业应当投保地面第三人责任险”(第一百零五条);“从事通用航空活动的,应当投保地面第三人责任险”(第一百五十条);“外国民用航空器飞入中华人民共和国领空,其经营人应当提供有关证明书,证明其已经投保地面第三人责任险或者已经取得相应的责任担保;其经营人未提供有关证明的,中华人民共和国国务院民用航空主管部门有权拒绝其飞入中华人民共和国领空”。(第一百七十五条)

由此可见,我国对责任担保的要求是十分明确的。

(一) 保险

关于保险,《罗马公约》规定:

(1) 保险必须符合公约规定的条件。这包括航空器经营人必须按照公约规定的责任限额进行保险,即保险的金额不得低于适用航空器的责任限额。

(2) 保险必须由法律许可办理此项保险业务的保险人承保。“法律”是指:①航空器登记国的法律;②保险人住所地国或保险人的主营业所所在地国的法律。

(3) 保险人必须有清偿能力,即当保险事故发生时,保险人有支付保险金的能力。“有清偿能力”,不仅要求在财力上有支付能力,而且应能以任何货币支付的能力。公约要求航空器登记国,或者保险人的住所地国或保险人主营业所所在地国查实该保险人的清偿能力。

(二) 担保

公约规定,担保可以代替保险。

1. 提供担保应符合下列条件

(1) 此项担保应专门用于并优先支付公约规定的第三人责任赔偿。

（2）担保应是充分的。在下列情况下被认为担保是充分的：

① 对于只有一架航空器的经营人来说，担保的金额应等于公约规定的责任限额；

② 对于拥有多架航空器的经营人来说，担保的金额应不少于限额最高的两架航空器的责任赔偿限额之和。

（3）索赔要求的通知一经送达经营人，担保的金额应予以增加至下列两个数额的总和：

① 上述第②点所要求的担保数额；

② 不超过责任限额的索赔要求的数额。此项增加的担保数额应保留至索赔要求处理完毕时为止。

2. 提供担保可以用下列任何一种方式

（1）在航空器登记国的公款保管机构或者在经该国批准充当保管机构的银行内，经营人缴存现金作为保证金。

（2）由航空器登记国认可的银行提供保证，该银行的清偿能力须经该国查实。

（3）由航空器登记国提供保证，其条件是该国应承诺在涉及该项担保的诉讼中放弃管辖豁免权。

（三）关于担保的证明文件

（1）航空器飞经国可以要求航空器备有保险人出具的证明文件，以证明已按照公约的规定予以保险，或者证明应承担责任的人已被该项保险予以担保。同时，还要附上保险人有清偿能力的证明文件，并由航空器登记国或者保险人的住所地国或保险人的主营业所所在地国的有关当局签发。如果是以其他方式担保，则由航空器登记国有关当局签发证明文件。

（2）如果上述证明文件经认证的副本已送存航空器飞经国的有关当局，或者已送存国际民用航空组织，且该组织复制副本分送各缔约国，则此项证明文件无须在航空器内备置。

（四）关于对担保人有否清偿能力发生争议的解决办法

（1）航空器飞经国有合理的根据怀疑保险人或提供保证的银行缺乏清偿能力，可以要求提供补充证明。

（2）如果就补充证明的证明力发生争议，经争议各国之中的任何一国提出要求即交付仲裁，可以提交国际民用航空组织理事会仲裁，也可以经争议各方同意而组成的仲裁庭仲裁。

（3）在仲裁裁决做出之前，航空器飞经国应视保险或银行提供的保证暂时有效。

（五）公约对保险人或其他担保人保护的规定

1. 保险人或其他担保人对根据公约提出的索赔要求，可以援引下列理由抗辩

（1）被保险的或被其他方式担保的经营人的抗辩理由。

（2）保险或担保证明文件是伪造的，即不存在保险或担保的事实。

（3）损害发生时，保险或担保的有效期已过。

但是，保险或担保的有效期在下列情况下允许延长：

① 如果有效期在飞行中届满，有效期延长至飞行计划中所列明的下一站降落时止，但以 24 小时为限。

② 如果保险或担保失效，是由于有效期届满或者变更经营人以外的原因的结果，则

按下列办法处理:

a. 在保险人或者担保人将保险或者担保失效的通知送达证明其有清偿能力的有关当局之日起算,保险或担保有效期延长15天。

b. 在签发证明清偿能力的有关当局撤回证书的情况下。如果实际撤回是在15天期限之内完成的,则保险或担保的有效期延长至证书实际被撤回之日。

a、b 两种办法以期限较短的为准,有效期延长最多为15天。

需要指出的是,上述关于延长保险或担保有效的规定,仅仅是为了保护受害人的利益的一种措施。

(4) 损害发生在保险或担保指定的范围之外。

但是,航空器超过了原定范围飞行是由于:①不可抗力;②必须援救他人;③驾驶、航行或领航错误所造成的,则保险人或担保人仍要负责。这样的规定也是保护受害人。

2. 受害人只能在下列情况下对保险人或担保人提起直接诉讼

(1) 在上述延长保险或担保有效期的情况下。

(2) 经营人已宣告破产。

但是,这样的规定并不妨碍受害人根据有关保险合同或担保合同的适用法律,对保险人或担保人提起直接诉讼。

(六) 公约对受害人保护的规定

1952年《罗马公约》的目的之一,就是要能确保在地面或水面上的第三人遭受损害时及时地得到公正的赔偿,因而规定了责任担保制度。上面已说到的保险或担保的有效期延长制度、保险或担保所指定的范围应在特殊情况扩大的规定,这些都是从保护受害人的利益出发的。除此以外,公约还做了如下规定:

(1) 如果受害人符合公约规定的条件,对保险人或担保人提起了直接诉讼,保险人或担保人只能援引上述四个方面的抗辩理由对抗受害人,而且公约还明确规定,不得援引下列理由对抗受害人:①保险或担保无效;②追溯撤销保险或担保。

这样的规定是很特殊的。保险或担保是一种合同。按照民法的规定,民事行为违背法律规定的条件是可以被确认无效的,民事行为在法律规定的条件下,当事人是有权请求撤销的。无效的民事行为,从行为开始时就没有约束力,被撤销的民事行为从行为开始时无效。因而可解释为,这样的特殊规定,完全是为了保护受害人的利益。在这样的情况下,保险人或担保人只能先按规定赔偿受害人,然后向被保险或被担保的航空器经营人追偿。然而,受害人其所以对保险人或担保人直接提起诉讼,就是因为经营人没有赔偿的支付能力。保险人或担保人虽然可以保险合同或担保无效,或者追溯撤销保险合同或担保合同而有权向航空器经营人追偿,但一般都是难以追偿回来的。这个问题是需要保险人或担保人注意的。

(2) 在担保的情况下,担保应专门用于并优先支付赔偿金;担保的金额应是充分的。

(3) 第三人责任保险金,在对第三人损害赔偿的债权未消灭之前,即未赔偿完受害人之前,不得被扣留;经营人的其他债权人也不得对保险金采取执行措施。

五、责任诉讼的程序规则

(一) 单一管辖原则

单一管辖原则的意义是:

(1) 公约规定,只能向损害发生地的缔约国的法院提起诉讼,但这一规定不是严格的。

① 如果原告和被告彼此同意,诉讼可以在任何其他缔约国的法院提起。但是,此种诉讼程序对于向损害发生地国的法院提起诉讼的人的权利无任何妨碍。

② 各当事方如果同意,也可以在任何缔约国内将争议提交仲裁。

(2) 同一事故引起的各项责任诉讼,由同一个法院一次综合审理原则。公约只要求各缔约国应尽可能地这样处理。

实行单一管辖原则:一是便于收集证据;二是减少诉讼费用。

我国《民事诉讼法》第三十条规定:"因铁路、公路、水上和航空事故请求损害赔偿提起的诉讼,由事故发生地或者车辆、船舶最先到达地、航空器最先降落地或者被告住所地人民法院管辖。"如果在我国领域内发生航空事故,关于对第三人造成损害的索赔诉讼按照这一条规定实施管辖。

(二) 索赔期限和诉讼时效

(1) 如果航空器对地面或者水面第三人造成了损害,受害人应该在自造成损害的事实发生之日起6个月内,向航空器经营人提出索赔要求。如果在6个月内既不将索赔要求通知经营人,又未对经营人提起索赔诉讼,则受害人只能在经营人按其责任限额充分满足了按规定提出的索赔要求之后,如有余额才能得到赔偿。

(2) 责任诉讼的时效为2年,从损害事故发生之日起算。根据受理案件的法院所在地国的法律,决定时效的中断或中止。但在任何情况下,如果从损害事故发生之日起3年内不提起诉讼,诉权即行丧失。

(三) 判决的承认和执行

对于本国法院的判决,不发生对判决的承认和执行问题。这里所说的是对外国法院的判决的承认和执行问题。

《罗马公约》规定的一般原则是,凡终审判决在任何缔约国可以执行。当终审判决,甚至缺席判决,由公约规定有管辖权的法院做出后,在外国法院按照其法律规定可以提出执行请求,并在按照被请求执行地国家的法律履行了手续,这一终审判决即可以执行,一般是在败诉方的住所地或者他的主营业所所在地的缔约国内执行;如果在上述缔约国内,败诉方的财产不足支付判决的赔偿金,则在败诉方有财产的缔约国内执行。判决执行申请必须在终审判决做出之日起5年内提出。

但是,请求外国法院执行存在下列问题:

(1) 有的国家在制定公约时就提出了问题:一是在联邦制国家里,州或省有相对独立性,联邦政府管不了州或省的事务;二是公约规定被请求执行法院的诉讼费不得超过所判决的赔偿金10%,这些国家不能同意这样规定。因而,有的学者认为,这也是《罗马公约》参加国不多的一个原因。

(2) 外国法院可以拒绝执行。公约规定的拒绝执行的理由可以如下:

① 此项判决系缺席判决,被告没有足够时间了解案情予以辩护。

② 被告未获得公平和足够的机会为其利益辩护。

③ 判决涉及的争讼是相同当事人的另一诉讼标的并已做出判判决或裁决,而根据被申请执行国的法律,另一诉讼的判决和裁决已具有既判力。

④ 判决系由当事人任何一方的欺诈行为做出的。

⑤ 申请执行人没有申请执行的资格。

⑥ 执行判决违背被申请执行国的公共秩序。

此外,在下列情况下也拒绝执行:

① 在损害发生地国家的法院的判决全部执行完毕之前,拒绝执行其他国家的法院判决。

② 如果损害发生地国家的法院判决的赔偿金总额超过了公约规定的限额,应拒绝执行,直到赔偿金总额减少到符合规定时为止。

(四) 重新诉讼

如果被请求执行国的法院因上述第①、②、④、⑥项的理由拒绝执行,原告(受害人)可在接到拒绝执行通知之日起一年内,向该法院重新提出诉讼。一经开始重新诉讼,以前的判决即终结执行。

在本节中,共提到了五个期限。为便于掌握,现列表 8－1 如下。

表 8－1　索赔期限和诉讼时效

期限	起算日	逾期后果	性质
6 个月	从造成损害的事实发生之日起计算	在充分满足按时提出索赔的其他受害人的索赔要求后的余额中受偿	索赔期
2 年	从造成损害的事实发生之日起计算	诉权消灭	诉讼时效
3 年	从造成损害的事实发生之日起计算	诉权消灭(债权消灭)	诉讼期间
1 年	从拒绝执行通知书送达之日起计算	重新提起诉讼权消灭	诉讼时效
5 年	从造成损害的事实发生之日起计算	判决执行请求权消灭(债权消灭)	除斥期间

在这里需要说明的是,由于各国法律制度不同,对是诉权消灭还是债权消灭也就规定不同。如果只是诉权消灭,债务人可以自愿清偿。如果是债权消灭,那么自愿清偿后,原债权人接受赔偿金就成了不当得利,因而原债务人自愿清偿也成了不能。

我国《民法通则》规定,向人民法院请求保护民事权利的诉讼时效期间一般为 2 年,特殊的由法律另行规定。身体受到伤害请求赔偿的诉讼时效期间为 1 年。诉讼时效期间从知道或者应当知道权利被侵害时起计算。但是,从权利被侵害之日超过 20 年的,人民法院不予保护。有特殊情况的,人民法院可以延长诉讼时效期间。超过诉讼时效期间,当事人自愿履行的,不受诉讼时效限制。

第三节　我国《民用航空法》的规定

《中华人民共和国民用航空法》第十二章规定了对地面(包括水面)第三人损害的赔

偿责任。该规定与我国《民法通则》的立法精神是一致的,又借鉴了1952年《罗马公约》的经验,较好地调整了航空器经营人与地面第三人的法律关系。

一、责任原则

《民用航空法》规定:"因飞行中的民用航空器或者从飞行中的民用航空器上落下的人或者物,造成地面(包括水面,下同)上的人身伤亡或者财产损害的,受害人有权获得赔偿;但是,所受损害并非造成损害的事故的直接后果,或者所受损害仅是民用航空器依照国家有关的空中交通规则在空中通过造成的,受害人无权要求赔偿。"(第一百五十七条第一款)

这就清楚地表明:

损害赔偿实行的是无过错责任原则,即客观责任原则。只要是飞行中的民用航空器或者从飞行中的民用航空器上落下的人或者物,造成地面上的人身伤亡或者财产损害是客观事实,受害人即有权获得赔偿。但是,这种客观责任不是绝对责任。

其一,损害赔偿有明确的范围。①只赔偿直接损害,不赔偿间接损害。即所受损害并非造成损害事故的直接后果,受害人无权要求赔偿;②所受损害仅是民用航空器依照国家有关的空中交通规则在空中通过造成的,如航空器噪声或声震造成的损害,受害人无权要求赔偿。

其二,符合法定免责条件的,可以不承担责任,或者免除或减轻赔偿责任。

《民用航空法》规定:

(1)"损害是武装冲突或者骚乱的直接后果,依照本章规定应承担责任的人不承担责任。"(第一百六十条第一款)

(2)"依照本章规定应当承担责任的人对民用航空器的使用权业经国家机关依法剥夺的,不承担责任。"(第一百六十条第一款)

(3)"依照本章规定应当承担责任的人证明损害是完全由于受害人或者其受雇人、代理人的过错造成的,免除其赔偿责任;应当承担责任的人证明损害是部分由于受害人或者其受雇人、代理人的过错造成的,相应减轻其赔偿责任。但是,损害是由于受害人的受雇人、代理人的过错造成时,受害人证明其受雇人、代理人的行为超出其所授权范围的,不免除或者不减轻应当承担责任的人的赔偿责任。"(第一百六十一条第一款)

上述所称"飞行中","是指自民用航空器为实际起飞而使用动力时起至着陆冲程终了时止,就轻于空气的民用航空器而言,飞行中是指自离开地面时起至重新着地时止"。(第一百五十七条第一款)

二、责任承担人

对地面第三人损害的赔偿责任,由民用航空器经营人承担。

民用航空器经营人是指:

(1)损害发生时使用民用航空器的人。

(2)本人将民用航空器的使用权已经直接或者间接地授予他人,但保留对该民用航空器的航行控制权,本人仍被视为经营人。

(3)经营人的受雇人、代理人在受雇、代理过程中使用民用航空器,无论是否在其受雇、代理范围内行事,均视为经营人使用民航空器。

(4)民用航空器登记的所有人应当视为经营人,并承担经营的责任;除非在判定其责

任的诉讼中,所有人证明经营人是他人,并在法律程序许可范围内采取适当措施使该人成为诉讼当事人之一。(第一百五十八条)

关于确定责任承担人,法律明确了下列几点:

(1) 当民用航空器所有人被视为经营人时,所有人享有经营所能援用的抗辩权。(第一百六十三条)

(2) 非法使用民用航空器对地面第三人造成损害,有航行控制权的人与该非法使用人承担连带责任,除非有航行控制权的人证明本人已经适当注意防止此种非法使用。这里所称非法使用民用航空器,是指未经对民用航空器有航行控制权的人的同意而使用航空器。(第一百五十九条)

(3) 两个以上的民用航空器在飞行中相撞或者相扰,对地面第三人造成损害,或者两个以上民用航空器共同对地面第三人造成损害,各有关民用航空器均应当被认为已经造成此种损害,各有关民用航空器的经营人均应当承担责任。(第一百六十二条)

(4) 上述应当承担责任的人以及他们的受雇人、代理人,对于飞行中的民用航空器或者从飞行中的民用航空器上落下的人或者物对地面第三人造成损害,只在本法规定的范围内承担赔偿责任,除非故意造成此种损害,不在规定范围之外承担责任。(第一百六十四条)

(5) 本章规定不妨碍对损害应承担责任的人向他人追偿的权利。(第一百六十五条)

三、责任担保

《民用航空法》规定:

(1) 民用航空器经营人应当投保地面第三人责任险或者取得相应的责任担保。(第一百六十六条)

(2) 保险人和担保人享有下列抗辩权:

① 享有与经营人相同的抗辩权。

② 享有对伪造证件进行抗辩的权利。

③ 损害发生在保险或者担保终止有效后。如果保险或担保有效期在飞行中终止,则将有效期自动延长至在飞行计划中所载下一次降落时为止,但延长以 24 小时为限。

④ 损害发生在保险或者担保所指定的地区范围外。但飞行超过规定范围是由于不可抗力、援助他人所必需,或者驾驶、航行或者领航上的差错造成的,不受此限。

上述延长有效期或扩大范围使保险或担保有效的规定,只有对受害人有利时适用。即是说,除非在上述情况下发生损害赔偿应使保险人或担保人承担责任外,不得解释为在任何情况下都可以延长有效期或者扩大保险或担保的地域范围。(第一百六十七条)

(3) 关于受害人直接对保险人或者担保人提起诉讼的问题,法律规定:

① 在下列情形,受害人可以直接对保险人或担保人提起诉讼:

a. 在上述延长有效期或者扩大保险或担保范围使保险或担保继续有效的;

b. 民用航空器经营人破产的。

② 受害人可以根据有关保险合同或担保合同的法律规定提起直接诉讼。

③ 在受害人提起直接诉讼的情况下,除保险人或担保人拥有上述抗辩权外,“不得以

保险或担保的无效或者追溯力终止为由进行抗辩”。(第一百六十八条)

(4)经营人投保的地面第三人责任险或取得的相应责任担保,应被专门指定优先支付对地面第三人造成损害的责任赔偿;保险人支付给经营人的款项,在被造成损害的第三人的赔偿请求未满足前,不受经营人的债权人的扣留和处理。(第一百六十九条和第一百七十条)

四、诉讼时效

地面第三人损害赔偿诉讼时效期为2年,自损害发生之日起计算;但是,在任何情况下,时效期间不得超过自损害发生之日起3年。(第一百七十一条)

五、法律的适用范围

上述关于对地面第三人损害赔偿责任的规定不适用下列损害:

(1) 对飞行中的民用航空器或者对该航空器上的人或者物造成的损害;

(2) 为受害人同经营人或者同发生损害时对民用航空器有使用权的人订立的合同所约束,或者为适用两方之间的劳动合同的法律有关职工赔偿的规定所约束的损害;

(3) 核损害。(第一百七十二条)

六、关于对地面第三人损害赔偿金的计算问题

《民用航空法》对此没有具体规定,但明确规定了“民用航空器对地面第三人的损害赔偿,适用侵权行为地法律”。“民用航空器在公海上空对水面第三人的损害赔偿,适用受理案件的法院所在地法律”。(第一百八十九条)

根据我国《民法通则》的规定,对地面(水面)第三人造成损害应当按实际损失赔偿,没有限额规定。

“损坏国家的、集体的财产或者他人财产的,应当恢复原状或者折价赔偿”。“受害人因此遭受其他重大损失的,侵害人并应当赔偿损失”。(第一百一十七条第二款、第三款)

“侵害公民身体造成伤害的,应当赔偿医疗费、因误工减少的收入、残废者生活补助费等费用;造成死亡的,并应当支付丧葬费、死者生前扶养的人必要的生活费等费用”。(第一百一十九条)

因此,对地面第三人造成损害赔偿,应按照实际损害情况,合情合理个案理算。如果当事人之间不能就赔偿金额达成协议,可以由受理案件的法院裁决。

第四节　航空器噪声、声震和空中碰撞

一、航空器噪声和声震的损害问题

噪声,是指任何一种不需要的声,它或者是内在的、令人生厌的声,或者是干扰要听的声的那些声。噪声污染人类环境,已经形成公害。航空器噪声,特别是机场地区密集的飞机产生的噪声,已被公认为有害的噪声源。

声震,是指飞机或其他飞行器以等声速或超声速飞行时产生的激波,在地面听起来好像一声惊雷。其所以会产生声震,是飞机在超声速时,压力场的范围主要在飞机后面一个逐渐扩大的锥形区(马赫锥)内。飞机前进时,尾后扰动锥的抛物线边缘与地面某点瞬时相交,地面产生霹雳声,而在此声之前或之后都没有声音。当这样的飞机在低空飞行时,其激波有相当强度,能震碎玻璃或造成其他破坏。

在现代社会，人类随着科学技术的进步以及生产力和生活质量的提高，保护环境的意识也随之加强。因为，环境是指与人类密切相关、影响人类生活和生产活动的各种自然力量或作用的总和。它不仅包括各种自然要素（光、热、土气、动植物）的组合，还包括人类与自然要素间相互形成的各种生态关系的组合。构成环境的各种要素是人类生活与生产的物质基础。一个良好的生态环境是人类发展最主要的前提。噪声污染环境，越来越引起人类的关注。

航空器是一种高速运载工具，其噪声和声震随着航空器飞行活动而产生，也随着航空器飞行活动的停止而消失。加之航空器活动空间的广阔，时间特定。因此，航空器的噪声和声震所造成污染虽然非常剧烈，但它总是局部性的、暂时性的和流动性的，且极易分散。即便如此，航空器噪声和声震所造成的危害仍不能忽视。其危害主要涉及两个方面：

（1）对人的危害，如影响人的学习、工作、休息、睡眠和心理健康；损伤人的听觉；引起人体疾病；影响胎儿发育和儿童智力发展。科学研究表明，噪声级为 30dB ~ 40dB 时，环境是比较安静的；噪声级超过 50dB，人们的学习、工作、休息和睡眠就会受到妨害；如出现噪声级为 60dB 的突发噪声，大部分熟睡者会立即惊醒；而噪声级达 70dB 以上时，人们则心烦意乱，精神无法集中；噪声级在 80dB 时，人的听觉会受到损伤；噪声级达到 85dB、90dB 和 100dB 时，人的噪声性耳聋出现的可能性分别为 10%、21% 和 41%；噪声级超过 115dB 时，有可能马上导致噪声性耳聋。而航空器的噪声一般都超过 90dB，喷气式飞机噪声级要达 120dB ~ 130dB；超声速飞机产生的压力波往往超过 140dB。

（2）对物的危害，如损害建筑物和机器设备，超声速飞机产生的压力波，会使建筑物产生共振，致使墙壁震裂、砖瓦震落、门窗毁坏而减少建筑物的寿命，甚至会使烟囱和古老的建筑物倒塌；可使金属结构疲劳而遭到破坏；可使自动化、高精度的仪表失灵。此外，还会危害一些动物生长和活动。

1968 年，国际民用航空组织大会在布宜诺斯艾利斯举行第 16 届会议，通过决议承认在机场邻近地区噪声的严重，并指示国际民用航空组织理事会制定控制航空器噪声的规范性和指导性材料。该项决议还指示国际民用航空组织在公约的附件中或在国际民用航空组织其他有关文件中，包括测算航空器噪声的说明和方法，并制定对航空器产生的噪声做适当限制。

1971 年，国际民用航空组织大会在维也纳举行第 18 届会议，通过了另一项决议以表明该组织对人类环境的立场。这项决议承认：对于环境的不利冲击可能与航空器的活动有关，应使国际民用航空组织负责指导国际民用航空以一定方式发展，以便有利于世界人民，并在安全、有秩序的民用航空发展与人类环境的质量之间取得最大程度的兼容。

经过 1969 年 11 月至 12 月在蒙特利尔举行的关于机场邻近地区航空器噪声特别会议，国际民用航空组织理事会于 1971 年通过《国际民用航空公约》附件十六，就航空器噪声问题规定了：

（1）说明和测算航空器噪声的程序；

（2）人类对航空器噪声的容忍限度；

（3）航空器噪声证书；

（4）航空器降低噪声程序的制定准则；

（5）土地使用的控制；

（6）降低地面试车噪声的持续。

此后，国际上纷纷采取措施，对噪声问题加强管理，有的国家并做出了相应的立法规定。

我国也十分注重环境保护问题。

1986年4月12日通过的《中华人民共和国民法通则》规定："违反国家保护环境防止污染的规定，污染环境造成他人损害的，应当依法承担民事责任。"（第一百二十四条）

1986年4月16日国务院发布的《民用机场管理暂行规定》规定："对噪声超过国家规定标准的航空器，机场管理机构有权拒绝其起降"。（第十条）

1989年9月26日发布的《中华人民共和国环境噪声污染防治条例》规定："航空器在起飞、降落时产生的噪声，应当符合航空器噪声排放标准，禁止航空器在城市市区上空作超低空训练飞行。"（第三条）

1989年12月颁布的《中华人民共和国环境保持法》规定："加强对城市和工业噪声、震动的管理，各种噪声大、震动大的机器设备、机动车辆、航空器等，都应当装置消声、防震设施。"（第二十二条）

上述法律、法规的执行和实施细则化，将有利于防止航空器噪声污染以及解决损害赔偿问题。

二、空中碰撞

空中碰撞，是指两架以上航空器在飞行中的有形致害接触，常发生在拥挤繁忙的机场终端区内，大部分空中碰撞事故发生在进场和离场阶段。

空中碰撞的隐患来自航空器之间的空中危险接近。危险接近是空中碰撞事故的征候。发生空中碰撞事故是严重违反空中交通规则，未遵守航空器飞行安全间隔的结果。究其原因，绝大多数是人为差错造成的：一是空中交通管制指令的差错；二是航空器驾驶员执行管制指令的差错。

空中碰撞的后果极其严重，往往是灾难性的。关于空中碰撞造成损害的赔偿责任呈现复杂的情形。在国际上，早在1931年，制定关于空中碰撞公约的问题就列入了议事日程。国际航空法律专家技术委员会（CITEJA）曾进行过讨论，但未能完成公约草案。国际民用航空组织（常设）法律委员会在制订1952年《罗马公约》草案的同时，接替国际航空法律专家技术委员会继续进行研究工作。1949年，决定将空中碰撞公约草案与制订1952年《罗马公约》分开进行。于是，国际民用航空组织大会于1953年决定成立法律小组委员会专门研究空中碰撞公约草案。1961年，法律小组委员会巴黎会议完成了公约草案。鉴于涉及航空器经营人的民事责任，因此该草案被划属国际航空私法之列，而将有关空中交通规则的内容并入《国际民用航空公约》附件二"空中规则"之中。1964年9月1日至19日，国际民用航空组织（常设）法律委员会在蒙特利尔召开第15届会议，通过了空中碰撞公约草案。但是，自这以后，这一工作再没有新的进展。1978年3月28日，国际民用航空组织理事会又决定将空中碰撞问题列入法律工作计划，次序排列为第四位；1979年5月，（常设）法律委员会将这个问题提升到第三位。由于对航空器机长的法律地位是否需要制定国际公约不能达成协议，空中碰撞问题又被搁置下来，拟在讨论空中交通

管制时一并研究。关于空中交通管制服务的责任问题，在国际民用航空组织（常设）法律委员会工作计划中曾列为第四项予以研究。

在现行的国际条约中，关于空中碰撞问题仅在1952年《罗马公约》第七条涉及。其规定如下：

"当两架或两架以上航空器在飞行中相撞或相扰，并发生第一条所指应予以赔偿的损害，或者两架或两架以上航空器共同造成这种损害时，则每一架有关的航空器都应被认为造成了这种损害，而每一架航空器的经营人都应在本公约规定的条件及责任限制范围内承担责任。"

同时，该公约第十三条第二款规定：

"当第七条规定适用时，受害人可以获得对有关的每一架航空器适用的赔偿限额的总数，但每一个经营人负责赔偿的数额，除按照第十二条规定无限额外，应不超过适用他的航空器的限额。"

从以上情况可见，1952年《罗马公约》关于航空器相撞的规定，较好地保护了地面第三人的利益，但并没有解决航空器空中相撞的法律问题。既然国际法没有规定，也就只能适用空中碰撞事故发生地国的国内法的规定。《中华人民共和国民法通则》关于侵权的民事责任的有关规定，应适用空中碰撞的侵权责任。

案例分析一：国内航空运输中，航空器坠毁对地面第三人造成损害如何赔偿？

——包头空难案

1. 案情简介

2004年11月21日8时21分，由内蒙古自治区包头市飞往上海市的MU5210航班，在起飞后不久坠入机场附近南海公园的湖里，包括47名乘客、6名机组人员在内，机上53人全部罹难，同时遇难的还有2名地面公园工作人员。

2. 案件结果

地面遇难者白德金家属已经与东方航空云南公司签订了《"11·21"空难赔偿款支付收据暨责任解除书》，东方航空云南公司共向他们支付了赔偿金人民币39.3万元。东方航空云南公司依据《中华人民共和国民法通则》、《中华人民共和国民用航空法》、《最高人民法院关于审理人身损害赔偿案件适用法律若干问题的解释》，对于地面遇难者白德金家属一次性支付了赔偿金人民币38万元。其中，丧葬费1.2万元，死亡赔偿金16.7万元，食宿交通误工补助费3万元，抚慰金7.5万元，生活困难补助金9.6万元。同时，考虑到白德金的家属没有在接待宾馆食宿，东方航空公司增加了食宿交通误工补助费1.3万元。经过多次协商，中国东方航空云南公司与包头市政府日前就"11·21"空难所造成的南海公园水污染问题达成赔偿协议：双方一致同意南海公园湖水水体污染治理费用为人民币2140万元。

3. 法理评析

这是一起典型的国内航空运输中因民用航空器坠毁对地面第三人损害赔偿的案件。本案的焦点是赔偿的数额。

1）民用航空器对地面第三人造成损害是一种侵权行为

航空器在空中航行，系高度危险作业。世界上很多国家对高度危险作业致人损害的性质基本上都认为是一种特殊的侵权责任，但在归责的原则上略有不同。1922年的德国

《空中交通法》(1959 年 1 月 10 日修订)规定了航空器对地面第三人造成损害的适用无过失责任,法国 1924 年 5 月 31 日颁布的《关于航空器及其空中航行的私法规则》中对航空器经营者的危险责任做出了规定。它规定:当航空器上的装置或物体同航空器脱落而坠入地面时,航空器的经营者即应就这些装置或物体对地面第三人所造成的人身或财产损害承担侵权责任,即使它们在经营航空器时没有过错,亦是如此。法国此法律规定随后在实际生活中被广泛适用,包括航空器因起降而产生的噪声损害。苏联的《苏俄民法典》第四百五十四条规定:“其活动对周围的人有高度危险的组织和公民(交通运输组织、工矿企业、建筑工程部门、汽车占有人等),如果不能证明高度危险来源所造成的损害是由于不可抗拒的力量或受害人的故意所致,应当赔偿所造成的损害。”在此之后,捷克斯洛伐克、南斯拉夫、民主德国等国家,也都建立了相应的制度。美国立法方面,对于航空事故造成的地面第三人损害是否能够适用基于异常危险行为的严格责任,虽然一直存在争议,但航空飞行从一开始毫无疑问就被视为异常危险行为。因此,对于因航空飞行对地面或者水面第三人造成的损害,不论是人身伤害还是财产损害,受害人都可以基于异常危险行为的严格责任向加害人主张损害赔偿。我国《民法通则》第一百二十三条规定:“从事高空、高压、易燃、易爆、剧毒、放射性、高速运输工具等对周围环境有高度危险的作业造成他人损害的,应当承担民事责任,如果能够证明损害是由受害人故意造成的,不承担民事责任。”

在本案中,航空器坠毁对造成地面 2 名人员死亡和南海公园遭受重大损失都是侵权行为。

2) 民用航空器对地面第三人造成损害的,由民用航空器的经营人承担损害赔偿责任

航空器对地面第三人造成的损害,根据《罗马公约》第二条第一款的规定,应当由该航空器的经营人承担责任。《中华人民共和国民用航空法》中对赔偿主体的规定和 1952 年《罗马公约》的规定基本相同。《中华人民共和国民用航空法》第一百五十八条规定:“本法第一百五十七条规定的赔偿责任,由民用航空器的经营人承担。前款所称经营人,是指损害发生时使用民用航空器的人。民用航空器的使用权已经直接或者间接地授予他人,本人保留对该民用航空器的航行控制权的,本人仍被视为经营人。经营人的受雇人、代理人在受雇、代理过程中使用民用航空器,无论是否在其受雇、代理范围内行事,均视为经营人使用民用航空器。民用航空器登记的所有人应当被视为经营人,并承担经营人的责任;除非在判定其责任的诉讼中,所有人证明经营人是他人,并在法律程序许可的范围内采取适当措施使该人成为诉讼当事人之一。”赔偿主体是航空器的经营人、所有人以及非法使用人。本案中,该民用航空器的经营人是中国东方航空公司,其承担赔偿责任符合法律规定。

3) 对地面第三人损害赔偿金的数额

《中华人民共和国民用航空法》对此没有具体规定,但明确规定了“民用航空器对地面第三人的损害赔偿,适用侵权行为地法律”。“民用航空器在公海上空对水面第三人的损害赔偿,适用受理案件的法院所在地法律”。《中华人民共和国民法通则》规定,对地面(水面)第三人造成损害应当按实际损失赔偿,没有限额规定。“损坏国家的、集体的财产或者他人财产的,应当恢复原状或者折价赔偿”。“受害人因此遭受其他重大损失的,侵害人并应赔偿损失”。“侵害公民身体造成伤害的,应当赔偿医疗费、因误工

减少的收入、残废者生活补助费等费用；造成死亡的，并应当支付丧葬费、死者生前扶养的人必要的生活费等费用”。

因此，对地面第三人造成损害赔偿，应按照实际损害情况，合情合理个案理算。如果当事人之间不能就赔偿金额达成协议，可由受理案件的法院裁决。

4. 法条点击

《中华人民共和国民用航空法》(1995年10月30日)

第一百五十八条　本法第一百五十七条规定的赔偿责任，由民用航空器的经营人承担。前款所称经营人，是指损害发生时使用民用航空器的人。民用航空器的使用权已经直接或者间接地授予他人，本人保留对该民用航空器的航行控制权的，本人仍被视为经营人。经营人的受雇人、代理人在受雇、代理过程中使用民用航空器，无论是否在其受雇、代理范围内行事，均视为经营人使用民用航空器。民用航空器登记的所有人应当被视为经营人，并承担经营人的责任；除非在判定其责任的诉讼中，所有人证明经营人是他人，并在法律程序许可的范围内采取适当措施使该人成为诉讼当事人之一。

《民法通则》(1986年4月12日)

第一百一十七条　侵占国家的、集体的财产或者他人财产的，应当返还财产，不能返还的，应当折价赔偿。损坏国家的、集体的财产或者他人财产的，应当恢复原状或者折价赔偿。受害人因此遭受其他重大损失的，侵害人一并应当赔偿损失。损坏国家的、集体的财产或者他人财产的，应当恢复原状或者折价赔偿。

(摘引自董杜骄《航空法案例评析》，对外经济贸易大学出版社，2009年8月)

案例分析二：涉外航空器对地面第三人造成损害怎样赔偿？

——大韩航空“4·15”空难

1. 案情简介

1999年4月15日，一架大韩航空公司的货机从上海市虹桥机场起飞后不久，便在上海市闵行区莘庄镇附近坠毁，造成灾难性的后果：3名机组成员当场遇难，现场群众5人死亡，37人受伤，317户居民房屋受损。2000年至2001年间，在“4·15“空难中受损的数百户居民陆续向上海市第一中级人民法院提起诉讼，要求被告大韩航空公司公开赔礼道歉，并赔偿人身伤害和房屋损失费、精神赔偿费以及误工费、搬迁费等。

2. 案件结果

这是发生在我国的首例涉外航空器对地面第三人的损害赔偿纠纷。在这起损害赔偿纠纷案中逾97%的诉讼为房屋赔偿类纠纷，涉及原告人数众多，争议的法律关系性质相同，诉讼标的亦属同类，是典型适用代表人诉讼制度的案件。“4·15”空难发生后，即有一些律师事务所介入该案，同一家律师事务所代理几十位乃至上百位灾民进行诉讼的情况十分普遍。

法院认为：我国法律规定的法律适用顺序依次为国际条约、国内法和国际惯例。因我国未参加相关的国际条约，而我国国内法对侵权行为的赔偿已做法律规定，故本案适用我国的国内法。对总的赔偿额的确定，应能足以使原告得到抚慰和补偿，并对被告起到惩戒作用，应尽最大可能弥补原告因此受到的损失。判决被告支付原告高顺良的家属人民币111万元。同日，法院给另3位家属都下达了判决：乔晓岚家属，108万元；王晓芸家属，88万元；陆雨晨家属，88万元。加上大韩公司原已支付每户的2万元，其中4户死者家属每

户实际获赔90万元~113万元。

3. 法理评析

本案争议的焦点是法律的适用问题。民用航空器坠毁造成地面第三人损害,这是一种侵权行为,其所适用的法律是侵权行为地法。

1)对地面第三人侵权的法律适用是侵权行为地法

在航空运输中,航空公司与旅客或者托运人及收货人是一种航空运输合同关系。航空运输合同当事人之外的都是第三人。根据《中华人民共和国民用航空法》的规定,因飞行中的民用航空器或者从飞行中的民用航空器上落下的人或者物,造成地面(包括水而)上的人身伤亡或者财产损害的,受害人有权获得赔偿。民用航空器对地面第三人的损害赔偿,适用侵权行为地法律。航空器对第三人造成损害,航空器经营人(一般是指航空公司)要依法承担责任。《中华人民共和国民法通则》规定,侵权行为的损害赔偿适用侵权行为地法律。《中华人民共和国民法通则》还规定,从事高空、高压、易燃、易爆、剧毒、放射性、高速运输工具等对周围环境有高度危险的作业造成他人损害的,应当承担民事责任;如果能够证明损害是由受害人故意造成的,不承担民事责任。这就清楚地表明,只要是飞行中的民用航空器或者从飞行中的民用航空器落下的人或者物,造成地面上的人身伤亡或者财产损害是客观事实,受害人即有权获得赔偿。《中华人民共和国民用航空法》规定,中华人民共和国缔结或者参加的国际条约同本法有不同规定的,适用国际条约的规定;但是,中华人民共和国声明保留的条款除外。中华人民共和国法律和中华人民共和国缔结或者参加的国际条约没有规定的,可以适用国际惯例。

本案中,中国和韩国均不是1952年《罗马公约》的成员国,因此可以排除《罗马公约》的适用,应当适用侵权行为发生地或侵权结果发生地国家即中国的法律。

2)对地面第三人损害的赔偿数额

《中华人民共和国民用航空法》中对民用航空器对地面第三人侵权的赔偿数额并没有做出明确的规定,在《中华人民共和国民法通则》也只是做出了原则性的规定,即损坏国家的、集体的财产或者他人财产的,应当恢复原状或者折价赔偿。受害人因此遭受其他重大损失的,侵害人并应赔偿损失。侵害公民身体造成伤害的,应当赔偿医疗费、因误工减少的收入、残废者生活补助费等费用;造成死亡的,并应当支付丧葬费、死者生前扶养的人必要的生活费等费用。

本案中,根据《中华人民共和国民法通则》的规定,法院分别判决判处大韩航空公司分别赔偿4位空难死难者家属88万、88万、108万和111万元人民币(另一名死难者家属接受了52.5万元的赔偿)。加上大韩公司原已支付每户的2万元,4户死者家属每户实际获赔90万元~113万元。

4. 法条点击

《中华人民共和国民用航空法》(1995年10月30日)

第一百八十九条　民用航空器对地面第三人的损害赔偿,适用侵权行为地法律。民用航空器在公海上空对水面第三人的损害赔偿,适用受理案件的法院所在地法律。

《中华人民共和国民法通则》(1986年4月12日)

第一百一十九条　侵害公民身体造成伤害的,应当赔偿医疗费、因误工的收入、残废者生活补助费等费用;造成死亡的,应当支付丧葬费、死者扶养的人必要的生活费等

费用。

（摘引自董杜骄《航空法案例评析》，对外经济贸易大学出版社，2009年8月）

复习思考题

1．航空器对第三人损害赔偿责任的原则是什么？

2.《中华人民共和国民用航空法》关于对地面第三人损害赔偿责任是如何规定的？与1952年《罗马公约》有哪些不同？

3. 如何看待航空器噪声损害及空中碰撞的责任？

学习单元九　民用航空安全保卫法律制度

学习提示

本单元的学习主要是了解1963年《东京公约》、1971年《蒙特利尔公约》、1970年《海牙公约》三个航空公约对国际民用航空犯罪的基本规定、我国对民用航空犯罪的相关规定，认识预防和制止航空犯罪，以及上述法律法规的重要性。

重点掌握：1963年《东京公约》适用范围、航空器登记国管辖权、航空器机长的权力，降落地国的权力与责任；1970年《海牙公约》中劫机犯罪的定义、司法程序规则、管辖权；1971年《蒙特利尔公约》对犯罪的定义、管辖权的相关规定；《中华人民共和国刑法》和《中华人民共和国民用航空法》对危害航空安全的具体犯罪的规定。

背景知识链接

第二次世界大战以后，危害国际民航安全的行为屡屡发生，严重危及国际民航的安全和声誉。因此，有关国家在国际民航组织的支持下召开国际会议，签订了一系列的关于制止航空犯罪的国际公约，于1963年签订了《东京公约》、1970年签订了《海牙公约》、1971年签订了《蒙特利尔公约》。

中国民航的快速发展和安全水平的不断提高，主要得益于中国民航不断加强航空安全管理和保安管理体系的建设。中国民航根据国际民航公约及其附件的要求，全力推行在中国民航企事业单位实施安全管理体系（SMS），提高安全风险控制能力，积极推动全面实施安全管理体系建设，建立了符合国际民航组织标准并适合国国情的中国民航安全管理体系；高度重视安全管理并加强法规和标准体系建设。在中国民航总局现行的119部规章中，有83部规章涉及安全管理。在航空保安管理方面，中国民航总局参照国际民航组织对缔约国开展航空保安审计的模式，自2004年开始积极探索建立了自己的航空保安审计制度，出台了一系列规章制度。迄今为止，已有20多个机场接受了航空保安审计。根据反恐需要，中国民航总局于2000年成立了处置劫机事件领导小组，具体负责针对民航的恐怖主义事件以及其他严重非法干扰航空安全事件，并于2004年和2006年在乌鲁木齐机场和深圳机场进行了反劫机演习。中国民航总局还成立了空中警察队伍，负责航空器飞行中的安全保卫工作。

第一节　民用航空犯罪概述

一、制止航空犯罪的国际公约的产生背景

航空法是20世纪初随着飞机的发明与使用，才开始出现的。在初期，航空法的规则

基本上是仿效海洋法的，很不完善。1919 年的巴黎航空公约，第一次确立了航空活动中的领空主权、国籍原则等；1944 年的《国际民用航空公约》，进一步完善了国际民航的相关规范，规定并成立了国际民用航空组织。但是，航空法领域中的基本问题——航空器的法律地位，即当航空器进行国际或国外飞行时，机上发生的刑事犯罪、危及航行安全和机上正常秩序的行为，由谁来管辖，即管辖权问题，一直都没有明确的规定，而由各国按照国内法各行其是。

随着航空科技的进步，民用航空运输的蓬勃发展，航空运输领域的国际刑事犯罪急剧增加，严重威胁着国际社会的稳定、国际民用航空事业的发展以及公民人身和财产的安全。这些法律问题的解决已迫在眉睫，最终促进了国际立法。

二、制止航空犯罪的国际公约

1963 年 9 月 14 日在东京签订的《关于航空器内的犯罪和其他某些行为的公约》（简称《东京公约》）；

1970 年 12 月 16 日在海牙签订的《关于制止非法劫持航空器的公约》（简称《海牙公约》）；

1971 年 9 月 23 日在蒙特利尔签订的《关于制止危害民用航空安全的非法行为的公约》（简称《蒙特利尔公约》）。

以上三个公约，被称为航空刑法。我国于 1978 年加入《东京公约》，1980 年加入《海牙公约》和《蒙特利尔公约》。

我国民航业正处于大发展时期，航空犯罪的趋重和蔓延，必然要求制定完备的法律法规，以打击、惩治这些行为。上述国际条约强调各缔约国应将劫持航空器、危害国际民用航空安全等行为规定为国内法上的犯罪，予以惩处。我国已经加入了这些条约，就要承担起惩治条约中所规定的犯罪的义务。我国在保护航空安全的刑法实践中，对劫持航空器和危害国际航空运输安全的行为方式，及其刑事责任做了明确的规定。

第二节　国际法对民用航空犯罪和刑法的规定

一、1963 年《东京公约》

劫持飞机是人类航空活动所特有的一种犯罪形式，它是从国际局势的动荡，国际阶级斗争的激化与各国国内社会的、政治的斗争中所派生出来的一种社会现象。就航空业本身而言，它也存在这种犯罪的客观条件。航空运输，一方面为国内外交往提供了最迅速与安全可靠的交通工具；另一方面，随着飞机向着大型宽体与喷汽高速度方向的发展，其弱点也显露出来，若以暴力或暴力威胁控制了驾驶人员，就很容易迫使飞机改变航向，顺从劫持者的意愿，达到犯罪的目的。从这个意义上来说，《东京公约》的制定具有重要的意义。

1963 年制定的《东京公约》，是第一个对劫持航空器做出规定的国际公约。该公约最初并不是专门规定劫机犯罪的，因为当时劫机事件很少发生，劫机犯罪问题并未引起国际社会的重视。而《东京公约》的主要目的是为了解决航空器内犯罪的刑事管辖权、机长的责任以及各缔约国相互协助的责任等问题。因此，公约初期的草案中并无关于劫机问题的专项规定。以后虽然在公约的第四章规定了“非法劫持航空器”，但《东京公约》中规定的犯罪和行为是一个相当笼统的概念,并没有对犯罪下一个规范性的定义。但它毕竟对航空器在飞行中发生的犯罪行为及对此行为的管辖问题做了规定。《东京公约》是第一个关于空中犯罪问题的国际公约,于1969年12月4日生效,现有缔约国137个,中国于1978年加入了该公约。

(一)公约的适用范围

《东京公约》的适用范围是由第一条、第二条规定的。第一条规定:

“一、本公约适用于:

(一)违犯刑法的犯罪;

(二)不论是否犯罪,凡可能或确已危害航空器或者机上人员或财产的安全,或者危害机上正常秩序与纪律的行为。

二、除第三章[即机长权力规则]另有规定外,本公约适用于在任何缔约国登记的航空器上的人在机上的犯罪或行为,无论该航空器处于飞行中,还是在公海海面或不属于任何国家领土的任何区域。

三、为本公约目的,从航空器为起飞而发动时起,到着陆滑跑完毕时止,均被认为是在飞行中。

四、本公约不适用于供军事、海关或警察用的航空器。”

公约的第一条第一款(一)项对“犯罪”下的定义是“违反刑法的犯罪”。(二)项为适用公约的“行为”下了定义,指危及航空安全的“行为”。例如,当时就曾发生过几起旅客在高空擅自打开机舱跳机自杀等情况。

公约第二条有条件地排除了政治性犯罪、宗教罪以及基于种族歧视订出的刑事犯罪。“有条件地”,即“在不妨害第四条规定的条件下,和除为航空器或者机上人员或财产安全所需要者外”。也就是说,政治性、基于宗教或种族歧视规定的犯罪,如危及航行安全者除外。

(二)航空器登记国管辖权

《东京公约》最关键的条款是第三条,其条文是:

“一、航空器登记国有权对航空器上的犯罪与行为行使管辖权。

二、各缔约国都应采取必要措施,以确立其作为登记国对在该国登记的航空器上犯罪的管辖权。

三、本公约不排除依本国法行使的任何刑事管辖权。”

第三条含有以下三个命题:

(1)由于飞行中的航空器作为一个临时单位,与其关系最密切的无疑是飞机登记国,因此由登记国管辖是合理的。有了这种管辖就可以保证在任何情况下,如飞机飞越公海或不属任何国家管辖区域(如北极)时,对飞机上的事情不至于出现无管辖的缺口。

(2)关于刑法的域外效力。登记国管辖权本质上是一种域外管辖权,即对飞机于本国领上以外的本国飞机上发生的犯罪行为的管辖权,是为了适应人类航空活动的特殊需要设立的。《东京公约》第三条规定了这种管辖权,就意味着给予各国刑法以域外效力,并使之获得国际承认,成为一条国际法规则,而此前国际法不仅没有这条规则,而且对一国刑法是否有域外效力,尚存在着长期的议而未决的争论。

(3)飞机登记国管辖权是一种新型的、自成一类的域外管辖权。说它是“新型的”是

就国际法的普遍适用规则而言，从国内法来说，早已有许多大陆法系国家以及包括我国刑法(第三条第二款)在内的国内法做了规定。在《东京公约》以前，国际法中没有一个得到各国普遍承认的登记国管辖权，所以它完全是该公约的新创制。

《东京公约》第三条第三款关于"本公约不排除依本国法行使的任何刑事管辖权"，从表面字义看，任何国家都可按本国国内法规定实施并行管辖。并行管辖，是对一桩航空犯罪可能出现多国主张管辖权的局面。例如，一架在甲国登记的飞机，在飞经乙国空气空间时，机上丙国旅客对丁国旅客犯罪。如果依领土管辖、对人管辖(也称属人管辖)、保护管辖与普遍管辖的原则，甲国、乙国(领土管辖原则)、丙国(犯罪人所属国)、丁国(受害人所属国)都可以主张管辖。究竟由哪国优先实施管辖呢？国际航空法至今未能妥善解决这个问题。并行管辖常常会引起管辖冲突，而《东京公约》正是希望寻求解决管辖冲突问题，但经过八载(1956 年—1963 年)的努力，终未能找到合理的解决方案，最后被迫放弃。这就是第三条第三款产生的背景。

虽然根据第三条第三款，可能有许多国家宣称拥有管辖权，但在实际中最经常出现的冲突是在飞机登记国与飞经国之间。因此，《东京公约》第四条就试图来调整这种冲突。《东京公约》第四条规定：

"非登记国的缔约国不得为对机上犯罪行使刑事管辖权而干预飞行中的航空器，但下列情况除外：

一、犯罪在该国领土上具有后果；

二、犯罪人或受害人为该国国民或在该国有常住地者；

三、犯罪危及该国安全；

四、犯罪违犯了该国现行有关航空器飞行规则或规章；

五、为了确保该国遵守其在多边国际协定中所承担的任何义务，有必要行使管辖权。"

《东京公约》第四条的立法，旨意本来是希望将别国"对航行的干预减少到最低限度"，但从该条款具体规则的实际效果上说，反而为非登记国干预航行提供了几乎所有合法根据。根据"除外"情况的五个款目，几乎为非登记国干预航行提供了所有合法根据，即各国可依国际国内法的几乎任何管辖原则，为干预该飞行中航空器提供了最方便的借口。《东京公约》第四条不能不说是一个自相矛盾的条款。

(三) 航空器机长的权力

《东京公约》第五条至第十五条是有关机长权力的规定。在航空法中，机长的法律地位是非常特殊的：①机长是航空驾驶的技术首脑，1944 年《芝加哥公约》附件 6 对驾驶长的定义是："在飞行期间负责飞机的安全运转，负责机上全体人员的安全。"国际上对机长资格有严格标准，他必须是由熟练并有经验的驾驶员中遴选出来的，精通航空技术的高级技术专家；当遇险时，尤其需要他有高超的亲自操作的能力与经验为了从技术上保证航行安全；②在遇有紧急情况时，机长可以不服从空中交通管制部门的指令，有自主权力，可根据自己的独立判断做最后决定；③遇见其他飞机发生事故，机长还有依有关国际规定决定提供搜寻与救援问题；④机长还有作为飞机上人员和财物管理人的重要职能。飞机一旦升空，从机上人员与财物组成一个临时单位时起，在这个"封闭天地"里，机长就成了"无冕之王"—— 一方面他要行使一定行政和治安管理权，但却无政府公职人员或公共官员员的资格或身份。

《东京公约》赋予机长以下四种治安权力:

(1)“凡机长有正当理由认为某人在航空器上有或将有第一条第一款所指犯罪或行为者,可以对此人采取包括看管在内的、正当而又必要的措施。”(第六条第一款)

“看管”是指强行管制的意思,至于“看管”的时间期限由第七条规定:“依第六条对某人采取的看管措施,只应持续到航空器在任何地点降落为止。”

由谁具体实施这种“包括看管在内的正当而又必要的措施”呢?机长可命令或授权其他机组人员,并可请求或授权旅客协助进行看管。另外,第六条第二款规定:“任何机组人员或旅客如有正当理由认为,必须马上采取正当预防措施以保护航空器或者机上人员或财产的安全,无需经过上述授权,亦可采取此种行动。”

(2)对于有危害航行安全、违反机上正常秩序与纪律行为的人,机长有权在任何降落地点令其下机。(第八条)

上述情况主要是针对有轻罪或即使构不成犯罪让其留在飞机上危及安全的人,如酗酒、扰乱机上秩序等。

(3)对机上发生的严重犯罪行为,需追究其刑事责任者,机长有将其押送降落地国治安当局的权力。“凡机长有正当理由认为,某人在机上的行为,在他看来依航空器登记国刑法已构成严重犯罪者,可将该人送交任一降落地缔约国主管当局”。(第九条第一款)

(4)机长有权依登记国法律,合法掌握证据的权力。这种权力是第九条第三款暗示赋予的,该款规定“机长在……将嫌疑犯送交某国当局时,应向该当局提供他依航空器登记国法律合法掌握的证据与材料”。

《东京公约》的第十条意在免除机长行使职权时的责任,该条规定:

“凡依本公约采取的行动,不论机长、机组任何其他人员、任何旅客、航空器所有人与经营人,还是为其利益而进行此次飞行的人,在因被采取行动的人所受待遇而提出的任何诉讼中,都不被认为负有责任。”

对第十条的理解应作如下几点说明:

(1)免除责任的范围,限于对“被采取行动的人所受待遇”。《东京公约》中规定机长有权采取的“包括看管在内的正当而必要措施”,如果采取的措施有误,就可能伤及“被采取行动的人,或者无辜的第三者(一般旅客)。第十条对“被采取行动的人所受待遇”引起的责任做了规定。同时,“因被采取行动的人所受待遇而提出的任何诉讼”,不限于他本人提出的诉讼,还包括其夫、其妻、其父、其子、其雇主等与他有法定关系者为他所受待遇而提出的诉讼。后者一般称为“衍生诉讼”。

(2)有权援引第十条免除责任的人员有六种,即机长、其他机组人员、旅客、飞机所有人、飞机经营人和“为其利益而进行此次飞行的”——一般指包机人、租机人或在某种情况下指承运人。对前两种人,要免除的不仅有民事与刑事责任,还有行政责任(如吊销人员执照或免职)。

(3)第十条中的“任何诉讼”,包括刑事诉讼、民事诉讼和行政诉讼,即免除的责任包括民事、刑事与行政责任。

(四)降落地国的权力与责任

《东京公约》第十二条和第十三条第一款规定了降落地国有义务接受机长令其下机

者或押送给它的罪犯后，赋予降落地国一项重要权力，即对机上有严重犯罪行为的人，“凡判明情况有此需要者”，有权加以拘留或采取保证随传随到的其他措施。（第十三条第二款）

拘留与保证随传随到的权力是有限制的，即

“不得超过提起刑事诉讼或引渡所合理需要的期限”（第十三条第二款）；协助被拘留者“立即与距离最近的其本国适当代表取得联系”（第十三条第三款），这里所设“本国适当代表”一般指该国使馆、领馆；“在保护与安全方面需给予不低于本国[该降落地国]国民在同类情况下的待遇”（第十五条第二款）；将拘留情况立即“通知航空器登记国与被拘留人国籍国”（第十三条第五款），并“立即对案情进行初步调查”，“迅速将调查结果报告上述国家，并说明它是否打算行使管辖权”。（第十三条第四、五款）

降落地国对令其下机者与有严重犯罪者进行初步调查后，视本人是否有罪，本国是否有或愿意行使管辖权，一般情况下有三种处理办法：

（1）如调查后认定该人有罪，该国有并愿意行使管辖权，则可依本国法对之提起刑事诉讼。

（2）如果调查后认定该人有罪，而该国没有或不愿行使管辖权，则有两种处理办法：①凡符合该国引渡法或有关引渡协定者，可以将他引渡；②将他驱逐出境。

（3）如调查后认为无罪，或属可不予起诉的轻罪，则可释放，令其自选出路。

就各国的实践情况看，降落地国没有或不愿行使管辖权时，一般都会采取驱逐出境的做法。

二、1970 年《海牙公约》

《东京公约》制定不久，全球又掀起了劫机浪潮，在 20 世纪 60 年代末达到高峰，1968 年发生 30 起，1969 年高达 91 起。世界各国迫切需要制定一个能有效惩治劫机犯罪的国际公约，来惩治劫机犯。因此，在 1970 年 12 月，召开了由 77 个国家代表参加的海牙外交会议，讨论有关空中劫持飞机的问题。会议于 12 月 16 日签订了一项公约，即《关于制止非法劫持航空器的公约》，简称《海牙公约》。《海牙公约》于 1971 年 10 月 14 日起生效。现有缔约国 144 个，中国于 1980 年加入了该公约。

（一）劫机犯罪的定义

《海牙公约》第一条规定：

“凡在飞行中的航空器内的任何人：

（一）用暴力或用暴力威胁，或用任何其他恐吓方式，非法劫持或控制该航空器，或企图从事任何这种行为，或

（二）是从事或企图从事任何这种行为的人的同犯，即是犯有罪行。”

据上述规定，任何人在航空器的飞行期内非法劫持或控制该航空器的行为或未遂行为属于犯罪，实施了非法劫持或控制飞机的行为，或未遂行为的同犯也属于犯罪，是共犯。就劫机方式而言，仅限于“以武力或武力威胁，或者以任何其他精神胁迫方式”。但在实际中，也有利用物质与精神威胁之外的第三种方式进行劫机的，如与机长勾结合谋、贿赂收买机组人员以及诈骗等方式。很明显，这些方式也属于劫机方式的一种。但是，驾驶员自愿驾机叛逃的行为就不在《海牙公约》定义的范围之内了。

依上述规定，“飞行中”是指：“航空器从装载完毕，机舱外部各门均已关闭时起，直至

打开任一机舱以便卸载时为止,应被认为是在飞行中。航空器被迫降落时,在主管当局接管对该航空器及其所载人员和财产的责任前,应被认为仍在飞行中。”

《海牙公约》第二条规定:“各缔约国承允对上述罪行给予严厉惩罚。”

第二条没有规定具体适用的刑种和量刑幅度,需要各国国内立法来补充,详细加以规定。一般来说,在西方国家判处一年以上徒刑就属“严厉惩罚”了。

(二) 司法程序规则

《海牙公约》对劫机犯的司法程序是由第六条、第七条、条八条规定的。

《海牙公约》第六条规定:

“一、凡在其境内发现[劫机]案犯或所称案犯的缔约国,如判明情况有此需要,应对该人采取拘留或其他确保其随传随到的措施。所采取的拘留及其他措施应符合该国的法律规定,并不得超过为提起刑事诉讼或引渡所需要的期限。

二、该国应立即对事实进行初步调查。

三、对根据本条第一款予以拘留的任何人应向其提供协助,以便其立即与其本国最近的合格代表联系。

四、当一国根据本条规定将某人拘留时,它应将拘留该人和应予拘留的情况立即通知航空器登记国、第四条第一款(丙)项所指国家和被拘留人的国籍所属国,如果认为适当,并通知其他有关国家。按照本条第二款规定进行初步调查的国家,应尽速将调查结果通知上述各国,并说明它是否意欲行使管辖权。”

《海牙公约》第七条规定:

“在其境内发现被指称的罪犯的缔约国,如不将此人引渡,则不论罪行是否在其境内发生,应无例外地将此案件提交其主管当局以便起诉。该当局应按照本国法律以对待任何严重性质的普通罪行案件的同样方式做出决定。”

依据上述规定:在其境内发现罪犯或被指控的罪犯所在的缔约国,在判明情况认为有必要时,应对该人实行拘留或其他确保其随传随到的措施,以保证该人能随时被传唤到场。这种拘留和其他措施应符合该国的法律规定,并不得超过提起刑事诉讼或进行引渡程序所必要的期限,并应立即对案情进行初步调查,以及把拘留情况立即通知航空器的登记国、航空器承租人的主要营业地国或永久居所地国和被拘留者的国籍国以及其他有关国家,并说明它是否意欲行使管辖权。罪犯所在地国如果不将其引渡,则应将此案提交其主管当局以便起诉。该当局应按本国法律以对待任何严重性质的普通罪行案件的同样方式做出决定。

《海牙公约》第八条规定:

“一、前述罪行应看成是包括在缔约各国间现有引渡条约中的一种可引渡的罪行。缔约各国承允将此种罪行作为一种可引渡的罪行列入它们之间将要缔结的每一项引渡条约中。

二、如一缔约国规定只有在订有引渡条约的条件下才可以引渡,而当该缔约国接到未与其订有引渡条约的另一缔约国的引渡要求时,可以自行决定认为本公约是对该罪行进行引渡的法律根据。引渡应遵照被要求国法律规定的其他条件。

三、缔约各国如没有规定只有在订有引渡条约时才可引渡,则在遵照被要求国法律规定的条件下,承认上述罪行是它们之间可引渡的罪行。

四、为在缔约各国间的引渡的目的,罪行应看成不仅是发生在所发生的地点,而且也

是发生在根据第四条第一款要求实施其管辖权的国家领土上。”

上述规定说明，劫机犯罪是可以引渡的罪行，如果缔约国之间是以引渡条约作为引渡的条件，而它们又没有签订引渡条约时，可以以本公约为对该罪行进行引渡的法律依据，但公约并未强加缔约国有引渡义务。

依据《海牙公约》第六、七、八条规定，罪犯所在地国要么引渡犯罪嫌疑人，要么在当地起诉犯罪嫌疑人，即“或引渡，或起诉”原则。

“或引渡，或起诉”原则是指在其境内发现被请求引渡的犯罪人的国家，按照其签订的有关条约或者互惠原则，应当将该人引渡给请求国；如果不同意引渡，则应当按照本国法律对该人提起诉讼，以便追究其刑事责任。

按照这一原则，缔约国如果在其领土内发现被指称的国际犯罪分子，它应当将案犯引渡给有权管辖并提出引渡请求的国家；如果在其领土内发现罪犯的缔约国不愿将罪犯引渡给请求国，那就应当按照普遍管辖原则，将其交给本国有权对其进行起诉的机关，依照本国法律追究其刑事责任，即缔约国必须做出选择：要么将该人引渡给请求国、要么对该人提起诉讼，二者必居其一。

（三）管辖权

《海牙公约》第四条规定：

（1）本公约不适用于供军事、海关或警察用的航空器。

（2）在第一条第一款（1）、（2）、（3）和（4）各项所指情况下，不论航空器是从事国际飞行或国内飞行，本公约均应适用，只要：

① 航空器的实际或预定起飞或降落地点是在该航空器登记国领土以外；或

② 罪行是在该航空器登记国以外的一国领土内发生的。

（3）尽管有本条第二款的规定，在第一条第一款（1）、（2）、（3）和（4）项所指情况下，如罪犯或被指称的罪犯是在该航空器登记国以外的一国领土内被发现，则本公约也应适用。

上述是对危害国际航空犯罪的管辖权的规定，具有管辖权的国家包括：①航空器的登记国；②航空器降落地国；③租来时不带机组的航空器内发生犯罪或者对该航空器的犯罪，承租人的主要营业地国或者他的主要居所地国；④罪行发生地国的管辖权；⑤嫌疑犯发现地国。

三、1971 年《蒙特利尔公约》

1971 年 9 月 8 日，国际民航组织法律委员会在加拿大蒙特利尔国际民航组织总部所在地举行了由 60 个国家参加的外交会议，通过了《制止危害民用航空安全的非法行为公约》（简称《蒙特利尔公约》），它是 1970 年《海牙公约》的姊妹约，前者用对付危害航空安全的犯罪，后者用于对付劫持飞机的犯罪。与《海牙公约》相比，《蒙特利尔公约》对劫机以外其他危害民用航空安全的行为做了更具体的规定，并扩大其适用范围，将危害国际航行安全的罪行范围扩大，既包括“飞行中”，又包括“使用中”的航空器；既包括针对航空器的罪行，又包括针对航空设备的罪行。《蒙特利尔公约》在 1973 年 1 月 26 日生效，我国于 1980 年 10 月加入。

（一）犯罪的定义

《蒙特利尔公约》第一条规定：

(1) 任何人如果非法地和故意地从事下述行为,即是犯有罪行:

① 对飞行中的航空器内的人从事暴力行为,如该行为将会危及该航空器的安全;或

② 破坏使用中的航空器或对该航空器造成损坏,使其不能飞行或将会危及其飞行安全;或

③ 用任何方法在使用中的航空器内放置或使别人放置一种将会破坏该航空器或对其造成损坏使其不能飞行或对其造成损坏而将会危及其飞行安全的装置或物质;或

④ 破坏或损坏航行设备或妨碍其工作,如任何此种行为将会危及飞行中航空器的安全;或

⑤ 传送他明知是虚假的情报,从而危及飞行中的航空器的安全。

(2) 任何人如果他从事下述行为,也是犯有罪行:

① 企图犯本条第一款所指的任何罪行;或

② 是犯有或企图犯任何此种罪行的人的同犯。

根据上述规定,非法地和故意地实施以下行为属于犯罪:①对飞行中的航空器内的人实施暴力行为,如此行为足以危及该航空器的安全;②破坏使用中的航空器或者使其受损,而不能飞行或足以危及其飞行安全;③在使用中的航空器内放置或使他人放置一种装置或物质,此装置或物质可能破坏航空器;使航空器受损坏以致不能飞行或危及飞行安全;④破坏或损害航行设备或妨碍其工作,足以危及飞行中航空器的安全;⑤故意传送虚假情报,从而危及飞行中的航空器的安全。这些犯罪的未遂行为,以及实施这些行为或未遂行为的共犯行为均属犯罪。

由于《海牙公约》的"飞行中"概念无法概括危害航空安全的地面犯罪,如旅客正在登机过程中,受到暴力袭击的事件。所以,《蒙特利尔公约》在保留"飞行中"概念的同时,又创设了一个新的概念——"使用中",用以界定危害航空安全罪的范围和界限。公约第二条规定:航空器从装载完毕、机舱外部各门均已关闭时起,到打开一扇舱门卸载时止,都被视为在飞行中;航空器被迫降落时,在主管当局接管该航空器及机上人员与财产以前,都应被视为在飞行中。从地面人员或机组为某一特定飞行而对航空器进行飞行前的准备时起,直到降落后 24 小时止,该航空器被认为是在使用中。

(二) 1988 年蒙特利尔议定书

鉴于《蒙持利尔公约》没有规定对机场内服务人员和设备的犯罪以及破坏机场上未使用航空器的犯罪,而此类袭击事件又时有发生,国际民航组织于 1988 年 2 月 9 日,在蒙特利尔又召开了由 81 个国家参加的航空法会议,通过了《补充 1971 年 9 月 23 日在蒙特利尔签订的关于制止危害民用航空安全的非法行为公约的制止在为国际民用航空服务的机场上的非法暴力行为的议定书》,被称为 1988 年《蒙特利尔议定书》。该议定书是对《蒙特利尔公约》的补充,重点是维护国际机场的安全,惩治袭击国际机场的非法行为。

《蒙特利尔议定书》在 1971 年《蒙特利尔公约》第一条增加了一条款,其条文如下:

"任何人使用一种装置、物质或武器,非法地故意地做出下列行为,即为犯罪:

(一) 在用于国际民用航空的机场内,对人实施暴力行为,造成或足以造成重伤或死亡者;

(二) 毁坏或严重损坏用于国际民用航空的机场设备或停在机场上不在使用中的航

空器，或者中断机场服务以致危及或足以危及机场安全者。"

根据上述规定下列行为为非法：①对国际机场内的人采取暴力，造成严重伤害或者死亡；②破坏或严重损坏国际机场的航空设备或者停放在机场未使用的航空器或者使机场服务中断。这些行为的未遂行为，以及这些行为或未遂行为的共犯行为。

（三）管辖权

《蒙特利尔公约》第四条对管辖权做了与《海牙公约》几乎相同的规定，具体如下：

（1）在下列情况下，各缔约国应采取必要措施，对罪行和对被指称的罪犯对旅客或机组所犯的同该罪行有关的任何其他暴力行为，实施管辖权：

① 罪行是在该国登记的航空器内发生的；

② 在其内发生罪行的航空器在该国降落时被指称的罪犯仍在该航空器内；

③ 罪行是在租来时不带机组的航空器内发生的，而承租人的主要营业地，或如承租人没有这种营业地，则其永久居所是在该国。

（2）当被指称的罪犯在缔约国领土内，而该国未按第八条的规定将此人引渡给本条第一款所指的任一国家时，该缔约国应同样采取必要措施，对这种罪行实施管辖权。

（3）本公约不排斥根据本国法行使任何刑事管辖权。

根据上述规定，下列国家都拥有管辖权：①航空器的登记国；②航空器降落地国；③租来时不带机组的航空器内发生犯罪或者对该航空器的犯罪，承租人的主要营业地国或者他的主要居所地国；④罪行发生地国的管辖权；⑤嫌疑犯发现地国。

第三节　我国对民用航空犯罪和刑法的规定

1997 年修订的《中华人民共和国刑法》，在"危害公共安全罪"一章中规定了危害和非法干扰民用航空活动的行为，为制裁此类犯罪提供了法律依据。全国人大常委会又在 1992 年专门通过了《关于惩治劫持航空器犯罪分子的决定》，对依法严惩劫持航空器的犯罪活动提供了有力的法律保障。

1995 年，全国人大常委会通过了《中华人民共和国民用航空法》，在第 15 章法律责任中，具体地规定了危害民航运输安全的行为方式，并对这些行为的刑事责任做了明确的规定。

一、劫持航空器罪

劫持航空器罪，是指行为人以暴力、暴力相威胁或者其他恐吓方式，非法劫持或者控制飞行中的民用航空器的行为。我国刑法第一百二十一条规定，以暴力、胁迫或者其他方法劫持航空器的，处十年以上有期徒刑或者无期徒刑；致人重伤、死亡或者使航空器遭受严重破坏的，处死刑。本罪的主要特征是：犯罪主体为一般主体，既可以由中国人构成，也可以由外国人或者无国籍人构成，也就是处在飞行中的航空器内的任何人。主观方面是直接故意，即明知是劫持航空器的行为会引起危害民用航空安全的严重后果，仍不顾后果积极施行，不论行为人出于什么目的、动机劫持航空器，都不影响本罪的成立。客观方面表现为：①用暴力、暴力威胁或任何其他恐吓方式，对航空器上的人员，实施殴打、伤害、恐吓等行为，控制该航空器或者迫使其改变预定航向；②上述犯罪的预备行为或未遂行为；③帮助他人从事或准备上述犯罪的行为。

《中华人民共和国民用航空法》第一百九十一条规定:以暴力、胁迫或者其他方法劫持航空器的,依照《关于惩治劫持航空器犯罪分子的决定》追究刑事责任。以暴力、胁迫或者其他方法劫持航空器的,处十年以上有期徒刑或者无期徒刑;致人重伤、死亡或者使航空器遭受严重破坏或者情节特别严重的,处死刑;情节较轻的,处五年以上十年以下有期徒刑。

二、暴力危及飞行安全罪

暴力危及飞行安全罪,指对飞行中的民用航空器上的人员使用暴力,危及飞行安全的行为。我国刑法第一百二十三条规定:对飞行中的航空器上的人员使用暴力,危及飞行安全,尚未造成严重后果的,处五年以下有期徒刑或者拘役;造成严重后果的,处五年以上有期徒刑。其主要特征是:主观方面是故意;客观方面对飞行中的航空器内的人实施可能危及航空器安全的暴力行为;犯罪主体为一般主体。犯罪者只要危及飞行安全,不论后果如何,即构成本罪。

《中华人民共和国民用航空法》第一百九十二条规定,对飞行中的民用航空器上的人员使用暴力,危及飞行安全,尚未造成严重后果的,依照刑法第一百零五条的规定追究刑事责任。造成严重后果的,依照刑法第一百零六条的规定追究刑事责任。

三、破坏航空器罪

破坏航空器罪,指故意在使用中的民用航空器上放置或唆使他人放置危险品,足以毁坏该民用航空器,危及飞行安全的行为。刑法第一百一十六条规定,破坏航空器,足以使航空器发生倾覆、毁坏危险,尚未造成严重后果的,处三年以上十年以下有期徒刑。其主要特征是:犯罪主体是一般主体;客观方面是在使用中的航空器内放置具有破坏或损坏该航空器而使其无法飞行或危及其飞行安全的行为;主观方面是直接故意。

《中华人民共和国民用航空法》第一百九十五条规定:故意在使用中的民用航空器上放置危险品或者唆使他人放置危险品,足以毁坏该民用航空器,危及飞行安全,尚未造成严重后果的,依照刑法第107条的规定追究刑事责任;造成严重后果的,依照刑法第一百一十条的规定追究刑事责任。

四、破坏航空设施罪

破坏航空设施罪,指盗窃或者故意损毁、移动航行设施,危及飞行安全,足以使民用航空器发生坠落、毁坏危险的行为。我国《刑法》第一百一十七条规定,破坏机场、航道、灯塔、标志或者进行其他破坏活动,足以使航空器发生倾覆、毁坏危险,尚未造成严重后果的,处三年以上十年以下有期徒刑。其主要特征是:犯罪主体是一般主体;主观方面只能是故意,过失损毁或移动航行设施不构成本罪;客观方面是破坏或损坏航行设备或妨碍其操作以及危及飞行中的航空器安全的行为,只要危及飞行安全,足以造成上述可能的危险,即构成本罪。

《中华人民共和国民用航空法》第一百九十七条规定:盗窃或者故意损毁、移动使用中的航行设施,危及飞行安全,足以使民用航空器发生坠落、毁坏危险,尚未造成严重后果的,依照刑法第一百零八条的规定追究刑事责任;造成严重后果的,依照刑法第一百一十一条的规定追究刑事责任。

五、非法携带或运输违禁物品罪

非法携带或运输违禁物品罪,是指旅客非法携带违禁物品乘坐航空器或旅客、企事业

单位以非危险品名义托运危险品的行为。《中华人民共和国刑法》第一百三十条规定，非法携带枪支、弹药、管制刀具或者爆炸性、易燃性、放射性、毒害性、腐蚀性物品，进入公共场所或者公共交通工具，危及公共安全，情节严重的，处3年以下有期徒刑、拘役或者管制。其主要特征是：主观方面是故意；客观方面是违反了民用航空法的规定，一般包括三种情况：①隐匿携带炸药、雷管或者其他危险品乘坐民用航空器；②以非危险品品名托运危险品；③隐匿携带枪支子弹、管制刀具乘坐民航飞机。

《中华人民共和国民用航空法》第一百九十三条规定，违反本法规定，隐匿携带炸药、雷管或者其他危险品乘坐民用航空器，或者以非危险品品名托运危险品，尚未造成严重后果的，比照刑法第一百六十三条的规定追究刑事责任；造成严重后果的，依照刑法第一百一十三条的规定追究刑事责任。隐匿携带枪支子弹、管制刀具乘坐民用航空器的，比照刑法第一百六十三条的规定追究刑事责任。

根据上述对非法携带或运输违禁物品的，不论是否造成严重后果，都要依法追究当事人刑事责任。企事业单位犯罪的，对直接负责的主管人员和其他直接责任人员追究刑事责任。

六、传递虚假情报扰乱正常飞行秩序罪

传递虚假情报扰乱正常飞行秩序罪，指故意传递虚假情报，扰乱正常飞行秩序，使公私财产遭受重大损失而造成严重政治影响的行为。《中华人民共和国刑法》第二百九十一条规定：明知是编造的恐怖信息而故意传播，严重扰乱社会秩序的，处五年以下有期徒刑、拘役或者管制；造成严重后果的，处五年以上有期徒刑。其主要特征是：客观方面是传达明知是虚假的情报从而危及飞行中的航空器安全的行为，使公私财产遭受了重大损失；主观方面是故意的。

《中华人民共和国民用航空法》第一百九十六条规定，故意传递虚假情报，扰乱正常飞行秩序，使公私财产遭受重大损失的，依照刑法第一百五十八条的规定追究刑事责任。

七、聚众扰乱民用机场秩序罪

聚众扰乱民用机场秩序罪，指纠集多人扰乱民用机场正常秩序，致使机场无法运营的行为。《中华人民共和国刑法》第一百九十一条规定，聚众扰乱车站、码头、民用航空站、商场、公园、影剧院、展览会、运动场或者其他公共场所秩序，聚众堵塞交通或者破坏交通秩序，抗拒、阻碍国家治安管理工作人员依法执行职务，情节严重的，对首要分子处五年以下有期徒刑、拘役或者管制。其主要特征是：聚众闹事，即在首要分子的组织、煽动和指挥下，纠集多人进行扰乱活动。客观方面是扰乱了机场的正常秩序，使运营活动无法继续进行。行为方式一般包括在候机楼喧嚣哄闹；捣毁机场设施；不服从管理围攻、谩骂，甚至殴打有关工作人员等，但只有当情节严重时才构成该罪；主观方面是故意。

《中华人民共和国民用航空法》第一百九十八条规定，聚众扰乱民用机场秩序的，依照刑法第一百五十九条的规定追究刑事责任。

八、航空人员重大飞行事故罪

航空人员重大飞行事故罪，指航空人员玩忽职守，或者违反规章制度，导致发生重大飞行事故的行为。《中华人民共和国民用航空法》第一百九十九条规定，对航空人员重大飞行事故罪分别依照、比照刑法第一百八十七条或者第一百一十四条的规定追究刑事责任。其主要特征是：犯罪主体是特殊主体——航空人员，如空勤人员和地面人员；侵犯的客体是民用航空器的飞行安全；客观上是发生了重大飞行事故，造成航空器损毁、人员伤亡,后果严重;主观上是过失犯罪,即行为人对自己的行为导致严重后果是由于疏忽大意,或过于自信。

九、关于保障民用航空安全的其他规定

2005 年,全国人民代表大会常务委员会第十七次会议通过的《中华人民共和国治安管理处罚法》较《治安管理处罚条例》新增了处罚违反治安管理行为的类型,如处罚种类、强制措施等。其中,与民用航空安全有关的集中在第二十三条、二十五条、三十条和第三十二条。

第二十三条规定:有下列行为之一的,处警告或者二百元以下罚款;情节较重的,处五日以上十日以下拘留,可以并处五百元以下罚款:

(1) 扰乱机关、团体、企业、事业单位秩序,致使工作、生产、营业、医疗、教学、科研不能正常进行,尚未造成严重损失的;

(2) 扰乱车站、港口、码头、机场、商场、公园、展览馆或者其他公共场所秩序的;

(3) 扰乱公共汽车、电车、火车、船舶、航空器或者其他公共交通工具上的秩序的;

(4) 非法拦截或者强登、扒乘机动车、船舶、航空器以及其他交通工具,影响交通工具正常行驶的;

(5) 破坏依法进行的选举秩序的。

聚众实施前款行为的,对首要分子处十日以上十五日以下拘留,可以并处一千元以下罚款。

第二十五条规定:有下列行为之一的,处五日以上十日以下拘留,可以并处五百元以下罚款;情节较轻的,处五日以下拘留或者五百元以下罚款:

(1) 散布谣言,谎报险情、疫情、警情或者以其他方法故意扰乱公共秩序的;

(2) 投放虚假的爆炸性、毒害性、放射性、腐蚀性物质或者传染病病原体等危险物质扰乱公共秩序的;

(3) 扬言实施放火、爆炸、投放危险物质扰乱公共秩序的。

第三十条规定:违反国家规定,制造、买卖、储存、运输、邮寄、携带、使用、提供、处置爆炸性、毒害性、放射性、腐蚀性物质或者传染病病原体等危险物质的,处十日以上十五日以下拘留;情节较轻的,处五日以上十日以下拘留。

第三十二条规定:非法携带枪支、弹药或者弩、匕首等国家规定的管制器具的,处五日以下拘留,可以并处五百元以下罚款;情节较轻的,处警告或者二百元以下罚款。

非法携带枪支、弹药或者弩、匕首等国家规定的管制器具进入公共场所或者公共交通工具的,处五日以上十日以下拘留,可以并处五百元以下罚款。

为防止对民用航空活动的非法干扰,加强民航安全保卫,维护民用航空秩序,我国于1996 年通过了《中华人民共和国民用航空器安全保卫条例》;1997 年发布了民用机场和民用航空器内禁止吸烟的规定;2004 年发布了关于维护民用航空秩序保障航班正常运行的通告;2007 年发布了限制携带液态物品乘坐民航飞机公告。

上述法律文件对民用机场、民用航空营运的安全以及安全检查做了具体的规定,较全面地保障了民用航空的安全。

小知识一:机场安检

1. 禁止旅客随身携带或者托运的物品

(1) 枪支、军用或者警用械具类(含主要零部件),包括:

①军用枪、公务用枪:手枪、冲锋枪、机枪、防暴枪等;

② 民用枪:手枪、猎枪、运动枪、麻醉注射枪、发令枪等;

③ 其他枪支:样品枪、道具枪等;

④ 军械、警械:警棍、军用或警用匕首、刺刀;

⑤ 国家禁止的枪支、械具:钢珠枪、催泪枪、电击枪、电击器、防卫器等;

⑥ 上述物品的仿制品。

(2) 爆炸物品种类包括:

① 弹药:炸弹、手榴弹、照明弹、燃烧弹、烟幕弹、信号弹、催泪弹、毒气弹和子弹(空包弹、战斗弹、检验弹、教练弹)等;

② 爆破器材:炸药、雷管、导火索、导爆索、非电导爆系统、爆破剂等;

③ 烟火制品:礼花弹、烟火、爆竹等;

④ 上述物品的仿制品。

(3) 管制刀具。指1983年经国务院批准出公安部颁布实施的《对部分刀具实行管制的暂行规定》中所列出的刀具,如匕首、三棱刀(包括机械加工用的三棱刮刀)、带有自锁装置的刀具和形似匕首但长度超过匕首的单刀、双刀、三棱尖刀等;少数民族由于生活习惯要佩带、使用的藏刀、腰刀、靴刀等属于管制刀具,只准在民族自治地方销售、使用。

(4) 易燃、易爆物品包括:氢气、氧气、丁烷等瓶装压缩气体;黄磷、白磷、硝化纤维(含胶片)、油纸及其制品等自然物质;金属钾、钠、锂、炭化钙(电石)、镁铝粉等遇水燃烧物品;汽油、煤油、柴油、苯、乙醇(酒精)、油漆、稀料、松香油等易燃液体;闪光粉,固体酒精,赛璐珞等易燃固体;过氧化钠、过氧化钾、过氧化铅、过醋酸等各种无机、有机氧化剂。

(5) 毒害品包括氰化物、剧毒农药等有毒物品。

(6) 腐蚀性物品包括硫酸、盐酸、硝酸、有液蓄电池、氢氧化钠、氢氧化钾等。

(7) 放射性物品包括放射性同位素等放射性物品。

(8) 其他危害飞行安全的物品,如可能干扰飞机上各种仪表正常工作的强磁化物、有强烈刺激性气味的物品等。

(9) 国家法律法规规定的其他禁止携带、运输的物品。

2. 禁止旅客随身携带但可作为行李托运的物品

禁止乘机旅客随身携带但可作为行李托运的物品包括除“禁止旅客随身携带或者托运的物品”之外,其他可以用于危害航空安全的菜刀、大钢刀、大水果刀、剃刀等生活用刀、手术刀、屠宰刀、雕刻刀等专业刀具;文艺单位表演用的刀、矛、剑、戟等,以及斧、凿、锤、加重或有尖钉的手杖、铁头登山杖和其他可用来危害航空安全的锐器、钝器;白酒1kg(包装完好)。

3. 旅客限量随身携带的生活用品及数量

(1) 发胶、衣领净:1瓶(350ml)。

(2) 摩丝、光亮剂:2瓶(350ml)。

(3) 香水:500ml。

(4) 杀虫剂:1瓶(350ml)。

(5) 空气清新剂:1瓶(350ml)。

(6) 其他含有易燃物质的生活用品(以上物品累计不超过1000ml或1kg)。

(7) 打火机(充有可燃气体或燃料油):5只。

(8) 安全火柴:5盒。

注:(1) 限带数量是指每名旅客最多可携带的数量。

(2) 去美国航班的旅客禁止携带打火机和火柴。

4. 旅客乘机的有效身份证件种类

(1) 居民身份证件:国内大陆地区的居民身份证和临时居民身份证。

(2) 军人类证件:军官证、武警警官证、士兵证、军队文职干部证、军队离(退)休干部证、军队职工证、学员证。

(3) 护照类证件:护照、港澳同胞回乡证、港澳居民来往内地通行证、中华人民共和国往来港澳通行证、我国台湾居民来往大陆通行证、大陆居民往来台湾通行证、外国人居留证、外国人出入境证、外交官证、领事管证、海员证。

(4) 其他可以乘机的有效证件:本届全国人大代表证、全国政协委员证;出席全国或省、自治区、直辖市的党代表、人代会、政协会、工、青、妇、代表会和劳模会的代表,凭所属县、团级(含)以上党政军主管部门出其的临时身份证明;旅客的居民身份证在户籍所在地以外被盗或丢失的,凭发案、报失地公安机关出具地临时身份证明;十六岁以下未成年人凭学生证、户口簿或者户口所在地公安机关出具地身份证明等。

(5) 中国护照:外交护照、公务护照、因公普通护照、因私普通护照。

(6) 外国护照:外交护照、公务护照、普通护照。

小知识二:劫机

1. 劫机的定义

(1) 1963年《东京公约》:非法改变航空器的航程。

(2) 1970年《海牙公约》:非法劫持航空器。

(3) 1971年《蒙特利公约》:危害民航安全的非法行为。

2. 1963年《东京公约》

(1) 确认航空器登记国对在飞机上发生的犯罪行为有绝对的管辖权,无论犯罪行为发生时,航空器是否在他国上空飞行。

(2) 赋予机长适当的权力,以便对机上危害航行安全或纪律行为采取必要措施,以增加航空安全。

(3) 确定了航空器降落地国的责任。

(4) 应对其他非法劫持航空器的行为。

《东京公约》的重点在于,对机长对航空器的控制权和机组成员与乘客和航空器安全遣返,其并未将非法劫持航空器的行为视为一种国际犯罪,也没有处罚劫机犯的相应规定。

3. 1970 年《海牙公约》

(1) 1970 年《海牙公约》的意旨在于补救《东京公约》的法律体系缺陷,并偏重于对劫机犯的处罚。

“在飞行中航空器上的任何人,凡

(一) 以武力或武力威胁,或者以任何其他精神胁迫方式,非法劫持或控制该航空器,或者这类行为的任何未遂行为;

(二) 是从事这类行为或其任何未遂行为的共犯,均构成犯罪。

(2) 关于对劫机犯的起诉与引渡有两种相反的意见:① 认为缔约国逮捕劫机犯之后,应将其引渡或起诉;②认为缔约国应保有引渡或起诉的自由。《海牙公约》采取的是:不予处罚即遣回的原则。

4. 1971 年《蒙特利尔公约》

(1)《蒙特利尔公约》对劫机行为有更明确的定义。

(2)《蒙特利尔公约》对反劫机的国际法的发展虽有创新,但对劫机犯的庇护与引渡问题仍未彻底解决。

案例分析一:劫持航空器该当何罪

1983 年 5 月 5 日上午 10 时 49 分,中国民航三叉戟 296 号客机从沈阳东塔机场起飞前往上海。机上共 105 人,其中机组人员 9 名,日本人 3 名。11 时 20 分左右,飞机飞临渤海湾时,以卓长仁、安卫建为首的 6 名武装暴徒突然冲到驾驶舱门口,用枪猛射驾驶舱门锁,踢开舱门后持枪闯入驾驶舱对机组人员射击,当即将报务员和领航员打成重伤。紧接着,武装暴徒又用手枪逼迫机长和领航员立即改变航向,向韩国飞去。296 号客机被迫降落在韩国的春川军用直升机机场,暴徒被迫缴械投降。

问:(1) 卓长仁犯的是什么罪? 为什么?

(2) 根据相关公约的规定,飞机的降落地国和飞机的国籍国将会如何处理此案,为什么?

案例分析二:非法携带枪支登机罪不可赦

1996 年 3 月 14 日上午,莫祯豪携带一支枪号为 18004298 的“六四”式手枪和子弹 10 发,混过咸阳机场安全检查站,登上由西安飞往桂林的 2339 次航班。由于天气原因,飞机降落于湖南省长沙黄花机场,当天航班亦被取消。次日上午 7 时 10 分,被告人莫祯豪又将携带的枪支子弹藏匿身上,企图再次蒙混安全检查登机回桂林,在现场被查获。

问:根据《中华人民共和国民用航空法》的规定,莫祯豪犯了什么罪? 为什么?

复习思考题

1. 什么是危害国际民用航空安全的行为?
2. 试述劫机犯罪的引渡、起诉和刑事处罚。
3. 试述我国刑法关于危害民用航空安全的规定。

附录 A　中华人民共和国民用航空法

目　录

第一章　总　则

第一条　为了维护国家的领空主权和民用航空权利，保障民用航空活动安全和有秩

序地进行,保护民用航空活动当事人各方的合法权益,促进民用航空事业的发展,制定本法。

第二条 中华人民共和国的领陆和领水之上的空域为中华人民共和国航空。中华人民共和国对领空享有完全的、排他的主权。

第三条 国务院民用航空主管部门对全国民用航空活动实施统一监督管理;根据法律和国务院的决定,在本部门的权限内,发布有关民用航空活动的规定、决定。

国务院民用航空主管部门设立的地区民用航空管理机构依照国务院民用航空主管部门的授权,监督管理各地区的民用航空活动。

第四条 国家扶持民用航空事业的发展,鼓励和支持发展民用航空的科学研究和教育事业,提高民用航空科学技术水平。

国家扶持民用航空器制造业的发展,为民用航空活动提供安全、先进、经济、适用的民用航空器。

第二章 民用航空器国籍

第五条 本法所称民用航空器,是指除用于执行军事、海关、警察飞行任务外的航空器。

第六条 经中华人民共和国国务院民用航空主管部门依法进行国籍登记的民用航空器,具有中华人民共和国国籍,由国务院民用航空主管部门发给国籍登记证书。

国务院民用航空主管部门设立中华人民共和国民用航空器国籍登记簿,统一记载民用航空器的国籍登记事项。

第七条 下列民用航空器应当进行中华人民共和国国籍登记:

(一) 中华人民共和国国家机构的民用航空器;

(二) 依照中华人民共和国法律设立的企业法人的民用航空器;企业法人的注册资本中有外商出资的,其机构设置、人员组成和中方投资人的出资比例,应当符合行政法规的规定;

(三) 国务院民用航空主管部门准予登记的其他民用航空器。

自境外租赁的民用航空器,承租人符合前款规定,该民用航空器的机组人员由承租人配备的,可以申请登记中华人民共和国国籍,但是必须先予注销该民用航空器原国籍登记。

第八条 依法取得中华人民共和国国籍的民用航空器,应当标明规定的国籍标志和登记标志。

第九条 民用航空器不得具有双重国籍。未注销外国国籍的民用航空器不得在中华人民共和国申请国籍登记。

第三章 民用航空器权利

第一节 一般规定

第十条 本章规定的对民用航空器的权利,包括对民用航空器构架、发动机、螺旋桨、无线电设备和其他一切为了在民用航空器上使用的,无论安装于其上或者暂时拆离的物品的权利。

第十一条 民用航空器权利人应当就下列权利分别向国务院民用航空主管部门办理权利登记:

(一) 民用航空器所有权;

(二) 通过购买行为取得并占有民用航空器的权利;

(三) 根据租赁期限为六个月以上的租赁合同占有民用航空器的权利;

(四) 民用航空器抵押权。

第十二条 国务院民用航空主管部门设立民用航空器权利登记簿。同一民用航空器的权利登记事项应当记载于同一权利登记簿中。

民用航空器权利登记事项,可以供公众查询、复制或者摘录。

第十三条 除民用航空器经依法强制拍卖外,在已经登记的民用航空器权利得到补偿或者民用航空器权利人同意之前,民用航空器的国籍登记或者权利登记不得转移至国外。

第三章 民用航空器权利

第二节 民用航空器所有权和抵押权

第十四条 民用航空器所有权的取得、转让和消灭,应当向国务院民用航空主管部门登记;未经登记的,不得对抗第三人。

民用航空器所有权的转让,应当签订书面合同。

第十五条 国家所有的民用航空器,由国家授予法人经营管理或者使用的,本法有关民用航空器所有人的规定适用于该法人。

第十六条 设定民用航空器抵押权,由抵押权人和抵押人共同向国务院民用航空主管部门办理抵押权登记;未经登记的,不得对抗第三人。

第十七条 民用航空器抵押权设定后,未经抵押权人同意,抵押人不得将被抵押民用航空器转让他人。

第三章 民用航空器权利

第三节 民用航空器优先权

第十八条 民用航空器优先权,是指债权人依照本法第十九条规定,向民用航空器所有人、承租人提出赔偿请求,对产生该赔偿请求的民用航空器具有优先受偿的权利。

第十九条 下列各项债权具有民用航空器优先权:

(一)援救该民用航空器的报酬;

(二)保管维护该民用航空器的必需费用。

前款规定的各项债权,后发生的先受偿。

第二十条 本法第十九条规定的民用航空器优先权,其债权人应当自援救或者保管维护工作终了之日起三个月内,就其债权向国务院民用航空主管部门登记。

第二十一条 为了债权人的共同利益,在执行人民法院判决以及拍卖过程中产生的费用,应当从民用航空器拍卖所得价款中先行拨付。

第二十二条 民用航空器优先权先于民用航空器抵押权受偿。

第二十三条 本法第十九条规定的债权转移的,其民用航空器优先权随之转移。

第二十四条 民用航空器优先权应当通过人民法院扣押产生优先权的民用航空器行使。

第二十五条 民用航空器优先权自援救或者保管维护工作终了之日起满三个月时终止;但是,债权人就其债权已经依照本法第二十条规定登记,并具有下列情形之一的除外:

(一)债权人、债务人已经就此项债权的金额达成协议;

(二)有关此项债权的诉讼已经开始。

民用航空器优先权不因民用航空器所有权的转让而消灭;但是,民用航空器经依法强制拍卖的除外。

第三章 民用航空器权利

第四节 民用航空器租赁

第二十六条 民用航空器租赁合同,包括融资租赁合同和其他租赁合同,应当以书面形式订立。

第二十七条 民用航空器的融资租赁,是指出租人按照承租人对供货方和民用航空器的选择,购得民用航空器,出租给承租人使用,由承租人定期交纳租金。

第二十八条 融资租赁期间,出租人依法享有民用航空器所有权,承租人依法享有民用航空器的占有、使用、收益权。

第二十九条 融资租赁期间,出租人不得干扰承租人依法占有、使用民用航空器;承租人应当适当地保管民用航空器,使之处于原交付时的状态,但合理损耗和经出租人同意的对民用航空器的改变除外。

第三十条 融资租赁期满,承租人应当将符合本法第二十九条规定状态的民用航空器退还出租人,但承租人依照合同行使购买民用航空器的权利或者为继续租赁而占有民用航空器的除外。

第三十一条 民用航空器融资租赁中的供货方,不就同一损害同时对出租人和承租人承担责任。

第三十二条 融资租赁期间,经出租人同意,在不损害第三人利益的情况下,承租人可以转让其对民用航空器的占有权或者租赁合同约定的其他权利。

第三十三条 民用航空器的融资租赁和租赁期限为六个月以上的其他租赁,承租人应当就其对民用航空器的占有权向国务院民用航空主管部门办理登记。未经登记的,不得对抗第三人。

第四章 民用航空器适航管理

第三十四条 设计民用航空器及其发动机、螺旋桨和民用航空器上设备，应当向国务院民用航空主管部门申请领取型号合格证书。经审查合格的，发给型号合格证书。

第三十五条 生产、维修民用航空器及其发动机、螺旋桨和民用航空器上设备，应当向国务院民用航空主管部门申请领取生产许可证书、维修许可证书。经审查合格的，发给相应的证书。

第三十六条 外国制造人生产的任何型号的民用航空器及其发动机、螺旋桨和民用航空器上设备，首次进口中国的，该外国制造人应当向国务院民用航空主管部门申请领取型号认可证书。经审查合格的，发给型号认可证书。

已取得外国颁发的型号合格证书的民用航空器及其发动机、螺旋桨和民用航空器上设备，首次在中国境内生产的，该型号合格证书的持有人应当向国务院民用航空主管部门申请领取型号认可证书。经审查合格的，发给型号认可证书。

第三十七条 具有中华人民共和国国籍的民用航空器，应当持有国务院民用航空主管部门颁发的适航证书，方可飞行。

出口民用航空器及其发动机、螺旋桨和民用航空器上设备，制造人应当向国务院民用航空主管部门申请领取出口适航证书。经审查合格的，发给出口适航证书。

租用的外国民用航空器，应当经国务院民用航空主管部门对其原国籍登记国发给的适航证书审查认可或者另发适航证书，方可飞行。

民用航空器适航管理规定由国务院制定。

第三十八条 民用航空器的所有人或者承租人应当按照适航证书规定的使用范围使用民用航空器，做好民用航空器的维修保养工作，保证民用航空器处于适航状态。

第五章 航 空 人 员

第一节 一 般 规 定

第三十九条 本法所称航空人员，是指下列从事民用航空活动的空勤人员和地面人员：

（一）空勤人员，包括驾驶员、领航员、飞行机械人员、飞行通信员、乘务员；

（二）地面人员，包括民用航空器维修人员、空中交通管制员、飞行签派员、航空电台通信员。

第四十条 航空人员应当接受专门训练，经考核合格，取得国务院民用航空主管部门颁发的执照，方可担任其执照载明的工作。

空勤人员和空中交通管制员在取得执照前，还应当接受国务院民用航空主管部门认可的体格检查单位的检查，并取得国务院民用航空主管部门颁发的体格检查合格证书。

第四十一条 空勤人员在执行飞行任务时，应当随身携带执照和体格检查合格证书，并接受国务院民用航空主管部门的查验。

第四十二条　航空人员应当接受国务院民用航空主管部门定期或者不定期的检查和考核；经检查、考核合格的，方可继续担任其执照载明的工作。

空勤人员还应当参加定期的紧急程序训练。

空勤人员间断飞行的时间超过国务院民用航空主管部门规定时限的，应当经过检查和考核；乘务员以外的空勤人员还应当经过带飞。经检查、考核、带飞合格的，方可继续担任其执照载明的工作。

第五章　航空人员

第二节　机　　组

第四十三条　民用航空器机组由机长和其他空勤人员组成。机长应当由具有独立驾驶该型号民用航空器的技术和经验的驾驶员担任。

机组的组成和人员数额，应当符合国务院民用航空主管部门的规定。

第四十四条　民用航空器的操作由机长负责，机长应当严格履行职责，保护民用航空器及其所载人员和财产的安全。

机长在其职权范围内发布的命令，民用航空器所载人员都应当执行。

第四十五条　飞行前，机长应当对民用航空器实施必要的检查。未经检查，不得起飞。

机长发现民用航空器、机场气象条件等不符合规定，不能保证飞行安全的，有权拒绝起飞。

第四十六条　飞行中，对于任何破坏民用航空器、扰乱民用航空器内秩序、危害民用航空器所载人员或者财产安全以及其他危及飞行安全的行为，在保证安全的前提下，机长有权采取必要的适当措施。

飞行中，遇到特殊情况时，为保证民用航空器及其所载人员的安全，机长有权对民用航空器做出处置。

第四十七条　机长发现机组人员不适宜执行飞行任务的，为保证飞行安全，有权提出调整。

第四十八条　民用航空器遇险时，机长有权采取一切必要措施，并指挥机组人员和航空器上其他人员采取抢救措施。在必须撤离遇险民用航空器的紧急情况下，机长必须采取措施，首先组织旅客安全离开民用航空器；未经机长允许，机组人员不得擅自离开民用航空器；机长应当最后离开民用航空器。

第四十九条　民用航空器发生事故，机长应当直接或者通过空中交通管制单位，如实将事故情况及时报告国务院民用航空主管部门。

第五十条　机长收到船舶或者其他航空器的遇险信号，或者发现遇险的船舶、航空器及其人员，应当将遇险情况及时报告就近的空中交通管制单位并给予可能的合理的援助。

第五十一条　飞行中，机长因故不能履行职务的，由仅次于机长职务的驾驶员代理机长；在下一个经停地起飞前，民用航空器所有人或者承租人应当指派新机长接任。

第五十二条　只有一名驾驶员，不需配备其他空勤人员的民用航空器，本节对机长的

规定适用于该驾驶员。

第六章 民用机场

第五十三条 本法所称民用机场，是指专供民用航空器起飞、降落、滑行、停放以及进行其他活动使用的划定区域，包括附属的建筑物、装置和设施。

本法所称民用机场不包括临时机场。

军民合用机场由国务院、中央军事委员会另行制定管理办法。

第五十四条 民用机场的建设和使用应当统筹安排、合理布局，提高机场的使用效率。

全国民用机场的布局和建设规划，由国务院民用航空主管部门会同国务院其他有关部门制定，并按照国家规定的程序，经批准后组织实施。

省、自治区、直辖市人民政府应当根据全国民用机场的布局和建设规划，制定本行政区域内的民用机场建设规划，并按照国家规定的程序报经批准后，将其纳入本级国民经济和社会发展规划。

第五十五条 民用机场建设规划应当与城市建设规划相协调。

第五十六条 新建、改建和扩建民用机场，应当符合依法制定的民用机场布局和建设规划，符合民用机场标准，并按照国家规定报经有关主管机关批准并实施。不符合依法制定的民用机场布局和建设规划的民用机场建设项目，不得批准。

第五十七条 新建、扩建民用机场，应当由民用机场所在地县级以上地方人民政府发布公告。

前款规定的公告应当在当地主要报纸上刊登，并在拟新建、扩建机场周围地区张贴。

第五十八条 禁止在依法划定的民用机场范围内和按照国家规定划定的机场净空保护区域内从事下列活动：

（一）修建可能在空中排放大量烟雾、粉尘、火焰、废气而影响飞行安全的建筑物或者设施；

（二）修建靶场、强烈爆炸物仓库等影响飞行安全的建筑物或者设施；

（三）修建不符合机场净空要求的建筑物或者设施；

（四）设置影响机场目视助航设施使用的灯光、标志或者物体；

（五）种植影响飞行安全或者影响机场助航设施使用的植物；

（六）饲养、放飞影响飞行安全的鸟类动物和其他物体；

（七）修建影响机场电磁环境的建筑物或者设施。

禁止在依法划定的民用机场范围内放养牲畜。

第五十九条 民用机场新建、扩建的公告发布前，在依法划定的民用机场范围内和按照国家规定划定的机场净空保护区域内存在的可能影响飞行安全的建筑物、构筑物、树木、灯光和其他障碍物体，应当在规定的期限内清除。对由此造成的损失，应当给予补偿或者依法采取其他补救措施。

第六十条 民用机场新建、扩建的公告发布后，任何单位和个人违反本法和有关行政法规的规定，在依法划定的民用机场范围内和按照国家规定划定的机场净空保护区域内修建、种植或者设置影响飞行安全的建筑物、构筑物、树木、灯光和其他障碍物体的，由机场所在地县级以上地方人民政府责令清除。由此造成的损失，由修建、种植或者设置该障

碍物体的人承担。

第六十一条　在民用机场及其按照国家规定划定的净空保护区域以外,对可能影响飞行安全的高大建筑物或者设施,应当按照国家有关规定设置飞行障碍灯和标志,并使其保持正常状态。

第六十二条　民用机场应当持有机场使用许可证,方可开放使用。

民用机场具备下列条件,并按照国家规定经验收合格后,方可申请机场使用许可证:

(一)具备与其运营业务相适应的飞行区、航站区、工作区以及服务设施和人员;

(二)具备能够保障飞行安全的空中交通管制、通信导航、气象等设施和人员;

(三)具备符合国家规定的安全保卫条件;

(四)具备处理特殊情况的应急计划以及相应的设施和人员;

(五)具备国务院民用航空主管部门规定的其他条件。

国际机场还应当具备国际通航条件,设立海关和其他口岸检查机关。

第六十三条　民用机场使用许可证由机场管理机构向国务院民用航空主管部门申请,经国务院民用航空主管部门审查批准后颁发。

第六十四条　设立国际机场,由国务院民用航空主管部门报请国务院审查批准。

国际机场的开放使用,由国务院民用航空主管部门对外公告;国际机场资料由国务院民用航空主管部门统一对外提供。

第六十五条　民用机场应当按照国务院民用航空主管部门的规定,采取措施,保证机场内人员和财产的安全。

第六十六条　供运输旅客或者货物的民用航空器使用的民用机场,应当按照国务院民用航空主管部门规定的标准,设置必要设施,为旅客和货物托运人、收货人提供良好服务。

第六十七条　民用机场管理机构应当依照环境保护法律、行政法规的规定,做好机场环境保护工作。

第六十八条　民用航空器使用民用机场及其助航设施的,应当缴纳使用费、服务费;使用费、服务费的收费标准,由国务院民用航空主管部门会同国务院财政部门、物价主管部门制定。

第六十九条　民用机场废弃或者改为他用,民用机场管理机构应当依照国家规定办理报批手续。

第七章　空中航行

第一节　空域管理

第七十条　国家对空域实行统一管理。

第七十一条　划分空域,应当兼顾民用航空和国防安全的需要以及公众的利益,使空域得到合理、充分、有效的利用。

第七十二条　空域管理的具体办法,由国务院、中央军事委员会制定。

第七章　空中航行

第二节　飞行管理

第七十三条　在一个划定的管制空域内,由一个空中交通管制单位负责该空域内的航空器的空中交通管制。

第七十四条　民用航空器在管制空域内进行飞行活动,应当取得空中交通管制单位的许可。

第七十五条　民用航空器应当按照空中交通管制单位指定的航路和飞行高度飞行;因故确需偏离指定的航路或者改变飞行高度飞行的,应当取得空中交通管制单位的许可。

第七十六条　在中华人民共和国境内飞行的航空器,必须遵守统一的飞行规则。

进行目视飞行的民用航空器,应当遵守目视飞行规则,并与其他航空器、地面障碍物体保持安全距离。

进行仪表飞行的民用航空器,应当遵守仪表飞行规则。

飞行规则由国务院、中央军事委员会制定。

第七十七条　民用航空器机组人员的飞行时间、执勤时间不得超过国务院民用航空主管部门规定的时限。

民用航空器机组人员受到酒类饮料、麻醉剂或者其他药物的影响,损及工作能力的,不得执行飞行任务。

第七十八条　民用航空器除按照国家规定经特别批准外,不得飞入禁区;除遵守规定的限制条件外,不得飞入限制区。

前款规定的禁区和限制区,依照国家规定划定。

第七十九条　民用航空器不得飞越城市上空;但是,有下列情形之一的除外:

(一) 起飞、降落或者指定的航路所必需的;

(二) 飞行高度足以使该航空器在发生紧急情况时离开城市上空,而不致危及地面上的人员、财产安全的;

(三) 按照国家规定的程序获得批准的。

第八十条　飞行中,民用航空器不得投掷物品;但是,有下列情形之一的除外:

(一) 飞行安全所必需的;

(二) 执行救助任务或者符合社会公共利益的其他飞行任务所必需的。

第八十一条　民用航空器未经批准不得飞出中华人民共和国领空。

对未经批准正在飞离中华人民共和国领空的民用航空器,有关部门有权根据具体情况采取必要措施,予以制止。

第七章　空中航行

第三节　飞行保障

第八十二条　空中交通管制单位应当为飞行中的民用航空器提供空中交通服务,包括空中交通管制服务、飞行情报服务和告警服务。

提供空中交通管制服务，旨在防止民用航空器同航空器、民用航空器同障碍物体相撞，维持并加速空中交通的有秩序的活动。

提供飞行情报服务，旨在提供有助于安全和有效地实施飞行的情报和建议。

提供告警服务，旨在当民用航空器需要搜寻援救时，通知有关部门，并根据要求协助该有关部门进行搜寻援救。

第八十三条　空中交通管制单位发现民用航空器偏离指定航路、迷失航向时，应当迅速采取一切必要措施，使其回归航路。

第八十四条　航路上应当设置必要的导航、通信、气象和地面监视设备。

第八十五条　航路上影响飞行安全的自然障碍物体，应当在航图上标明；航路上影响飞行安全的人工障碍物体，应当设置飞行障碍灯和标志，并使其保持正常状态。

第八十六条　在距离航路边界三十公里以内的地带，禁止修建靶场和其他可能影响飞行安全的设施；但是，平射轻武器靶场除外。

在前款规定地带以外修建固定的或者临时性对空发射场，应当按照国家规定获得批准；对空发射场的发射方向，不得与航路交叉。

第八十七条　任何可能影响飞行安全的活动，应当依法获得批准，并采取确保飞行安全的必要措施，方可进行。

第八十八条　国务院民用航空主管部门应当依法对民用航空无线电台和分配给民用航空系统使用的专用频率实施管理。

任何单位或者个人使用的无线电台和其他仪器、装置，不得妨碍民用航空无线电专用频率的正常使用。对民用航空无线电专用频率造成有害干扰的，有关单位或者个人应当迅速排除干扰。未排除干扰前，应当停止使用该无线电台或者其他仪器、装置。

第八十九条　邮电通信企业应当对民用航空电信传递优先提供服务。

国家气象机构应当对民用航空气象机构提供必要的气象资料。

第七章　空中航行

第四节　飞行必备文件

第九十条　从事飞行的民用航空器，应当携带下列文件：

（一）民用航空器国籍登记证书；

（二）民用航空器适航证书；

（三）机组人员相应的执照；

（四）民用航空器航行记录簿；

（五）装有无线电设备的民用航空器，其无线电台执照；

（六）载有旅客的民用航空器，其所载旅客姓名及其出发地点和目的地点的清单；

（七）载有货物的民用航空器，其所载货物的舱单和明细的申报单；

（八）根据飞行任务应当携带的其他文件。

民用航空器未按规定携带前款所列文件的，国务院民用航空主管部门或者其授权的地区民用航空管理机构可以禁止该民用航空器起飞。

第八章　公共航空运输企业

第九十一条　公共航空运输企业,是指以营利为目的,使用民用航空器运送旅客、行李、邮件或者货物的企业法人。

第九十二条　设立公共航空运输企业,应当向国务院民用航空主管部门申请领取经营许可证,并依法办理工商登记;未取得经营许可证的,工商行政管理部门不得办理工商登记。

第九十三条　设立公共航空运输企业,应当具备下列条件:

(一) 有符合国家规定的适应保证飞行安全要求的民用航空器;

(二) 有必需的依法取得执照的航空人员;

(三) 有不少于国务院规定的最低限额的注册资本;

(四) 法律、行政法规规定的其他条件。

第九十四条　公共航空运输企业的组织形式、组织机构适用公司法的规定。

本法施行前设立的公共航空运输企业,其组织形式、组织机构不完全符合公司法规定的,可以继续沿用原有的规定,适用前款规定的日期由国务院规定。

第九十五条　公共航空运输企业应当以保证飞行安全和航班正常,提供良好服务为准则,采取有效措施,提高运输服务质量。

公共航空运输企业应当教育和要求本企业职工严格履行职责,以文明礼貌、热情周到的服务态度,认真做好旅客和货物运输的各项服务工作。

旅客运输航班延误的,应当在机场内及时通告有关情况。

第九十六条　公共航空运输企业申请经营定期航班运输(以下简称航班运输)的航线,暂停、终止经营航线,应当报经国务院民用航空主管部门批准。

公共航空运输企业经营航班运输,应当公布班期时刻。

第九十七条　公共航空运输企业的营业收费项目,由国务院民用航空主管部门确定。

国内航空运输的运价管理办法,由国务院民用航空主管部门会同国务院物价主管部门制定,报国务院批准后执行。

国际航空运输运价的制定按照中华人民共和国政府与外国政府签订的协定、协议的规定执行;没有协定、协议的,参照国际航空运输市场价格制定运价,报国务院民用航空主管部门批准后执行。

第九十八条　公共航空运输企业从事不定期运输,应当经国务院民用航空主管部门批准,并不得影响航班运输的正常经营。

第九十九条　公共航空运输企业应当依照国务院制定的公共航空运输安全保卫规定,制定安全保卫方案,并报国务院民用航空主管部门备案。

第一百条　公共航空运输企业不得运输法律、行政法规规定的禁运物品。

公共航空运输企业未经国务院民用航空主管部门批准,不得运输作战军火、作战物资。

禁止旅客随身携带法律、行政法规规定的禁运物品乘坐民用航空器。

第一百零一条　公共航空运输企业运输危险品,应当遵守国家有关规定。

禁止以非危险品品名托运危险品。

禁止旅客随身携带危险品乘坐民用航空器。除因执行公务并按照国家规定经过批准外,禁止旅客携带枪支、管制刀具乘坐民用航空器。禁止违反国务院民用航空主管部门的规定将危险品作为行李托运。

危险品品名由国务院民用航空主管部门规定并公布。

第一百零二条 公共航空运输企业不得运输拒绝接受安全检查的旅客,不得违反国家规定运输未经安全检查的行李。

公共航空运输企业必须按照国务院民用航空主管部门的规定,对承运的货物进行安全检查或者采取其他保证安全的措施。

第一百零三条 公共航空运输企业从事国际航空运输的民用航空器及其所载人员、行李、货物应当接受边防、海关、检疫等主管部门的检查;但是,检查时应当避免不必要的延误。

第一百零四条 公共航空运输企业应当依照有关法律、行政法规的规定优先运输邮件。

第一百零五条 公共航空运输企业应当投保地面第三人责任险。

第九章 公共航空运输

第一节 一般规定

第一百零六条 本章适用于公共航空运输企业使用民用航空器经营的旅客、行李或者货物的运输,包括公共航空运输企业使用民用航空器办理的免费运输。

本章不适用于使用民用航空器办理的邮件运输。

对多式联运方式的运输,本章规定适用于其中的航空运输部分。

第一百零七条 本法所称国内航空运输,是指根据当事人订立的航空运输合同,运输的出发地点、约定的经停地点和目的地点均在中华人民共和国境内的运输。

本法所称国际航空运输,是指根据当事人订立的航空运输合同,无论运输有无间断或者有无转运,运输的出发地点、目的地点或者约定的经停地点之一不在中华人民共和国境内的运输。

第一百零八条 航空运输合同各方认为几个连续的航空运输承运人办理的运输是一项单一业务活动的,无论其形式是以一个合同订立或者数个合同订立,应当视为一项不可分割的运输。

第九章 公共航空运输

第二节 运输凭证

第一百零九条 承运人运送旅客,应当出具客票。旅客乘坐民用航空器,应当交验有效客票。

第一百一十条 客票应当包括的内容由国务院民用航空主管部门规定,至少应当包括以下内容:

(一) 出发地点和目的地点;

（二）出发地点和目的地点均在中华人民共和国境内，而在境外有一个或者数个约定的经停地点的，至少注明一个经停地点；

（三）旅客航程的最终目的地点、出发地点或者约定的经停地点之一不在中华人民共和国境内，依照所适用的国际航空运输公约的规定，应当在客票上声明此项运输适用该公约的，客票上应当载有该项声明。

第一百一十一条 客票是航空旅客运输合同订立和运输合同条件的初步证据。

旅客未能出示客票、客票不符合规定或者客票遗失，不影响运输合同的存在或者有效。

在国内航空运输中，承运人同意旅客不经其出票而乘坐民用航空器的，承运人无权援用本法第一百二十八条有关赔偿责任限制的规定。

在国际航空运输中，承运人同意旅客不经其出票而乘坐民用航空器的，或者客票上未依照本法第一百一十条第（三）项的规定声明的，承运人无权援用本法第一百二十九条有关赔偿责任限制的规定。

第一百一十二条 承运人载运托运行李时，行李票可以包含在客票之内或者与客票相结合。除本法第一百一十条的规定外，行李票还应当包括下列内容：

（一）托运行李的件数和重量；

（二）需要声明托运行李在目的地点交付时的利益的，注明声明金额。

行李票是行李托运和运输合同条件的初步证据。

旅客未能出示行李票、行李票不符合规定或者行李票遗失，不影响运输合同的存在或者有效。

在国内航空运输中，承运人载运托运行李而不出具行李票的，承运人无权援用本法第一百二十八条有关赔偿责任限制的规定。

在国际航空运输中，承运人载运托运行李而不出具行李票的，或者行李票上未依照本法第一百一十条第（三）项的规定声明的，承运人无权援用本法第一百二十九条有关赔偿责任限制的规定。

第一百一十三条 承运人有权要求托运人填写航空货运单，托运人有权要求承运人接受该航空货运单。托运人未能出示航空货运单、航空货运单不符合规定或者航空货运单遗失，不影响运输合同的存在或者有效。

第一百一十四条 托运人应当填写航空货运单正本一式三份，连同货物交给承运人。

航空货运单第一份注明“交承运人”，由托运人签字、盖章；第二份注明“交收货人”，由托运人和承运人签字、盖章；第三份由承运人在接受货物后签字、盖章，交给托运人。

承运人根据托运人的请求填写航空货运单的，在没有相反证据的情况下，应当视为代托运人填写。

第一百一十五条 航空货运单应当包括的内容由国务院民用航空主管部门规定，至少应当包括以下内容：

（一）出发地点和目的地点；

（二）出发地点和目的地点均在中华人民共和国境内，而在境外有一个或者数个约定的经停地点的，至少注明一个经停地点；

（三）货物运输的最终目的地点、出发地点或者约定的经停地点之一不在中华人民共

和国境内，依照所适用的国际航空运输公约的规定，应当在货运单上声明此项运输适用该公约的，货运单上应当载有该项声明。

第一百一十六条　在国内航空运输中，承运人同意未经填具航空货运单而载运货物的，承运人无权援用本法第一百二十八条有关赔偿责任限制的规定。

在国际航空运输中，承运人同意未经填具航空货运单而载运货物的，或者航空货运单上未依照本法第一百一十五条第（三）项的规定声明的，承运人无权援用本法第一百二十九条有关赔偿责任限制的规定。

第一百一十七条　托运人应当对航空货运单上所填关于货物的说明和声明的正确性负责。

因航空货运单上所填的说明和声明不符合规定、不正确或者不完全，给承运人或者承运人对之负责的其他人造成损失的，托运人应当承担赔偿责任。

第一百一十八条　航空货运单是航空货物运输合同订立和运输条件以及承运人接受货物的初步证据。

航空货运单上关于货物的重量、尺寸、包装和包装件数的说明具有初步证据的效力。除经过承运人和托运人当面查对并在航空货运单上注明经过查对或者书写关于货物的外表情况的说明外，航空货运单上关于货物的数量、体积和情况的说明不能构成不利于承运人的证据。

第一百一十九条　托运人在履行航空货物运输合同规定的义务的条件下，有权在出发地机场或者目的地机场将货物提回，或者在途中经停时中止运输，或者在目的地点或者途中要求将货物交给非航空货运单上指定的收货人，或者要求将货物运回出发地机场；但是，托运人不得因行使此种权利而使承运人或者其他托运人遭受损失，并应当偿付由此产生的费用。

托运人的指示不能执行的，承运人应当立即通知托运人。

承运人按照托运人的指示处理货物，没有要求托运人出示其所收执的航空货运单，给该航空货运单的合法持有人造成损失的，承运人应当承担责任，但是不妨碍承运人向托运人追偿。

收货人的权利依照本法第一百二十条规定开始时，托运人的权利即告终止；但是，收货人拒绝接受航空货运单或者货物，或者承运人无法同收货人联系的，托运人恢复其对货物的处置权。

第一百二十条　除本法第一百一十九条所列情形外，收货人于货物到达目的地点，并在缴付应付款项和履行航空货运单上所列运输条件后，有权要求承运人移交航空货运单并交付货物。

除另有约定外，承运人应当在货物到达后立即通知收货人。

承运人承认货物已经遗失，或者货物在应当到达之日起七日后仍未到达的，收货人有权向承运人行使航空货物运输合同所赋予的权利。

第一百二十一条　托运人和收货人在履行航空货物运输合同规定的义务的条件下，无论为本人或者他人的利益，可以以本人的名义分别行使本法第一百一十九条和第一百二十条所赋予的权利。

第一百二十二条　本法第一百一十九条、第一百二十条和第一百二十一条的规定，不影响托运人同收货人之间的相互关系，也不影响从托运人或者收货人获得权利的第三人之间的关系。

任何与本法第一百一十九条、第一百二十条和第一百二十一条规定不同的合同条款，应当在航空货运单上载明。

第一百二十三条 托运人应当提供必需的资料和文件，以便在货物交付收货人前完成法律、行政法规规定的有关手续；因没有此种资料、文件，或者此种资料、文件不充足或者不符合规定造成的损失，除由于承运人或者其受雇人、代理人的过错造成的外，托运人应当对承运人承担责任。

除法律、行政法规另有规定外，承运人没有对前款规定的资料或者文件进行检查的义务。

第九章 公共航空运输

第三节 承运人的责任

第一百二十四条 因发生在民用航空器上或者在旅客上、下民用航空器过程中的事件，造成旅客人身伤亡的，承运人应当承担责任；但是，旅客的人身伤亡完全是由于旅客本人的健康状况造成的，承运人不承担责任。

第一百二十五条 因发生在民用航空器上或者在旅客上、下民用航空器过程中的事件，造成旅客随身携带物品毁灭、遗失或者损坏的，承运人应当承担责任。因发生在航空运输期间的事件，造成旅客的托运行李毁灭、遗失或者损坏的，承运人应当承担责任。

旅客随身携带物品或者托运行李的毁灭、遗失或者损坏完全是由于行李本身的自然属性、质量或者缺陷造成的，承运人不承担责任。

本章所称行李，包括托运行李和旅客随身携带的物品。

因发生在航空运输期间的事件，造成货物毁灭、遗失或者损坏的，承运人应当承担责任；但是，承运人证明货物的毁灭、遗失或者损坏完全是由于下列原因之一造成的，不承担责任：

（一）货物本身的自然属性、质量或者缺陷；

（二）承运人或者其受雇人、代理人以外的人包装货物的，货物包装不良；

（三）战争或者武装冲突；

（四）政府有关部门实施的与货物入境、出境或者过境有关的行为。

本条所称航空运输期间，是指在机场内、民用航空器上或者机场外降落的任何地点，托运行李、货物处于承运人掌管之下的全部期间。

航空运输期间，不包括机场外的任何陆路运输、海上运输、内河运输过程；但是，此种陆路运输、海上运输、内河运输是为了履行航空运输合同而装载、交付或者转运，在没有相反证据的情况下，所发生的损失视为在航空运输期间发生的损失。

第一百二十六条 旅客、行李或者货物在航空运输中因延误造成的损失，承运人应当承担责任；但是，承运人证明本人或者其受雇人、代理人为了避免损失的发生，已经采取一切必要措施或者不可能采取此种措施的，不承担责任。

第一百二十七条 在旅客、行李运输中，经承运人证明，损失是由索赔人的过错造成

或者促成的，应当根据造成或者促成此种损失的过错的程度，相应免除或者减轻承运人的责任。旅客以外的其他人就旅客死亡或者受伤提出赔偿请求时，经承运人证明，死亡或者受伤是旅客本人的过错造成或者促成的，同样应当根据造成或者促成此种损失的过错的程度，相应免除或者减轻承运人的责任。

在货物运输中，经承运人证明，损失是由索赔人或者代行权利人的过错造成或者促成的，应当根据造成或者促成此种损失的过错的程度，相应免除或者减轻承运人的责任。

第一百二十八条 国内航空运输承运人的赔偿责任限额由国务院民用航空主管部门制定，报国务院批准后公布执行。

旅客或者托运人在交运托运行李或者货物时，特别声明在目的地点交付时的利益，并在必要时支付附加费的，除承运人证明旅客或者托运人声明的金额高于托运行李或者货物在目的地点交付时的实际利益外，承运人应当在声明金额范围内承担责任。本法第一百二十九条的其他规定，除赔偿责任限额外，适用于国内航空运输。

第一百二十九条 国际航空运输承运人的赔偿责任限额按照下列规定执行：

(一) 对每名旅客的赔偿责任限额为16600计算单位；但是，旅客可以同承运人书面约定高于本项规定的赔偿责任限额。

(二) 对托运行李或者货物的赔偿责任限额，每公斤为17计算单位。旅客或者托运人在交运托运行李或者货物时，特别声明在目的地点交付时的利益，并在必要时支付附加费的，除承运人证明旅客或者托运人声明的金额高于托运行李或者货物在目的地点交付时的实际利益外，承运人应当在声明金额范围内承担责任。

托运行李或者货物的一部分或者托运行李、货物中的任何物件毁灭、遗失、损坏或者延误的，用以确定承运人赔偿责任限额的重量，仅为该一包件或者数包件的总重量；但是，因托运行李或者货物的一部分或者托运行李、货物中的任何物件的毁灭、遗失、损坏或者延误，影响同一份行李票或者同一份航空货运单所列其他包件的价值的，确定承运人的赔偿责任限额时，此种包件的总重量也应当考虑在内。

(三) 对每名旅客随身携带的物品的赔偿责任限额为332计算单位。

第一百三十条 任何旨在免除本法规定的承运人责任或者降低本法规定的赔偿责任限额的条款，均属无效；但是，此种条款的无效，不影响整个航空运输合同的效力。

第一百三十一条 有关航空运输中发生的损失的诉讼，不论其根据如何，只能依照本法规定的条件和赔偿责任限额提出，但不妨碍谁有权提起诉讼以及他们各自的权利。

第一百三十二条 经证明，航空运输中的损失是由于承运人或者其受雇人、代理人的故意或者明知可能造成损失而轻率地作为或者不作为造成的，承运人无权援用本法第一百二十八条、第一百二十九条有关赔偿责任限制的规定；证明承运人的受雇人、代理人有此种作为或者不作为的，还应当证明该受雇人、代理人是在受雇、代理范围内行事。

第一百三十三条 就航空运输中的损失向承运人的受雇人、代理人提起诉讼时，该受雇人、代理人证明他是在受雇、代理范围内行事的，有权援用本法第一百二十八条、第一百二十九条有关赔偿责任限制的规定。

在前款规定情形下，承运人及其受雇人、代理人的赔偿总额不得超过法定的赔偿责任限额。

经证明，航空运输中的损失是由于承运人的受雇人、代理人的故意或者明知可能造成损失而轻率地作为或者不作为造成的,不适用本条第一款和第二款的规定。

第一百三十四条 旅客或者收货人收受托运行李或者货物而未提出异议,为托运行李或者货物已经完好交付并与运输凭证相符的初步证据。

托运行李或者货物发生损失的,旅客或者收货人应当在发现损失后向承运人提出异议。托运行李发生损失的,最迟应当自收到托运行李之日起七日内提出;货物发生损失的,最迟应当自收到货物之日起十四日内提出;托运行李或者货物发生延误的,最迟应当自托运行李或者货物交付旅客或者收货人处置之日起二十一日内提出。

任何异议均应当在前款规定的期间内写在运输凭证上或者另以书面提出。

除承运人有欺诈行为外,旅客或者收货人未在本条第二款规定的期间内提出异议的,不能向承运人提出索赔诉讼。

第一百三十五条 航空运输的诉讼时效期间为二年,自民用航空器到达目的地点、应当到达目的地点或者运输终止之日起计算。

第一百三十六条 由几个航空承运人办理的连续运输,接受旅客、行李或者货物的每一个承运人应当受本法规定的约束,并就其根据合同办理的运输区段作为运输合同的订约一方。

对前款规定的连续运输,除合同明文约定第一承运人应当对全程运输承担责任外,旅客或者其继承人只能对发生事故或者延误的运输区段的承运人提起诉讼。

托运行李或者货物的毁灭、遗失、损坏或者延误,旅客或者托运人有权对第一承运人提起诉讼,旅客或者收货人有权对最后承运人提起诉讼,旅客、托运人和收货人均可以对发生毁灭、遗失、损坏或者延误的运输区段的承运人提起诉讼。上述承运人应当对旅客、托运人或者收货人承担连带责任。

第九章　公共航空运输

第四节　实际承运人履行航空运输的特别规定

第一百三十七条 本节所称缔约承运人,是指以本人名义与旅客或者托运人,或者与旅客或者托运人的代理人,订立本章调整的航空运输合同的人。

本节所称实际承运人,是指根据缔约承运人的授权,履行前款全部或者部分运输的人,不是指本章规定的连续承运人。在没有相反证明时,此种授权被认为是存在的。

第一百三十八条 除本节另有规定外,缔约承运人和实际承运人都应当受本章规定的约束。缔约承运人应当对合同约定的全部运输负责。实际承运人应当对其履行的运输负责。

第一百三十九条 实际承运人的作为和不作为,实际承运人的受雇人、代理人在受雇、代理范围内的作为和不作为,关系到实际承运人履行的运输的,应当视为缔约承运人的作为和不作为。

缔约承运人的作为和不作为,缔约承运人的受雇人、代理人在受雇、代理范围内的作为和不作为,关系到实际承运人履行的运输的,应当视为实际承运人的作为和不作为;但是,实际承运人承担的责任不因此种作为或者不作为而超过法定的赔偿责任限额。

任何有关缔约承运人承担本章未规定的义务或者放弃本章赋予的权利的特别协议，或者任何有关依照本法第一百二十八条、第一百二十九条规定所做的在目的地点交付时利益的特别声明，除经实际承运人同意外，均不得影响实际承运人。

第一百四十条 依照本章规定提出的索赔或者发出的指示，无论是向缔约承运人还是向实际承运人提出或者发出的，均具有同等效力。但是，本法第一百一十九条规定的指示，只在向缔约承运人发出时方有效。

第一百四十一条 实际承运人的受雇人、代理人或者缔约承运人的受雇人、代理人，证明他是在受雇、代理范围内行事的，就实际承运人履行的运输而言，有权援用本法第一百二十八条、第一百二十九条有关赔偿责任限制的规定，但是依照本法规定不得援用赔偿责任限制规定的除外。

第一百四十二条 对于实际承运人履行的运输，实际承运人、缔约承运人以及他们的在受雇、代理范围内行事的受雇人、代理人的赔偿总额不得超过依照本法得以从缔约承运人或者实际承运人获得赔偿的最高数额；但是，其中任何人都不承担超过对他适用的赔偿责任限额。

第一百四十三条 对实际承运人履行的运输提起的诉讼，可以分别对实际承运人或者缔约承运人提起，也可以同时对实际承运人和缔约承运人提起；被提起诉讼的承运人有权要求另一承运人参加应诉。

第一百四十四条 除本法第一百四十三条规定外，本节规定不影响实际承运人和缔约承运人之间的权利、义务。

第十章 通用航空

第一百四十五条 通用航空，是指使用民用航空器从事公共航空运输以外的民用航空活动，包括从事工业、农业、林业、渔业和建筑业的作业飞行以及医疗卫生、抢险救灾、气象探测、海洋监测、科学实验、教育训练、文化体育等方面的飞行活动。

第一百四十六条 从事通用航空活动，应当具备下列条件：

（一）有与所从事的通用航空活动相适应，符合保证飞行安全要求的民用航空器；

（二）有必需的依法取得执照的航空人员；

（三）符合法律、行政法规规定的其他条件。

从事经营性通用航空，限于企业法人。

第一百四十七条 从事非经营性通用航空的，应当向国务院民用航空主管部门办理登记。

从事经营性通用航空的，应当向国务院民用航空主管部门申请领取通用航空经营许可证，并依法办理工商登记；未取得经营许可证的，工商行政管理部门不得办理工商登记。

第一百四十八条 通用航空企业从事经营性通用航空活动，应当与用户订立书面合同，但是紧急情况下的救护或者救灾飞行除外。

第一百四十九条 组织实施作业飞行时，应当采取有效措施，保证飞行安全，保护环境和生态平衡，防止对环境、居民、作物或者牲畜等造成损害。

第一百五十条 从事通用航空活动的，应当投保地面第三人责任险。

第十一章　搜寻援救和事故调查

第一百五十一条　民用航空器遇到紧急情况时，应当发送信号，并向空中交通管制单位报告，提出援救请求；空中交通管制单位应当立即通知搜寻援救协调中心。民用航空器在海上遇到紧急情况时，还应当向船舶和国家海上搜寻援救组织发送信号。

第一百五十二条　发现民用航空器遇到紧急情况或者收听到民用航空器遇到紧急情况的信号的单位或者个人，应当立即通知有关的搜寻援救协调中心、海上搜寻援救组织或者当地人民政府。

第一百五十三条　收到通知的搜寻援救协调中心、地方人民政府和海上搜寻援救组织，应当立即组织搜寻援救。

收到通知的搜寻援救协调中心，应当设法将已经采取的搜寻援救措施通知遇到紧急情况的民用航空器。

搜寻援救民用航空器的具体办法，由国务院规定。

第一百五十四条　执行搜寻援救任务的单位或者个人，应当尽力抢救民用航空器所载人员，按照规定对民用航空器采取抢救措施并保护现场，保存证据。

第一百五十五条　民用航空器事故的当事人以及有关人员在接受调查时，应当如实提供现场情况和与事故有关的情节。

第一百五十六条　民用航空器事故调查的组织和程序，由国务院规定。

第十二章　对地面第三人损害的赔偿责任

第一百五十七条　因飞行中的民用航空器或者从飞行中的民用航空器上落下的人或者物，造成地面(包括水面，下同)上的人身伤亡或者财产损害的，受害人有权获得赔偿；但是，所受损害并非造成损害的事故的直接后果，或者所受损害仅是民用航空器依照国家有关的空中交通规则在空中通过造成的，受害人无权要求赔偿。

前款所称飞行中，是指自民用航空器为实际起飞而使用动力时起至着陆冲程终了时止；就轻于空气的民用航空器而言，飞行中是指自其离开地面时起至其重新着地时止。

第一百五十八条　本法第一百五十七条规定的赔偿责任，由民用航空器的经营人承担。

前款所称经营人，是指损害发生时使用民用航空器的人。民用航空器的使用权已经直接或者间接地授予他人，本人保留对该民用航空器的航行控制权的，本人仍被视为经营人。

经营人的受雇人、代理人在受雇、代理过程中使用民用航空器，无论是否在其受雇、代理范围内行事，均视为经营人使用民用航空器。

民用航空器登记的所有人应当被视为经营人，并承担经营人的责任，除非在判定其责任的诉讼中，所有人证明经营人是他人，并在法律程序许可的范围内采取适当措施使该人成为诉讼当事人之一。

第一百五十九条　未经对民用航空器有航行控制权的人同意而使用民用航空器，对地面第三人造成损害的，有航行控制权的人除证明本人已经适当注意防止此种使用外，应当与该非法使用人承担连带责任。

第一百六十条　损害是武装冲突或者骚乱的直接后果,依照本章规定应当承担责任的人不承担责任。

依照本章规定,应当承担责任的人对民用航空器的使用权业经国家机关依法剥夺的,不承担责任。

第一百六十一条　依照本章规定,应当承担责任的人证明损害是完全由于受害人或者其受雇人、代理人的过错造成的,免除其赔偿责任;应当承担责任的人证明损害是部分由于受害人或者其受雇人、代理人的过错造成的,相应减轻其赔偿责任。但是,损害是由于受害人的受雇人、代理人的过错造成时,受害人证明其受雇人、代理人的行为超出其所授权的范围的,不免除或者不减轻应当承担责任的人的赔偿责任。

一人对另一人的死亡或者伤害提起诉讼,请求赔偿时,损害是该另一人或者其受雇人、代理人的过错造成的,适用前款规定。

第一百六十二条　两个以上的民用航空器在飞行中相撞或者相扰,造成本法第一百五十七条规定的应当赔偿的损害,或者两个以上的民用航空器共同造成此种损害的,各有关民用航空器均应当被认为已经造成此种损害,各有关民用航空器的经营人均应当承担责任。

第一百六十三条　本法第一百五十八条第四款和第一百五十九条规定的人,享有依照本章规定经营人所能援用的抗辩权。

第一百六十四条　除本章有明确规定外,经营人、所有人和本法第一百五十九条规定的应当承担责任的人,以及他们的受雇人、代理人,对于飞行中的民用航空器或者从飞行中的民用航空器上落下的人或者物造成的地面上的损害不承担责任,但是故意造成此种损害的人除外。

第一百六十五条　本章不妨碍依照本章规定应当对损害承担责任的人向他人追偿的权利。

第一百六十六条　民用航空器的经营人应当投保地面第三人责任险或者取得相应的责任担保。

第一百六十七条　保险人和担保人除享有与经营人相同的抗辩权,以及对伪造证件进行抗辩的权利外,对依照本章规定提出的赔偿请求只能进行下列抗辩:

(一) 损害发生在保险或者担保终止有效后。然而,保险或者担保在飞行中期满的,该项保险或者担保在飞行计划中所载下一次降落前继续有效,但是不得超过二十四小时;

(二) 损害发生在保险或者担保所指定的地区范围外,除非飞行超出该范围是由于不可抗力、援助他人所必需,或者驾驶、航行或者领航上的差错造成的。

前款关于保险或者担保继续有效的规定,只在对受害人有利时适用。

第一百六十八条　仅在下列情形下,受害人可以直接对保险人或者担保人提起诉讼,但是不妨碍受害人根据有关保险合同或者担保合同的法律规定提起直接诉讼的权利:

(一) 根据本法第一百六十七条第(一)项、第(二)项规定,保险或者担保继续有效的;

(二) 经营人破产的。

除本法第一百六十七条第一款规定的抗辩权,保险人或者担保人对受害人依照本章规定提起的直接诉讼不得以保险或者担保的无效或者追溯力终止为由进行抗辩。

第一百六十九条 依照本法第一百六十六条规定提供的保险或者担保,应当被专门指定优先支付本章规定的赔偿。

第一百七十条 保险人应当支付给经营人的款项,在本章规定的第三人的赔偿请求未满足前,不受经营人的债权人的扣留和处理。

第一百七十一条 地面第三人损害赔偿的诉讼时效期间为二年,自损害发生之日起计算,但是在任何情况下,时效期间不得超过自损害发生之日起三年。

第一百七十二条 本章规定不适用于下列损害:

(一)对飞行中的民用航空器,或者对该航空器上的人,或者物造成的损害;

(二)为受害人同经营人或者同发生损害时对民用航空器有使用权的人订立的合同所约束,或者为适用两方之间的劳动合同的法律有关职工赔偿的规定所约束的损害;

(三)核损害。

第十三章 对外国民用航空器的特别规定

第一百七十三条 外国人经营的外国民用航空器,在中华人民共和国境内从事民用航空活动,适用本章规定;本章没有规定的,适用本法其他有关规定。

第一百七十四条 外国民用航空器根据其国籍登记国政府与中华人民共和国政府签订的协定、协议的规定,或者经中华人民共和国国务院民用航空主管部门批准或者接受,方可飞入、飞出中华人民共和国领空和在中华人民共和国境内飞行、降落。

对不符合前款规定,擅自飞入、飞出中华人民共和国领空的外国民用航空器,中华人民共和国有关机关有权采取必要措施,令其在指定的机场降落;对虽然符合前款规定,但是有合理的根据认为需要对其进行检查的,有关机关有权令其在指定的机场降落。

第一百七十五条 外国民用航空器飞入中华人民共和国领空,其经营人应当提供有关证明书,证明其已经投保地面第三人责任险或者已经取得相应的责任担保;其经营人未提供有关证明书的,中华人民共和国国务院民用航空主管部门有权拒绝其飞入中华人民共和国领空。

第一百七十六条 外国民用航空器的经营人经其本国政府指定,并取得中华人民共和国国务院民用航空主管部门颁发的经营许可证,方可经营中华人民共和国政府与该外国政府签订的协定、协议规定的国际航班运输;外国民用航空器的经营人经其本国政府批准,并获得中华人民共和国国务院民用航空主管部门批准,方可经营中华人民共和国境内一地和境外一地之间的不定期航空运输。

前款规定的外国民用航空器经营人,应当依照中华人民共和国法律、行政法规的规定,制定相应的安全保卫方案,报中华人民共和国国务院民用航空主管部门备案。

第一百七十七条 外国民用航空器的经营人,不得经营中华人民共和国境内两点之间的航空运输。

第一百七十八条 外国民用航空器,应当按照中华人民共和国国务院民用航空主管部门批准的班期时刻或者飞行计划飞行;变更班期时刻或者飞行计划的,其经营人应当获得中华人民共和国国务院民用航空主管部门的批准;因故变更或者取消飞行的,其经营人应当及时报告中华人民共和国国务院民用航空主管部门。

第一百七十九条 外国民用航空器应当在中华人民共和国国务院民用航空主管部门

指定的设关机场起飞或者降落。

第一百八十条 中华人民共和国国务院民用航空主管部门和其他主管机关,有权在外国民用航空器降落或者飞出时查验本法第九十条规定的文件。

外国民用航空器及其所载人员、行李、货物,应当接受中华人民共和国有关主管机关依法实施的入境出境、海关、检疫等检查。

实施前两款规定的查验、检查,应当避免不必要的延误。

第一百八十一条 外国民用航空器国籍登记国发给或者核准的民用航空器适航证书、机组人员合格证书和执照,中华人民共和国政府承认其有效;但是,发给或者核准此项证书或者执照的要求,应当等于或者高于国际民用航空组织制定的最低标准。

第一百八十二条 外国民用航空器在中华人民共和国搜寻援救区内遇险,其所有人或者国籍登记国参加搜寻援救工作,应当经中华人民共和国国务院民用航空主管部门批准或者按照两国政府协议进行。

第一百八十三条 外国民用航空器在中华人民共和国境内发生事故,其国籍登记国和其他有关国家可以指派观察员参加事故调查。事故调查报告和调查结果,由中华人民共和国国务院民用航空主管部门告知该外国民用航空器的国籍登记国和其他有关国家。

第十四章 涉外关系的法律适用

第一百八十四条 中华人民共和国缔结或者参加的国际条约同本法有不同规定的,适用国际条约的规定;但是,中华人民共和国声明保留的条款除外。

中华人民共和国法律和中华人民共和国缔结或者参加的国际条约没有规定的,可以适用国际惯例。

第一百八十五条 民用航空器所有权的取得、转让和消灭,适用民用航空器国籍登记国法律。

第一百八十六条 民用航空器抵押权适用民用航空器国籍登记国法律。

第一百八十七条 民用航空器优先权适用受理案件的法院所在地法律。

第一百八十八条 民用航空运输合同当事人可以选择合同适用的法律,但是法律另有规定的除外;合同当事人没有选择的,适用与合同有最密切联系的国家的法律。

第一百八十九条 民用航空器对地面第三人的损害赔偿,适用侵权行为地法律。

民用航空器在公海上空对水面第三人的损害赔偿,适用受理案件的法院所在地法律。

第一百九十条 依照本章规定适用外国法律或者国际惯例,不得违背中华人民共和国的社会公共利益。

第十五章 法 律 责 任

第一百九十一条 以暴力、胁迫或者其他方法劫持航空器的,依照关于惩治劫持航空器犯罪分子的决定追究刑事责任。

第一百九十二条 对飞行中的民用航空器上的人员使用暴力,危及飞行安全,尚未造成严重后果的,依照刑法第一百零五条的规定追究刑事责任;造成严重后果的,依照刑法第一百零六条的规定追究刑事责任。

第一百九十三条 违反本法规定,隐匿携带炸药、雷管或者其他危险品乘坐民用航空

器，或者以非危险品品名托运危险品，尚未造成严重后果的，比照刑法第一百六十三条的规定追究刑事责任；造成严重后果的，依照刑法第一百一十条的规定追究刑事责任。

企业事业单位犯前款罪的，判处罚金，并对直接负责的主管人员和其他直接责任人员依照前款规定追究刑事责任。

隐匿携带枪支子弹、管制刀具乘坐民用航空器的，比照刑法第一百六十三条的规定追究刑事责任。

第一百九十四条 公共航空运输企业违反本法第一百零一条的规定运输危险品的，由国务院民用航空主管部门没收违法所得，可以并处违法所得一倍以下的罚款。

公共航空运输企业有前款行为，导致发生重大事故的，没收违法所得，判处罚金；并对直接负责的主管人员和其他直接责任人员依照刑法第一百一十五条的规定追究刑事责任。

第一百九十五条 故意在使用中的民用航空器上放置危险品或者唆使他人放置危险品，足以毁坏该民用航空器，危及飞行安全，尚未造成严重后果的，依照刑法第一百零七条的规定追究刑事责任；造成严重后果的，依照刑法第一百一十条的规定追究刑事责任。

第一百九十六条 故意传递虚假情报，扰乱正常飞行秩序，使公私财产遭受重大损失的，依照刑法第一百五十八条的规定追究刑事责任。

第一百九十七条 盗窃或者故意损毁、移动使用中的航行设施，危及飞行安全，足以使民用航空器发生坠落、毁坏危险，尚未造成严重后果的，依照刑法第一百零八条的规定追究刑事责任；造成严重后果的，依照刑法第一百一十条的规定追究刑事责任。

第一百九十八条 聚众扰乱民用机场秩序的，依照刑法第一百五十九条的规定追究刑事责任。

第一百九十九条 航空人员玩忽职守，或者违反规章制度，导致发生重大飞行事故，造成严重后果的，分别依照、比照刑法第一百八十七条或者第一百一十四条的规定追究刑事责任。

第二百条 违反本法规定，尚不够刑事处罚，应当给予治安管理处罚的，依照治安管理处罚条例的规定处罚。

第二百零一条 违反本法第三十七条的规定，民用航空器无适航证书而飞行，或者租用的外国民用航空器未经国务院民用航空主管部门对其原国籍登记国发给的适航证书审查认可或者另发适航证书而飞行的，由国务院民用航空主管部门责令停止飞行，没收违法所得，可以并处违法所得一倍以上五倍以下的罚款；没有违法所得的，处以十万元以上一百万元以下的罚款。

适航证书失效或者超过适航证书规定范围飞行的，依照前款规定处罚。

第二百零二条 违反本法第三十四条、第三十六条第二款的规定，将未取得型号合格证书、型号认可证书的民用航空器及其发动机、螺旋桨或者民用航空器上的设备投入生产的，由国务院民用航空主管部门责令停止生产，没收违法所得，可以并处违法所得一倍以下的罚款；没有违法所得的，处以五万元以上五十万元以下的罚款。

第二百零三条 违反本法第三十五条的规定，未取得生产许可证书、维修许可证书而从事生产、维修活动的，违反本法第九十二条、第一百四十七条第二款的规定，未取得公共航空运输经营许可证，或者通用航空经营许可证而从事公共航空运输，或者从事经营性通

用航空的,国务院民用航空主管部门可以责令停止生产、维修或者经营活动。

第二百零四条 已取得本法第三十五条规定的生产许可证书、维修许可证书的企业,因生产、维修的质量问题造成严重事故的,国务院民用航空主管部门可以吊销其生产许可证书或者维修许可证书。

第二百零五条 违反本法第四十条的规定,未取得航空人员执照、体格检查合格证书而从事相应的民用航空活动的,由国务院民用航空主管部门责令停止民用航空活动,在国务院民用航空主管部门规定的限期内不得申领有关执照和证书,对其所在单位处以二十万元以下的罚款。

第二百零六条 有下列违法情形之一的,由国务院民用航空主管部门对民用航空器的机长给予警告或者吊扣执照一个月至六个月的处罚,情节较重的,可以给予吊销执照的处罚:

(一)机长违反本法第四十五条第一款的规定,未对民用航空器实施检查而起飞的;

(二)民用航空器违反本法第七十五条的规定,未按照空中交通管制单位指定的航路和飞行高度飞行,或者违反本法第七十九条的规定飞越城市上空的。

第二百零七条 违反本法第七十四条的规定,民用航空器未经空中交通管制单位许可进行飞行活动的,由国务院民用航空主管部门责令停止飞行,对该民用航空器所有人或者承租人处以一万元以上十万元以下的罚款;对该民用航空器的机长给予警告或者吊扣执照一个月至六个月的处罚,情节较重的,可以给予吊销执照的处罚。

第二百零八条 民用航空器的机长或者机组其他人员有下列行为之一的,由国务院民用航空主管部门给予警告或者吊扣执照一个月至六个月的处罚;有第(二)项或者第(三)项所列行为的,可以给予吊销执照的处罚:

(一) 在执行飞行任务时,不按照本法第四十一条的规定携带执照和体格检查合格证书的;

(二) 民用航空器遇险时,违反本法第四十八条的规定离开民用航空器的;

(三) 违反本法第七十七条第二款的规定执行飞行任务的。

第二百零九条 违反本法第八十条的规定,民用航空器在飞行中投掷物品的,由国务院民用航空主管部门给予警告,可以对直接责任人员处以二千元以上二万元以下的罚款。

第二百一十条 违反本法第六十二条的规定,未取得机场使用许可证开放使用民用机场的,由国务院民用航空主管部门责令停止开放使用;没收违法所得,可以并处违法所得一倍以下的罚款。

第二百一十一条 公共航空运输企业、通用航空企业违反本法规定,情节较重的,除依照本法规定处罚外,国务院民用航空主管部门可以吊销其经营许可证。对被吊销经营许可证的,工商行政管理部门应吊销其营业执照。

第二百一十二条 国务院民用航空主管部门和地区民用航空管理机构的工作人员,玩忽职守、滥用职权、徇私舞弊,构成犯罪的,依法追究刑事责任;尚不构成犯罪的,依法给予行政处分。

第十六章 附 则

第二百一十三条 本法所称计算单位,是指国际货币基金组织规定的特别提款权。

其人民币数额为法院判决之日、仲裁机构裁决之日或者当事人协议之日，按照国家外汇主管机关规定的国际货币基金组织的特别提款权对人民币的换算办法计算得出的人民币数额。

第二百一十四条 本法自1996年3月1日起施行。

附录 B　国际民用航空公约

序　言

鉴于国际民用航空的未来发展对建立和保持世界各国之间和人民之间的友谊和了解大有帮助，而其滥用足以威胁普遍安全。

又鉴于有需要避免各国之间和人民之间的摩擦并促进其合作，世界和平有赖于此。

因此，下列各签署国政府议定了若干原则和办法，使国际民用航空得按照安全和有秩序的方式发展，并使国际航空运输业务得建立在机会均等的基础上，健康地和经济地经营，为此目的缔结本公约。

第一部分　空中航行

第一章　公约的一般原则和适用

第一条　主权　　缔约各国承认每一国家对其领土之上的空气空间享有完全的和排他的主权。

第二条　领土　　本公约所指一国的领土，应认为是在该国主权、宗主权、保护或委任统治下的陆地区域及与其邻接的领水。

第三条　民用航空器和国家航空器

一、本公约仅适用于民用航空器，不适用于国家航空器。

二、用于军事、海关和警察部门的航空器，应认为是国家航空器。

三、一缔约国的国家航空器，未经特别协定或其他方式的许可并遵照其中的规定，不得在另一缔约国领土上空飞行或在此领土上降落。

第四条　民用航空的滥用　　缔约各国同意不将民用航空用于和本公约的宗旨不相符的任何目的。

第二章　在缔约国领土上空飞行

第五条　不定期飞行的权利　　缔约各国同意其他缔约国的一切不从事定期国际航班飞行的航空器，在遵守本公约规定的条件下，不需要事先获准，有权飞入或飞经其领土而不降停，或做非商业性降停，但飞经国有权令其降落。为了飞行安全，当航空器所欲飞经的地区不得进入或缺乏适当航行设施时，缔约各国保留令其遵循规定航路或获得特准后方许飞行的权利。此项航空器如为取酬或出租而载运乘客、货物、邮件但非从事定期国际航班飞行，在遵守第七条规定的情况下，亦有上下乘客、货物或邮件的特权，但上下的地点所在国家有权规定其认为需要的规章、条件或限制。

第六条　定期航班　　除非经一缔约国特准或其他许可并遵照此项特准或许可的条件，任何定期国际航班不得在该国领土上空飞行或进入该国领土。

第七条　国内运营权　　缔约各国有权拒绝准许其他缔约国的航空器为取酬或出租

在其领土内载运乘客、邮件和货物前往其领土内另一地点。缔约各国承允不缔结任何协议在排他的基础上特准任何其他国家的空运企业享有任何此项特权,也不向任何其他国家取得任何此项排他的特权。

第八条 无人驾驶航空器　　任何无人驾驶而能飞行的航空器,未经一缔约国特许并遵照此项特许的条件,不得无人驾驶而在该国领土上空飞行。缔约各国承允对此项无人驾驶的航空器在向民用航空器开放的地区内的飞行加以管制,以免危及民用航空器。

第九条 禁区

一、缔约各国由于军事需要或公共安全的理由,可以一律限制或禁止其他国家的航空器在其领土内的某些地区上空飞行,但对该领土所属国从事定期国际航班飞行的航空器和其他缔约国从事同样飞行的航空器,在这一点上不得有所区别。此种禁区的范围和位置应当合理,以免空中航行受到不必要的阻碍。一缔约国领土内此种禁区的说明及其随后的任何变更,应尽速通知其他各缔约国及国际民用航空组织。

二、在非常情况下,或在紧急时期内,或为了公共安全,缔约各国也保留暂时限制或禁止航空器在其全部或部分领土上空飞行的权利并立即生效,但此种限制或禁止应不分国籍适用于所有其他国家的航空器。

三、缔约各国可以依照其制定的规章,令进入上述第一款或第二款所指地区的任何航空器尽速在其领土内一指定的机场降落。

第十条 在设关机场降落　　除按照本公约的条款或经特许,航空器可以飞经一缔约国领土而不降停外,每一航空器进入一缔约领土,如该国规章有规定时,应在该国指定的机场降停,以便进行海关和其他检查。当离开一缔约国领土时,此种航空器应从同样指定的设关机场离去。所有指定的设关机场的详细情形,应由该国公布,并送交根据本公约第二部分设立的国际民用航空组织,以便通知所有其他缔约国。

第十一条 空中规章的适用　　在遵守本公约各规定的条件下,一缔约国关于从事国际航行的航空器进入或离开其领土或关于此种航空器在其领土内操作或航行的法律和规章,应不分国籍,适用于所有缔约国的航空器,此种航空器在进入或离开该国领土或在其领土内时,都应该遵守此项法律和规章。

第十二条 空中规则　　缔约各国承允采取措施以保证在其领土上空飞行或在其领土内运转的每一航空器及每一具有其国籍标志的航空器,不论在何地,都应遵守当地关于航空器飞行和运转的现行规则和规章。缔约各国承允使这方面的本国规章,在最大可能范围内,与根据本公约随时制定的规章相一致。在公海上空,有效的规则应为根据本公约制定的规则。缔约各国承允对违反适用规章的一切人员起诉。

第十三条 入境及放行规章　　一缔约国关于航空器的乘客、机组或货物进入或离开其领土的法律和规章,如关于入境、放行、移民、护照、海关及检疫的规章,应由此种乘客、机组或货物在进入、离开或在该国领土内时遵照执行或由其代表遵照执行。

第十四条 防止疾病传播　　缔约各国同意采取有效措施防止经由空中航行传播霍乱、班疹伤寒(流行性)、天花、黄热病、鼠疫以及缔约各国随时确定的其他传染病。为此,缔约各国将与负责关于航空器卫生措施的国际规章的机构保持密切的磋商。此种磋商应不妨碍缔约各国所参加的有关此事的任何现行国际公约的适用。

第十五条 机场费用和类似费用　　一缔约国对其本国航空器开放的公用机场,在

遵守第六十八条规定的情况下,应按统一条件对所有其他缔约国的航空器开放。为航行安全和便利而提供公用的一切航行设施,包括无线电和气象服务,由缔约各国的航空器使用时,应适用同样的统一条件。一缔约国对任何其他缔约国的航空器使用此种机场及航行设施可以征收或准许征收的任何费用:

一、对不从事定期国际航班飞行的航空器,应不高于从事同样飞行的本国同级航空器所缴纳的费用;

二、对从事定期国际航班飞行的航空器,应不高于从事同样国际航班飞行的本国航空器所缴纳的费用。

所有此类费用应予公布,并通知国际民用航空组织,但如一有关缔约国提出意见,此项使用机场及其他设施的收费率应由理事会审查。理事会应就此提出报告和建议,供有关的一国或几国考虑。任何缔约国对另一缔约国的任何航空器或航空器上所载人员或财物不得仅因给予通过或进入或离去其领土的权利而征收任何规费、捐税或其他费用。

第十六条 对航空器的检查 缔约各国有关当局有权对其他缔约国的航空器在降停或飞离时进行检查,并查验本公约规定的证件和其他文件,但应避免不合理的延误。

第三章 航空器的国籍

第十七条 航空器的国籍 航空器具有其登记的国家的国籍。

第十八条 双重登记 航空器在一个以上国家登记不得认为有效,但其登记可以由一国转移至另一国。

第十九条 管理登记的国家法律航空器在任何缔约国登记或转移登记,应按该国的法律和规章办理。

第二十条 标志的展示 从事国际航行的每一航空器应载有适当的国籍标志和登记标志。

第二十一条 登记的报告 缔约各国承允,如经要求,应将关于在该国登记的某一个航空器的登记及所有权情况提供给任何另一缔约国或国际民用航空组织。此外,缔约各国应按照国际民用航空组织制定的规章,向该组织报告有关在该国登记的经常从事国际航行的航空器所有权和控制权的可提供的有关资料。如经要求,国际民用航空组织应将所得到的资料提供给其他缔约国。

第四章 便利空中航行的措施

第二十二条 简化手续 缔约各国同意采取一切可行的措施,通过发布特别规章或其他方法,以便利和加速航空器在缔约各国领土间的航行,特别是在执行关于移民、检疫、海关、放行等法律时,防止对航空器、机组、乘客和货物造成不必要的延误。

第二十三条 海关和移民程序 缔约各国承允在其认为可行的情况下,按照依本公约随时制定或建议的措施,制定有关国际航行的海关和移民程序。本公约的任何规定不得被解释为妨碍设置豁免关税的机场。

第二十四条 关税

一、航空器飞抵、飞离或飞越另一缔约国领土时,在遵守该国海关规章的条件下,应准予暂时免纳关税。一缔约国的航空器在到达另一缔约国领土时所载的燃料、润滑油、零

备件、正常设备及机上供应品,在航空器离开该国领土时,如仍留置航空器上,应免纳关税、检验费或类似的国家或地方税款和费用。此种豁免不适用于卸下的任何数量或物品,但按照该国海关规章允许的不在此例。此种规章可以要求上述物品应受海关监督。

二、运入一缔约国领土的零备件和设备,供装配另一缔约国的从事国际航行的航空器或在该航空器上使用,应准予免纳关税,但须遵守有关国家的规章,此种规章可以规定上述物品应受海关的监督和管制。

第二十五条 航空器遇险 缔约各国承允对在其领土内遇险的航空器,在其认为可行的情况下,采取援助措施,并在本国当局管制下准许该航空器所有人或该航空器登记国的当局采取情况所需的援助措施。缔约各国搜寻失踪的航空器时,应在按照本公约随时建议的各种协同措施方面进行合作。

第二十六条 事故调查 一缔约国的航空器如在另一缔约国的领土内发生事故,致有死亡或严重伤害或表明航空器或航行设施有重大技术缺陷时,事故所在地国家应在该国法律许可的范围内,依照国际民用航空组织建议的程序,着手调查事故情形。航空器登记国应有机会指派观察员在调查时到场,而主持调查的国家,应将关于此事的报告及调查结果通知航空登记国。

第二十七条 不因专利权的主张而扣押航空器

一、一缔约国从事国际航行的航空器,被准许进入或通过另一缔约国领土时,不论降停与否,另一缔约国不得以该国名义或以该国任何人的名义,基于航空器的构造、机构、零件、附件或操作有侵犯航空器进入国依法发给或登记的任何专利权、设计或模型的情形,而扣押或扣留该航空器,或对该航空器的所有人或经营人提出任何权利主张,或进行任何其他干涉。缔约各国并同意在任何情况下,航空器所进入的国家对航空器免予扣押或扣留时,均不要求缴付保证金。

二、本条第一款的规定也适用于一缔约国在另一缔约国领土内航空器备用零件和备用设备的存储,以及使用并装置此项零件和设备以修理航空器的权利,但此项存储的任何专利零件或设备,不得在航空器进入国国内出售或转让,也不得作为商品输出该国。

三、本条的利益只适用于本公约的参加国并且是:(一)国际保护工业产权公约及其任何修正案的参加国;或(二)已经颁布专利法,对本公约其他参加国国民的发明予以承认并给予适当保护的国家。

第二十八条 航行设施和标准制度 缔约各国承允在它认为可行的情况下:

一、根据依本公约随时建议或制定的标准和措施,在其领土内提供机场、无线电服务、气象服务及其他航行设施,以便利国际空中航行。

二、采取和实施根据本公约随时建议或制定的有关通信程序、简码、标志、信号、灯光及其他操作规程和规则的适当的标准制度。

三、在国际措施方面进行合作,以便航空地图和图表能按照本公约随时建议或制定的标准出版。

第五章 航空器应具备的条件

第二十九条 航空器应备文件 缔约国的每一航空器在从事国际航行时,应按照本公约规定的条件携带下列文件:

一、航空器登记证；

二、航空器适航证；

三、每一机组成员的适当的执照；

四、航空器航行记录簿；

五、航空器无线电台许可证，如该航空器装有无线电设备；

六、列有乘客姓名及其登机地与目的地的清单，如该航空器载有乘客；

七、货物舱单及详细的申报单，如该航空器载有货物。

第三十条 航空器无线电设备

一、各缔约国航空器在其他缔约国领土内或在其领土上空时，只有在具备该航空器登记国主管当局发给的设置及使用无线电发射设备的许可证时，才可以携带此项设备。在该航空器飞经的缔约国领土内使用无线电发射设备时，应遵守该国制定的规章。

二、无线电发射设备只准许飞行组成员中持有航空器登记国主管当局为此发给的专门执照的人员使用。

第三十一条 适航证　凡从事国际航行的每一航空器，应备有该航空器登记国发给或核准的适航证。

第三十二条 人员执照

一、从事国际航行的每一航空器驾驶员及飞行机组其他成员，应备有该航空器登记国发给或核准的合格证书和执照。

二、就在本国领土上空飞行而言，缔约各国对其任何国民持有的、由另一缔约国发给的合格证书和执照保留拒绝承认的权利。

第三十三条 证书及执照的承认　登记航空器的缔约国发给或核准的适航证和合格证书及执照，其他缔约国应承认其有效。但发给或核准此项证书或执照的要求，须等于或高于根据本公约随时制定的最低标准。

第三十四条 航行记录簿　从事国际航行的每一航空器，应保持一份航行记录簿，以根据本公约随时规定的格式记载航空器、机组及每次航行的详情。

第三十五条 货物限制

一、从事国际航行的航空器，非经一国许可，在该国领土内或在该国领土上空时不得载运军火或作战物资，至于本条所指军火或作战物资的含意，各国应以规章自行确定，但为求得统一起见，应适当考虑国际民用航空组织随时所做的建议。

二、缔约各国为了公共秩序和安全，除第一款所列物品外，保留管制或禁止在其领土内或领土上空载运其他物品的权利。但在这方面，对从事国际航行的本国航空器和从事同样航行的其他国家的航空器，不得有所区别，也不得对在航空器上为航空器操作或航行所必要的或为机组成员或乘客的安全而必须携带和使用的器械加任何限制。

第三十六条 照相机　缔约各国可以禁止或管制在其领土上空的航空器内使用照相机。

第六章 国际标准及其建议措施

第三十七条 国际标准及程序的采用　缔约各国承允在关于航空器、人员、航路及各种辅助服务的规章、标准、程序及工作组织方面进行合作，凡采用统一办法而能便利、改

进空中航行的事项,应尽力求得可行的最高程度的一致。为此,国际民用航空组织应根据需要就以下项目随时制定并修改国际标准及建议措施和程序:

一、通信系统和助航设备,包括地面标志;

二、机场和降落地区的特征;

三、空中规则和空中交通管制办法;

四、飞行和机务人员证件的颁发;

五、航空器的适航性;

六、航空器的登记和识别;

七、气象资料的收集和交换;

八、航行记录簿;

九、航空地图及图表;

十、海关和移民手续;

十一、航空器遇险和事故调查,以及随时认为适当的有关空中航行安全、正常性及效率的其他事项。

第三十八条　背离国际标准和程序　　任何国家如认为对任何上述国际标准和程序不能在一切方面遵行,或在任何国际标准和程序修改后,不能使其本国的规章和措施完全符合此项国际标准和程序,或该国认为有必要采用在某方面不同于国际标准所规定的规章和措施时,应立即将其本国的措施和国际标准所规定的措施之间的差别通知国际民用航空组织。任何国家如在国际标准修改以后,对其本国规章或措施不做相应修改,应于国际标准修正案通过后六十天内通知理事会,或表明它拟采取的行动。在上述情况下,理事会应立即将国际标准和该国措施间在一项或几项上存在差别通知所有其他各国。

第三十九条　证书及执照签注

一、任何航空器和航空器的部件,如有适航或性能方面的国际标准,而在发给证书时与此种标准在某个方面有所不符,应在其适航证上签注或加一附件,列举其不符各点的详情。

二、任何持有执照的人员如不完全符合所持执照或证书等级的国际标准所规定的条件,应在其执照上签注或加一附件,列举其不符此项条件的详情。

第四十条　签注证书和执照的效力　　备有此种经签注的证书或执照的航空器或人员,除非经航空器所进入的领土所属国准许,不得参加国际航行。任何此项航空器或任何此项有证书的航空器部件,如在其原发证国以外的其他国家登记或使用,应由此项航空器或航空器部件所输入的国家自行决定能否予以登记或使用。

第四十一条　现行适航标准的承认　　对于航空器或航空器设备,如其原型是在其国际适航标准采用之日起三年以内送交国家有关机关申请发给证书的,不适用本章的规定。

第四十二条　合格人员现行标准的承认　　对于人员,如其执照最初是在此项人员资格的国际标准通过之日起一年以内发给的,不适用本章的规定;但对于从此项国际标准通过之日起,其执照继续有效五年的人员,本章的规定都应适用。

第二部分　国际民用航空组织

第七章　组　织

第四十三条　名称和组成　　根据本公约成立一个定名为“国际民用航空组织”的组织。该组织由大会、理事会和其他必要的各国机构组成。

第四十四条　目的　　国际民用航空组织的宗旨和目的在于发展国际航行的原则和技术，并促进国际航空运输的规划和发展，以：

一、确保全世界国际民用航空安全地和有秩序地发展；

二、鼓励为和平用途的航空器的设计和操作艺术；

三、鼓励发展国际民用航空应用的航路、机场和航行设施；

四、满足世界人民对安全、正常、有效和经济的航空运输的需要；

五、防止因不合理的竞争而造成经济上的浪费；

六、确保缔约各国的权利充分受到尊重，每一缔约国均有经营国际空运企业的公平的机会；

七、避免缔约各国之间的差别待遇；

八、促进国际航行的飞行安全；

九、普遍促进国际民用航空在各方面的发展。

第四十五条　永久地址　　本组织的永久地址应由 1944 年 12 月 7 日在芝加哥签订的国际民用航空临时协定所设立的临时国际民用航空组织临时大会最后一次会议确定。本组织的地址经理事会决议可以暂迁他处。

第四十六条　大会第一届会议　　大会第一届会议应由上述临时组织的临时理事会在本公约生效后立即召集。会议的时间和地点由临时理事会决定。

第四十七条　法律能力　　本组织在缔约各国领土内应享有为履行其职能所必需的法律能力。凡与有关国家的宪法和法律不相抵触时，都应承认其完全的法人资格。

第八章　大　会

第四十八条　大会会议和表决

一、大会由理事会在适当的时间和地点每年召开一次。经理事会召集或经任何十个缔约国向秘书长提出要求，可以随时举行大会特别会议。

二、所有缔约国在大会会议上都有同等的代表权，每一缔约国应有一票的表决权，缔约各国代表可由技术顾问协助，顾问可以参加会议，但无表决权。

三、大会会议必须有过半数的缔约国构成法定人数。除本公约另有规定外，大会决议应由所投票数的过半数票通过。

第四十九条　大会的权力和职责　　大会的权力和职责为：

一、在每次会议上选举大会主席和其他职员；

二、按照第九章的规定，选举参加理事会的缔约国；

三、审查理事会各项报告，对报告采取适当行动，并就理事会向大会提出的任何事项做出决定；

四、决定大会本身的议事规则,并设置其认为必要的或适宜的各种附属委员会;

五、按照第十二章的规定,表决本组织的年度预算,并表决本组织的财务安排;

六、审查本组织的支出费用,并批准本组织的账目;

七、根据自己的决定,将其职权范围内的任何事项交给理事会、附属委员会或任何其他机构处理;

八、赋予理事会为行使本组织职责所必需的或适宜的权力和职权,并随时撤销或变更所赋予的职权;

九、执行第十三章的各项有关规定;

十、审议有关变更或修正本公约条款的提案。如大会通过此项提案,则按照第二十一章的规定,将此项提案向各缔约国建议;

十一、处理在本组织职权范围内未经明确指定归理事会处理的任何事项。

第九章 理 事 会

第五十条 理事会的组成和选举

一、理事会是向大会负责的常设机构,由大会选出的二十一个缔约国组成。大会第一次会议应进行此项选举,此后每三年选举一次;当选的理事任职至下届选举时为止。

二、大会选举理事时,应给予下列国家以适当代表:

(一) 在航空运输方面占主要地位的各国;

(二) 未包括在其他项下的对提供国际民用航空航行设施做出最大贡献的各国;及

(三) 未包括在其他项下的其当选可保证世界各主要地理区域的理事会中均有代表的各国。理事会中一有出缺,应由大会尽速补充;如此当选理事的缔约国,其任期应为其前任所未届满的任期。

三、缔约国担任理事的代表不得同时参与国际航空的经营或与此项航班有财务上的利害关系。

第五十一条 理事会主席 理事会应选举主席一人,任期三年,连选可以连任。理事会主席无表决权。理事会应从其理事中选举副主席一人或数人。副主席代理主席时,仍保留其表决权。主席不一定由理事会成员国代表中选出,但如有一名代表当选,即认为其理事席位出缺,应由其代表的国家另派代表。主席的职责如下:

一、召集理事会、航空运输委员会及航行委员会的会议;

二、充任理事会的代表;

三、以理事会的名义执行理事会委派给他的任务。

第五十二条 理事会的表决 理事会的决议需经过半数理事同意。理事会对任一特定事项可以授权由其理事组成的一委员会处理。对理事会任何委员会的决议,有关缔约国可以向理事会申诉。

第五十三条 无表决权参加会议 任何缔约国在理事会及其委员会和专门委员会审议特别影响该国利益的任何问题时,可以参加会议,但无表决权。理事会成员国在理事会审议一项争端时,如其本身为争端的一方,则不得参加表决。

第五十四条 理事会必须履行的职能 理事会应:

一、向大会提出年度报告;

二、执行大会的指示和履行本公约为其规定的职责和义务；

三、决定其组织和议事规则；

四、在理事会各成员国代表中选择任命一对理事会负责的航空运输委员会，并规定其职责；

五、按照第十章的规定设立一航行委员会；

六、按照第十二章和第十五章的规定管理本组织的财务；

七、决定理事会主席的酬金；

八、按照第十一章的规定，任命一主要行政官员，称为秘书长，并规定对其他必要工作人员的任用办法；

九、征求、搜集、审查并出版关于空中航行的发展和国际航班经营的资料，包括经营的成本，及以公共资金给予空运企业补贴等详细情形的资料；

十、向缔约各国报告关于违反本公约及不执行理事会建议或决定的任何情况；

十一、向大会报告关于一缔约国违反本公约而经通知后在一合理的期限内仍未采取适当行动的任何情况；

十二、按照本公约第六章的规定，通过国际标准及建议措施，并为便利起见，将此种标准和措施称为本公约的附件，并将已采取的行动通知所有缔约国；

十三、审议航行委员会有关修改附件的建议，并按照第二十章的规定采取行动；

十四、审议任何缔约国向理事会提出的关于本公约的任何事项。

第五十五条　理事会可以行使的职能　　理事会可以：

一、在适当的情况下并根据经验认为需要的时候，在地区或其他基础上设立附属的航空运输委员会，并划分国家或空运企业的组别，以便理事会与其一起或通过其促进实现本公约的宗旨；

二、委托航行委员会行使本公约规定以外的职责，并随时撤销或变更此种职责；

三、对具有国际意义的航空运输和空中航行的一切方面进行研究，将研究结果通知各缔约国，并促进缔约国之间交换有关航空运输和空中航行的资料；

四、研究有关国际航空运输的组织和经营的任何问题，包括干线上国际航班的国际所有和国际经营的问题，并将有关计划提交大会；

五、根据任何一个缔约国的要求，调查对国际空中航行的发展可能出现本可避免的障碍的任何情况，并在调查后发布其认为适宜的报告。

第十章　航行委员会

第五十六条　委员会的提名和任命　　航行委员会由理事会在缔约国提名的人员中任命委员十二人组成。此等人员对航空的科学知识和实践应具有合适的资格和经验。理事会应要求所有缔约国提名。航行委员会的主席由理事会任命。

第五十七条　委员会的职责　　航行委员会应：

一、对本公约附件的修改进行审议并建议理事会予以通过；

二、成立技术小组委员会，任何缔约国如愿意参加，都可指派代表；

三、在向各缔约国收集和传递其认为对改进空中航行有必要和有用的一切资料方面，向理事会提供意见。

第十一章 人 事

第五十八条 人员的任命 在符合大会制定的一切规则和本公约条款的情况下，理事会确定秘书长及本组织其他人员的任命及任用终止的办法、训练、薪金、津贴及服务条件，并可雇用任一缔约国国民或使用其服务。

第五十九条 人员的国际性 理事会主席、秘书长以及其他人员对于执行自己的职务，不得征求或接受本组织以外任何当局的指示。缔约各国承允充分尊重此等人员职务的国际性，并不谋求对其任一国民在执行此项职务时施加影响。

第六十条 人员的豁免和特权 缔约各国承允在其宪法程序允许的范围内，对本组织理事会主席、秘书长和其他人员，给以其他国际公共组织相当人员所享受的豁免和特权。如对国际公务人员的豁免和特权达成普遍性国际协定时，则给予本组织理事会主席、秘书长及其他人员的豁免和特权，应为该项普遍性国际协定所给予的豁免和特权。

第十二章 财 政

第六十一条 预算和开支分摊 理事会应将年度预算、年度决算和全部收支的概算提交大会。大会应对预算连同其认为应做的修改进行表决，并除按第十五章规定向各国分摊其同意缴纳的款项外，应将本组织的开支按照随时确定的办法在各缔约国间分摊。

第六十二条 中止表决权 任何缔约国如在合理期限内不向本组织履行其财务上的义务时，大会可以中止其在大会和理事会的表决权。

第六十三条 代表团及其他代表的费用 缔约各国应负担其出席大会的本国代表团的开支，以及由其任命在理事会工作的任何人员及其出席本组织附属的任何委员会或专门委员会指派人员或代表的报酬、旅费及其他费用。

第十三章 其他国际协议

第六十四条 有关安全的协议 本组织对于在其权限范围之内直接影响世界安全的航空事宜，经由大会表决后，可以与世界各国为保持和平而成立的任何普遍性组织缔结适当的协议。

第六十五条 与其他国际机构订立协议 理事会可以代表本组织同其他国际机构缔结关于合用服务和有关人事的共同安排的协议，并经大会批准后，可以缔结其他为便利本组织工作的协议。

第六十六条 关于其他协定的职能

一、本组织应根据 1944 年 12 月 7 日在芝加哥订立的国际航班过境协定和国际航空运输协定所规定的条款和条件，履行该两项协定为本组织规定的职能。

二、凡大会和理事会成员国未接受 1944 年 12 月 7 日在芝加哥订立的国际航班过境协定或国际航空运输协定的，对根据此项有关协定的条款而提交大会或理事会的任何问题没有表决权。

第三部分 国际航空运输

第十四章 资料和报告

第六十七条 向理事会送交报告 缔约各国承允，各该国的国际空运企业按照理事会规定的要求，向理事会送交运输报告、成本统计，以及包括说明一切收入及其来源的财务报告。

第十五章 机场及其他航行设施

第六十八条 航路和机场的指定 缔约各国在不违反本公约的规定下，可以指定任何国际航班在其领土内应遵循的航路和可以使用的机场。

第六十九条 航行设施的改进 理事会如认为某一缔约国的机场或其他航行设施，包括无线电及气象服务，对现有的或筹划中的国际航班的安全、正常、有效和经济的经营尚不够完善时，应与直接有关的国家和影响所及的其他国家磋商，以寻求补救办法，并可对此提出建议。缔约国如不履行此项建议时，不应作违反本公约论。

第七十条 提供航行设施费用 一缔约国在第六十九条规定所引起的情况下，可以与理事会达成协议，以实施该项建议。该国可以自愿担负任何此项协议所必需的一切费用。该国如不愿担负时，理事会可应该国的请求，同意提供全部或一部分费用。

第七十一条 理事会对设施的提供和维护 如一缔约国请求，理事会可以同意全部或部分地提供、维护和管理在该国领土内为其他缔约国国际航班安全、正常、有效和经济的经营所需要的机场及其他航行设施，包括无线电和气象服务，并提供所需的人员。理事会可以规定使用此项设施的公平和合理的费用。

第七十二条 土地的取得或使用 经缔约国请求由理事会全部或部分提供费用的设施，如需用土地时，该国应自行供给如愿意时可保留此项土地的所有权，或根据该国法律，按照公平合理的条件，对理事会使用此项土地给予便利。

第七十三条 开支和经费的分摊 理事会在大会根据第十二章拨给理事会使用的经费范围内，可以从本组织的总经费中为本章的目的支付经常费用。为本章的目的所需的资金，由理事会按预先同意的比例在一合理期间内，向使用此项设施的空运企业所属的并同意承担的缔约国分摊。理事会也可以向同意承担的国家分摊任何必需的周转金。

第七十四条 技术援助和收入的利用 理事会经一缔约国的要求为其垫款，或全部或部分地提供机场或其他设施时，经该国同意，可以在协议中规定在机场及其设施的管理和经营方面予以技术援助；并规定从经营机场及其他设施的收入中，支付机场及其他设施的业务开支、利息及分期偿还费用。

第七十五条 从理事会接收设备 缔约国可以随时解除其按照第七十条所担负的任何义务，偿付理事会按情况认为合理的款额，以接收理事会根据第七十一条和第七十二条规定在其领土内设置的机场和其他设施。如该国认为理事会所定的数额不合理时，可以对理事会的决定向大会申诉，大会可以确认或修改理事会的决定。

第七十六条 款项的退还 理事会根据第七十五条收回的款项及根据第七十四条所得的利息和分期偿还款项，如原款是按照第七十三条由各国垫付，应由理事会决定按照各该国原垫款的比例退还各该国。

第十六章 联营组织和合营航班

第七十七条 允许联合经营组织 本公约不妨碍两个或两个以上缔约国组成航空运输的联营组织或国际性的经营机构,以及在任何航线或地区合营航班。但此项组织或机构的合营航班,应遵守本公约的一切规定,包括关于将协定向理事会登记的规定。理事会应决定本公约关于航空器国籍的规定以何种方式适合于国际经营机构所用的航空器。

第七十八条 理事会的职能 理事会可以建议各有关缔约国在任何航线或任何地区建立联合组织经营航班。

第七十九条 参加经营组织 一国可以通过其政府或由其政府指定的一家或几家空运企业,参加联营组织或合营安排。此种企业可以是国有、部分国有或私有,完全由有关国家自行决定。

第四部分 最后条款

第十七章 其他航空协定和协议

第八十条 巴黎公约和哈瓦那公约 缔约各国承允,如该国是 1919 年 10 月 13 日在巴黎签订的空中航行管理公约或 1928 年 2 月 20 日在哈瓦那签订的商业航空公约的缔约国,则在本公约生效时,立即声明退出上述公约。在各缔约国间,本公约即代替上述巴黎公约和哈瓦那公约。

第八十一条 现行协定的登记 本公约生效时,一缔约国和任何其他国家间,或一缔约国空运企业和任何其他国家或其他国家空运企业间的一切现行航空协定,应立即向理事会登记。

第八十二条 废除与本公约抵触的协议 缔约各国承认本公约废除了彼此间所有与本公约条款相抵触的义务和谅解,并承允不再承担任何此类义务和达成任何此类谅解。一缔约国如在成为本组织的成员国以前,曾对某一非缔约国或某一缔约国的国民或非缔约国的国民,承担了与本公约的条款相抵触的任何义务,应立即采取步骤,解除其义务。任何缔约国的空运企业如已经承担了任何此类与本公约相抵触的义务,该空运企业所属国应以最大努力立即终止该项义务。无论如何,应在本公约生效后可以合法地采取这种行动时终止此种义务。

第八十三条 新协议的登记 任何缔约国在不违反前条的规定下,可以订立与本公约各规定不相抵触的协议。任何此种协议,应立即向理事会登记,理事会应尽速予以公布。

第十八章 争端和违约

第八十四条 争端的解决 如两个或两个以上缔约国对本公约及其附件的解释或适用发生争议,而不能协商解决时,经任何与争议有关的一国申请,应由理事会裁决。理事会成员国如为争端的一方,在理事会审议时,不得参加表决。任何缔约国可以按照第八十五条,对理事会的裁决向争端他方同意的特设仲裁庭或向常设国际法院上诉。任何此

项上诉应在接获理事会裁决通知后六十天内通知理事会。

第八十五条 仲裁程序 对理事会的裁决上诉时,如争端任何一方的缔约国未接受常设国际法院的规约,而争端各方的缔约国又不能在仲裁庭的选择方面达成协议,争端各方缔约国应各指定一仲裁员,再由仲裁员指定一仲裁长。如争端任何一方的缔约国从上诉之日起三个月内未能指定一仲裁员,理事会主席应代替该国从理事会所保存的合格的并可供使用的人员名单中指定一仲裁员。如各种裁员在三十天内对仲裁长不能达成协议,理事会主席应从上述名单中指定一仲裁长。各种裁员和该仲裁长应立即联合组成一仲裁庭。根据本条或前条组成的任何仲裁庭应决定其自己的议事程序,并以多数票做出裁决。但理事会如认为有任何过分延迟的情形,可以对程序问题做出决定。

第八十六条 上诉 除非理事会另有决定,理事会对一国际空运企业的经营是否符合本公约规定的任何裁决,未经上诉撤销,应仍保持有效。关于任何其他事件。理事会的裁决一经上诉,在上诉裁决以前应暂停有效。常设国际法院和仲裁庭的裁决,应为最终的裁决并具有约束力。

第八十七条 对空运企业不遵守规定的处罚 缔约各国承允,如理事会认为一缔约国的空运企业未遵守根据前条所做的最终裁决时,即不准该空运企业在其领土之上的空气空间飞行。

第八十八条 对缔约国不遵守规定的处罚 大会对违反本章规定的任何缔约国,应暂停其在大会和理事会的表决权。

第十九章 战 争

第八十九条 战争和紧急状态 如遇战争,本公约的规定不妨碍受战争影响的任一缔约国的行动自由,无论其为交战国或中立国。如遇任何缔约国宣布其处于紧急状态,并将此事通知理事会,上述原则同样适用。

第二十章 附 件

第九十条 附件的通过和修正

一、第五十四条第十二款所述的附件,应经为此目的而召开的理事会会议三分之二的票数通过,然后由理事会将此种附件分送缔约各国。任何此种附件或任何附件的修正案,应在送交缔约各国后三个月内,或在理事会所规定的较长时期终了时生效,除非在此期间有半数以上缔约国向理事会表示反对。

二、理事会应将任何附件或其修正案的生效,立即通知所有缔约国。

第二十一章 批准、加入、修正和退出

第九十一条 公约的批准

一、本公约应由各签署国批准。批准书应交存美利坚合众国政府档案处,该国政府应将交存日期通知各签署国和加入国。

二、本公约一经二十六个国家批准或加入后,在第二十六件批准书交存以后第三十天起即在各该国间生效。以后每一国家批准本公约,在其批准书交存后第三十天起对该国生效。

三、美利坚合众国政府应负责将本公约的生效日期通知各签署国和加入国。

第九十二条 公约的加入

一、本公约应对联合国成员国、与联合国有联系的国家以及在此次世界战争中保持中立的国家开放加入。

二、加入本公约应以通知书送交美利坚合众国政府，并从美利坚合众国政府收到通知书后第三十天起生效，美利坚合众国政府并应通知缔约各国。

第九十三条 准许其他国家参加 除第九十一条和第九十二条第一款规定以外的国家，在世界各国为保持和平所设立的任何普遍性国际组织的许可下，经大会五分之四的票数通过并在大会可能规定的各种条件下，准许参加本公约；但在每一情况下，应以取得在此次战争中受该请求加入的国家入侵或攻击过的国家的同意为必要条件。

第九十四条 公约的修正

一、对本公约所建议的任何修正案，必须经大会三分之二票数通过，并在大会规定数目的缔约国批准后，对已经批准的国家开始生效。规定的国家数目应不少于缔约国总数的三分之二。

二、如大会认为，由于修正案的性质而有必要时，可以在其建议通过该修正案的决议中规定，任何国家在该修正案生效后规定的时期内未予批准，即丧失其为本组织成员国及公约参加国的资格。

第九十五条 退出公约

一、任何缔约国在公约生效后三年，可以用通知书通知美利坚合众国政府退出本公约，美利坚合众国政府应立即通知各缔约国。

二、退出公约从收到通知书之日起一年后生效，并仅对宣告退出的国家生效。

第二十二章 定 义

第九十六条 就本公约而言：

一、“航班”指以航空器从事乘客、邮件或货物的公共运输的任何定期航班。

二、“国际航班”指经过一个以上国家领土之上的空气间的航班。

三、“空运企业”指提供或经营国际航班的任何航空运输企业。

四、“非商业性降停”指任何目的不在于上下乘客、货物或邮件的降停。

公约的签署 下列全权代表经正式授权，各代表其本国政府在本公约上签署，以资证明，签署日期列于署名的一侧。本公约以英文于 1944 年 12 月 7 日签订于芝加哥。以英文、法文、西班牙文三种文字写成一份，各种文字具有同等效力的文本，应在华盛顿（哥伦比亚特区）开放签字。两个文本都存放于美利坚合众国政府档案处，由该政府将经过认证的副本分送在本公约上签字的或加入本公约的各国政府。

附录 C 中华人民共和国民用航空安全保卫条例

第一章 总 则

第一条 为了防止对民用航空活动的非法干扰,维护民用航空秩序,保障民用航空安全,制定本条例。

第二条 本条例适用于在中华人民共和国领域内的一切民用航空活动以及与民用航空活动有关的单位和个人。

在中华人民共和国领域外从事民用航空活动的具有中华人民共和国国籍的民用航空器适用本条例;但是,中华人民共和国缔结或者参加的国际条约另有规定的除外。

第三条 民用航空安全保卫工作实行统一管理、分工负责的原则。

民用航空公安机关(以下简称民航公安机关)负责对民用航空安全保卫工作实施统一管理、检查和监督。

第四条 有关地方人民政府与民用航空单位应当密切配合,共同维护民用航空安全。

第五条 旅客、货物托运人和收货人以及其他进入机场的人员,应当遵守民用航空安全管理的法律、法规和规章。

第六条 民用机场经营人和民用航空器经营人应当履行下列职责:

(一) 制定本单位民用航空安全保卫方案,并报国务院民用航空主管部门备案;

(二) 严格实行有关民用航空安全保卫的措施;

(三) 定期进行民用航空安全保卫训练,及时消除危及民用航空安全的隐患。

与中华人民共和国通航的外国民用航空企业,应当向国务院民用航空主管部门报送民用航空安全保卫方案。

第七条 公民有权向民航公安机关举报预谋劫持、破坏民用航空器或者其他危害民用航空安全的行为。

第八条 对维护民用航空安全做出突出贡献的单位或者个人,由有关人民政府或者国务院民用航空主管部门给予奖励。

第二章 民用机场的安全保卫

第九条 民用机场(包括军民合用机场中的民用部分,下同)的新建、改建或者扩建,应当符合国务院民用航空主管部门关于民用机场安全保卫设施建设的规定。

第十条 民用机场开放使用,应当具备下列安全保卫条件:

(一) 设有机场控制区并配备专职警卫人员;

(二) 设有符合标准的防护围栏和巡逻通道;

(三) 设有安全保卫机构并配备相应的人员和装备;

(四) 设有安全检查机构并配备与机场运输量相适应的人员和检查设备;

(五) 设有专职消防组织并按照机场消防等级配备人员和设备;

(六) 订有应急处置方案并配备必要的应急援救设备。

第十一条 机场控制区应当根据安全保卫的需要,划定为候机隔离区、行李分检装卸区、航空器活动区和维修区、货物存放区等,并分别设置安全防护设施和明显标志。

第十二条 机场控制区应当有严密的安全保卫措施,实行封闭式分区管理。具体管理办法由国务院民用航空主管部门制定。

第十三条 人员与车辆进入机场控制区,必须佩带机场控制区通行证并接受警卫人员的检查。

机场控制区通行证,由民航公安机关按照国务院民用航空主管部门的有关规定制发和管理。

第十四条 在航空器活动区和维修区内的人员、车辆必须按照规定路线行进,车辆、设备必须在指定位置停放,一切人员、车辆必须避让航空器。

第十五条 停放在机场的民用航空器必须有专人警卫,各有关部门及其工作人员必须严格执行航空器警卫交接制度。

第十六条 机场内禁止下列行为:

(一) 攀(钻)越、损毁机场防护围栏及其他安全防护设施;

(二) 在机场控制区内狩猎、放牧、晾晒谷物、教练驾驶车辆;

(三) 无机场控制区通行证进入机场控制区;

(四) 随意穿越航空器跑道、滑行道;

(五) 强行登、占航空器;

(六) 谎报险情,制造混乱;

(七) 扰乱机场秩序的其他行为。

第三章 民用航空营运的安全保卫

第十七条 承运人及其代理人出售客票,必须符合国务院民用航空主管部门的有关规定;对不符合规定的,不得售予客票。

第十八条 承运人办理承运手续时,必须核对乘机人和行李。

第十九条 旅客登机时,承运人必须核对旅客人数。对已经办理登机手续而未登机的旅客的行李,不得装入或者留在航空器内。旅客在航空器飞行中途中止旅行时,必须将其行李卸下。

第二十条 承运人对承运的行李、货物,在地面存储和运输期间,必须有专人监管。

第二十一条 配制、装载供应品的单位对装入航空器的供应品,必须保证其安全性。

第二十二条 航空器在飞行中的安全保卫工作由机长统一负责。航空安全员在机长领导下,承担安全保卫的具体工作。机长、航空安全员和机组其他成员,应当严格履行职责,保护民用航空器及其所载人员和财产的安全。

第二十三条 机长在执行职务时,可以行使下列权力:

(一) 在航空器起飞前,发现有关方面对航空器未采取本条例规定的安全措施的,拒绝起飞;

(二) 在航空器飞行中,对扰乱航空器内秩序,干扰机组人员正常工作而不听劝阻的人,采取必要的管束措施;

(三) 在航空器飞行中,对劫持、破坏航空器或者其他危及安全的行为,采取必要的

措施；

(四) 在航空器飞行中遇到特殊情况时，对航空器的处置做最后决定。

第二十四条 禁止下列扰乱民用航空营运秩序的行为：

(一) 倒卖购票证件、客票和航空运输企业的有效订座凭证；

(二) 冒用他人身份证件购票、登机；

(三)利用客票交运或者捎带非旅客本人的行李物品；

(四)将未经安全检查或者采取其他安全措施的物品装入航空器。

第二十五条 航空器内禁止下列行为：

(一) 在禁烟区吸烟；

(二) 抢占座位、行李舱(架)；

(三) 打架、酗酒、寻衅滋事；

(四) 盗窃、故意损坏或者擅自移动救生物品和设备；

(五) 危及飞行安全和扰乱航空器内秩序的其他行为。

第四章 安全检查

第二十六条 乘坐民用航空器的旅客和其他人员及其携带的行李物品，必须接受安全检查，但是，国务院规定免检的除外。拒绝接受安全检查的，不准登机，损失自行承担。

第二十七条 安全检查人员应当查验旅客客票、身份证件和登机牌，使用仪器或者手工对旅客及其行李物品进行安全检查，必要时可以从严检查。已经安全检查的旅客应当在候机隔离区等待登机。

第二十八条 进入候机隔离区的工作人员(包括机组人员)及其携带的物品，应当接受安全检查。接送旅客的人员和其他人员不得进入候机隔离区。

第二十九条 外交邮袋免予安全检查。外交信使及其随身携带的其他物品应当接受安全检查，但是中华人民共和国缔结或者参加的国际条约另有规定的除外。

第三十条 空运的货物必须经过安全检查或者对其采取的其他安全措施。货物托运人不得伪报品名托运或者在货物中夹带危险物品。

第三十一条 航空邮件必须经过安全检查。发现可疑邮件时，安全检查部门应当会同邮政部门开包查验处理。

第三十二条 除国务院另有规定的外，乘坐民用航空器的旅客禁止随身携带或者交运下列物品：

(一) 枪支、弹药、军械、警械；

(二) 管制刀具；

(三) 易燃、易爆、有毒、腐蚀性、放射性物品；

(四) 国家规定的其他禁运物品。

第三十三条 除本条例第三十二条规定的物品外，其他可以用于危害航空安全的物品，旅客不得随身携带，但是可以作为行李交运，或者按照国务院民用航空主管部门的有关规定由机组人员带到目的地后交还。

对含有易燃物质的生活用品实行限量携带。限量携带的物品及其数量由国务院民用航空主管部门规定。

第五章　罚　则

第三十四条　违反本条例第十四条的规定或者有本条例第十六条、第二十四条第一项和第二项、第二十五条所列行为的，由民航公安机关依照《中华人民共和国治安管理处罚条例》有关规定予以处罚。

第三十五条　违反本条例的有关规定，由民航公安机关按照下列规定予以处罚：

（一）有本条例第二十四条第四项所列行为的，可以处以警告或者 3000 元以下的罚款；

（二）有本条例第二十四条第三项所列行为的，可以处以警告、没收非法所得或者 5000 元以下罚款；

（三）违反本条例第三十条第二款、第三十二条的规定，尚未构成犯罪的，可以处以 5000 元以下罚款、没收或者扣留非法携带的物品。

第三十六条　违反本条例的规定，有下列情形之一的，民用航空主管部门可以对有关单位处以警告、停业整顿或者 5 万元以下的罚款。民航公安机关可以对下列直接责任人员处以警告或者 500 元以下的罚款：

（一）违反本条例第十五条的规定，造成航空器失控的；

（二）违反本条例第十七条的规定，出售客票的；

（三）违反本条例第十八条的规定，承运人办理承运手续时，不核对乘机人和行李的；

（四）违反本条例第十九条的规定的；

（五）违反本条例第二十条、第二十一条、第三十条第一款、第三十一条的规定，对收运、装入航空器的物品不采取安全措施的。

第三十七条　违反本条例的有关规定，构成犯罪的，依法追究刑事责任。

第三十八条　违反本条例规定的，除依照本章的规定予以处罚外，给单位或者个人造成财产损失的，应当依法承担赔偿责任。

第六章　附　则

第三十九条　本条例下列用语的含义：

“机场控制区”，是指根据安全需要在机场内划定的进出受到限制的区域。

“候机隔离区”，是指根据安全需要在候机楼（室）内划定的供已经安全检查的出港旅客等待登机的区域及登机通道、摆渡车。

“航空器活动区”，是指机场内用于航空器起飞、着陆以及与此有关的地面活动区域，包括跑道、滑行道、联络道、客机坪。

第四十条　本条例自发布之日起施行。

参考文献

[1] 赵维田. 国际航空法. 北京:社会科学文献出版社,2000.

[2] 邢爱芬. 民用航空法教程. 北京:中国民航出版社,2007.

[3] 黄涧秋. 国际航空法研究. 北京:中国法制出版社,2007.

[4] 马松伟,李永. 中国民用航空法简明教程. 北京:中国民航出版社,2007.

[5] 董杜骄. 航空法案例评析. 北京:对外经济贸易大学出版社,2009.

[6] 董念清. 中国航空法:判例与问题研究. 北京:法律出版社,2007.

[7] 刘伟民. 航空法教程. 北京:中国法制出版社, 2001.

[8] 高铭暄. 刑法学. 修订本. 北京:法律出版社,2007.

[9] 崔详建,吴菁,成宏峰. 民航法律法规与实务. 北京:旅游教育出版社,2007.